感谢广东省教育厅高校特色创新（人文社科类）项目（项目名称：对外直接投资对于我国经济发展的影响），本次研究过程中的调研、图书资料购买、数据收集和书稿的撰写受到了该项目的资金资助。

金融发展和金融业对外投资与经济转型升级

——基于结构视角的研究

刘 胜 著

Financial development, overseas investment of the financial industry, and economic transformation and upgrading: A study based on the structural perspective

人 民 出 版 社

责任编辑：李椒元
装帧设计：徐　晖
责任校对：吕　飞

图书在版编目(CIP)数据

金融发展和金融业对外投资与经济转型升级：基于结构视角的研究/
刘胜 著. —北京：人民出版社,2018.9
ISBN 978-7-01-019342-7

Ⅰ.①金… Ⅱ.①刘… Ⅲ.①金融事业-经济发展-研究-中国②金融机构-对外投资-研究-中国 Ⅳ.①F832②F832.6

中国版本图书馆 CIP 数据核字(2018)第 096128 号

金融发展和金融业对外投资与经济转型升级

JINRONG FAZHAN HE JINRONGYE DUIWAI TOUZI YU JINGJI ZHUANXING SHENGJI

——基于结构视角的研究

刘　胜　著

人民出版社 出版发行
（100706　北京市东城区隆福寺街 99 号）

北京教图印刷有限公司印刷　新华书店经销

2018 年 9 月第 1 版　2018 年 9 月北京第 1 次印刷
开本：710 毫米×1000 毫米 1/16　印张：19
字数：275 千字　印数：0,001-3,000 册

ISBN 978-7-01-019342-7　定价：42.00 元

邮购地址 100706　北京市东城区隆福寺街 99 号
人民东方图书销售中心　电话 (010)65250042　65289539

目　录

插 图 目 录

前　言

金融改革开放“不停步”一直是中国的主要经济发展战略之一，而金融结构调整促进金融发展，使之符合经济发展的需要更是金融改革的主要方向之一。从1978年至今这近40年的时间，每次经济改革主要内容之一就是进行金融改革和加快金融发展。例如20世纪80年代的中国人民银行改革与几大国有商业银行的建立，90年代的强调金融法制管理与不良贷款处理，新世纪的中国银监会的成立和地方金融机构的发展，以及最近几年的对金融风险的控制和管理更新，这些都反映了金融发展在国民经济发展中的重要地位。作为我国金融改革一个新的发展趋势，金融业的对外直接投资伴随着“走出去”战略的实施，其规模不断扩大，增长速度不断加快。截至2015年末，中国对外金融类直接投资存量超过1500亿美元，中国国有商业银行共在美国、日本、英国等42个国家（地区）开设79家分行，57家附属机构，员工总人数达4.7万人，其中雇佣外方员工4.5万人，占95.5%。从对外直接投资存量来看，金融业是在所有的行业中排列第二（中国对外直接投资公报，2016），从规模和发展速度上可以看出金融业的对外直接投资的重要性。

鉴于金融的媒介作用，金融业的发展会影响到国民经济其他行业的发展，因此我们不禁要问，金融发展尤其是金融业对外投资对我国金融结构调整和最终对经济可持续增长的促进作用有多大呢？在当前中国经济发展进入新常态和国际经济形势发生突变后，如何利用金融发展和金融业的‘走出去’加速我国的经济发展呢？本书的研究就是要尝试回答这些问题，以期为我国金融发展和促进经济可持续性增长提供理论支撑和实证证据说明。

本书主要包括三个部分，第一部分包括导论和理论分析。导论介绍了本次研究的背景与意义，确定了研究的基本定位、基本思路与方法，明确研究的内容、重点和难点，并说明本次研究的创新之处。本书的第一章为理论分析部分，探讨了国际直接投资理论、内生增长理论和金融发展理论，分析了理论的发展历程以及金融发展、对外投资和经济增长三者之间的关系与内在机理，并讨论每个理论的优点与局限性。根据内生增长理论的解释，金融发展和对外直接投资带来的资金使用效率的提高、知识的流动和人力资本的提升都是有助于一国资本积累（包括物质和人力）、就业增长、出口促进和其他生产率溢出效应的，而这些最终都将促进经济增长。国际直接投资理论也是强调对外直接投资可以促使资金从充裕的地方到资金稀缺的地方，提升资本分配效率，并带来溢出效应，促使技术的传播，提升劳动生产率，以达到最终促进一国经济增长的目的。关于金融体系在经济增长过程中所发挥的功能，金融发展理论认为除了起到有效分配资金的渠道作用，金融发展带来的信息不对称降低、风险管理和鼓励创新都是能有效地促进一国的经济增长。

本书从第二章至第十章分为两大部分，前一部分为全国篇，主要分析金融发展、金融业对外投资与我国经济增长和转型升级三者之间的关系，后一部分为地方篇，以广东省为例探讨了金融发展、金融业对外投资对地方经济的影响，这两部分的研究为本章最终对比全国与地方经济受金融发展与金融业对外投资影响的差异性而提出的更有针对性的政策建议提供了理论与实证分析依据。最后，本书的第十一章为总结部分，归纳本次研究的发现，并提出相关的合理化政策建议。

全国篇的分析包括第二章至第七章，第二章就我国金融发展和金融业对外投资的历史历程和特点进行了一个简要的描述与分析。从改革开放至今，中国的金融发展大致经历了三个阶段。第一个阶段为 80 年代的引进市场经济体制阶段，第二阶段的 90 年代的发展多形式的金融机构和金融市场，和第三个阶段新世纪以来的金融规范化和国际化的发展。我国金融业对外直接投资的发展历程也可以分为三个阶段，2000 年以前的萌芽阶段，只有中国银行在少数发达国家设立网络；2001 年开始的成长阶段。银行业和证券业加快了对外投资的步伐，但是目前投资地主要集中在香港；2008 年进入了快速成长阶段,大型国有商业银行和股份制银行加大了对外投资和全球布局的力度。

本书的第三章采用时间跨度为1990—2015年和覆盖中国29个省份的面板数据,实证研究了金融发展对我国各省经济增长的影响。实证结果表明,以贷款与GDP之比衡量的资金供给方面的金融发展与中国经济增长呈正相关关系,而以存款与GDP之比衡量的资金来源充足率的金融发展对经济增长没有显著影响。以不良贷款率衡量的资金分配效率的金融发展对经济增长产生了负面效应。第三章的分析还发现物质资本的固定资产投资能改善企业的生产环境,促进经济增长。而以大学毕业生人数衡量的人力资本与我国经济增长无显著的相关关系,以各地科技投入衡量的科技水平发展也被发现与我国经济增长无显著的相关关系。出口和进口对经济增长有显著的促进作用。令人意想不到的是,外商直接投资被发现对经济增长产生了负面效应。与之对比,对外直接投资被发现对经济增长有显著的促进作用。

本书的第四章分别从理论和实证上探讨了金融发展和经济转型升级之间的关系。理论上,本章先清晰了如何定义经济转型升级,讨论了经济转型升级涉及的经济结构调整、开放度发展和科技发展三个方面。然后,该章以内生增长理论和金融发展理论为基础,借用'金融发展就是金融机构和金融工具的发展'的思路,构建了分析金融发展与经济转型升级的理论框架,并运用格兰杰因果分析法检验了上述的理论探讨。最后,在理论分析与探讨之后,该章采用了2003—2015年间的省级面板数据进行了实证分析。实证结果表明,金融发展多层次变化与经济转型升级多方面之间的相互作用具有极大的差异性,在推动第二和第三产业发展、国际贸易增长和科技进步方面,金融发展需要融合银行、债券和股票市场等多种金融工具提供有针对性的支持,从而能更好地利用不同的政策组合加快金融发展和经济转型升级之间的联动作用,推动我国在经济新常态下保持稳定的发展增速。

本书的第五章采用时间跨度为2003—2015年和覆盖中国29个省份的面板数据,集中分析了金融发展对我国"走出去"的影响。实证结果表明,金融发展水平与中国对外直接投资的发展呈正相关关系。具体地说,以外币形式的商业贷款和企业债券发行能够提供直接融资渠道,支持中国企业向海外扩张。相比之下,以人民币计价的商业贷款和在国内股票市场进行的融资与对外直接投资之间没有显著关系。

本书的第六章研究了金融业对外直接投资对于国内金融发展的影响。关于中国金融业对外直接投资,目前的研究为数不多,而且大多数也是分析了什么原因促使了我国金融企业的"走出去",而关于金融类对外投资对国内经济影响的研究则寥寥无几,关于对国内金融业自身发展的影响的研究更是一个空白。由于受到数据来源的限制,我们采用了 2006—2015 年的时间序列数据,实证检验了我国金融类对外直接投资对国内金融发展的影响。金融业对外直接投资流量被发现,不管是在当期还是滞后一期,对国内金融业增加值的增长具有促进作用,然而,对外投资存量的系数却不显著。本章发现对外投资在发生的当年或者一年后可以对我国银行资产和贷款总额的增长产生正面作用,而投资存量仅在当期被发现有促进作用。对比之下,在对外投资发生的当年或者一年后,仅对我国债券发行量的增长有明显的促进效应,但对于股票价值增长的促进作用就不显著了。

本书的第七章利用 2006—2015 年的省级面板数据,检验了金融发展和金融业对外直接投资对我国经济增长的影响。实证分析结果显示,金融发展自身以及利用金融发展这一传媒渠道金融业的对外投资是可以对我国各省的经济增长产生影响的,但是金融发展的模式不同,对经济增长的影响也具有极大的差异性。以信贷规模衡量的银行系统的发展被发现对经济增长具有极大的促进作用,并且通过银行信贷这一传媒渠道还可以传递金融业对外投资对国内经济增长的积极影响。对比银行的信贷体系,股票和债券市场的发展被发现对我国各省的经济增长产生了很小甚至是不显著的影响,而且通过这两种金融发展模式金融业对外投资也无法传递积极影响来促进国内经济增长。还有,尽管金融创新自身被发现可以对经济增长产生滞后的积极作用,但是却无法与金融业对外投资融合来产生积极作用。

地方篇的分析包括第八章至第十章,以广东省为例研究了金融发展与金融业对外投资对地方经济的影响。第八章首先梳理了广东省金融发展变迁的历程与当前金融发展的典型特征。广东金融发展大致分为三个阶段:1978—1992 年的发展萌芽阶段;1993—2002 年的成长期;而 2003 年至今正处于发展的飞跃期。接下来,第八章研究了广东金融结构调整与经济转型升级之间的关系。在进行梳理金融发展、金融业对外投资和广东经济增长三者之间的关系后,采用1978—2014年间的时间序列数据和运用格兰杰因果分析法进行了实证分析。实证结果表明金融发展(结构变迁)与经济转型升级之间具有相互的因果关系,但是不同的衡量变量之间产生的因果关系却不相同,说明了金融结构多层次变迁与经济转型升级多方面之间的相互作用具有极大的差异性。

本书的第九章采用1978—2014年的时间序列数据测量分析了金融发展(结构变迁)对过去三十多年广东经济转型升级之间的影响。实证结果显示,在三个衡量金融结构变迁的变量中,金融业增长只对自身的第三产业发展有积极作用,而贷款余额与财政支出之比和存款余额与财政收入之比的增加对广东第二产业和第三产业占比的增长都有正作用,这说明了金融发展(结构变迁)对于广东经济发展和转型升级是具有积极作用的,只是结构变迁的方式不同影响的产业则不同。

第十章的研究分两步,第一步就是利用2003—2014年的时间序列数据,从实证上检验了我国金融对外直接投资对广东金融增长和结构变迁的影响。实证分析结果显示不管是我国金融类对外直接投资的存量还是流量对广东省金融业的经济增长具有非常积极的作用,且作用明显;并且长期作用要略大于短期效益,一年后的影响要明显大于当期作用。该章研究的第二步就是检验中国金融对外直接投资对广东省制造业转型升级的影响。鉴于第八章至第十章第一和第二节的分析发现金融(结构)发展对广东经济转型升级有促进作用,而中国金融类对外直接投资对广东金融发展又有推动作用,我们在第十章下部分继续研究了金融对外投资是否能通过金融(结构)发展这一渠道影响广东经济发展,尤其是其制造业的转型升级。实证分析采用2003—2015年间的广东各市面板数据,检验了我国金融对外直接投资对广东各市工业企业新产品产值增长,即对广东制造业转型升级的影响。。实证分析结果显示外资金融机构贷款、外资金融机构存款、中资机构贷款与GDP之比和中资机构存款与GDP之比这四个变量本身对于广东各市工业新产品产值增长产生是副作用,但与金融对外投资的交互项却产生了积极的促进作用,说明过去十几年不管是中资还是外资金融机构的存贷款的增长抑制了广东制造业的转型升级，但是我国金融类对外直接投资产生的金融媒介促进和信息匹配作用却能使国内金融资产的增长对广东制造业转型升级带来促进效应，并且这种效应是长期的而非短期见效。

导　论

一、选题背景与意义

金融改革开放“不停步”一直是中国的主要经济发展战略之一，而金融结构调整促进金融发展，使之符合经济发展的需要更是金融改革的主要方向之一。从1978年至今这近40年的时间，每次经济改革主要内容之一就是进行金融改革和加快金融发展。例如20世纪80年代的中国人民银行改革与几大国有商业银行的建立，90年代的强调金融法制管理与不良贷款处理，新世纪的中国银监会的成立和地方金融机构的发展，以及最近几年的对金融风险的控制和管理更新，这些都反映了金融发展在国民经济发展中的重要地位。作为大力推动金融改革的结果是我国的金融业得到了快速发展。1979年，存款规模与国内生产总值（Gross Domestic Product，GDP）之比是不到30%，贷款规模与GDP之比也只有50%左右。然而，到2016年底，前者达到了200%，后者也达到了150%。2016年中国新增贷款12.65万亿，而社会融资规模存量则达到了165万亿。当然，中国的金融发展也是遗留了许多问题臻待解决，比如不良贷款的规模在一直扩大，证券和股票市场的发展不足，融资方式单一导致多元化的金融体系发展不够，等等。

作为我国金融改革一个新的发展趋势，金融业的对外直接投资伴随着“走出去”战略的实施，其规模不断扩大，增长速度不断加快。根据2017年10月颁布的2016中国对外直接投资公报的数据来看，2016年末，中国对外金融类直接投资存量超过1700亿美元，其中对外货币金融服务类直接投资1019.4亿美元，占57.5%；保险业27.9亿美元，占1.6%；资本市场服务（原证券业）74.1亿美元，占4.2%；其他金融业652亿美元，占36.7%。截至2016

年末,中国国有商业银行共在美国、日本、英国等42个国家(地区)开设83家分行,59家附属机构,员工总人数达5.1万人,其中雇佣外方员工4.8万人,占94.1%。2016年末,中国共在境外设立保险机构9家。从对外直接投资存量来看,金融业是在所有的行业中排列第二,从规模和发展速度上可以看出金融业的对外直接投资的重要性。

鉴于金融的媒介作用,金融业的发展会影响到国民经济其他行业的发展,因此我们不禁要问,金融发展尤其是金融业对外投资对我国金融结构调整和最终对经济可持续增长的促进作用有多大呢?在当前中国经济发展进入新常态和国际经济形势发生突变后,如何利用金融发展和金融业的'走出去'加速我国的经济发展呢?然而亦今为止,金融业对外直接投资对于我国的经济产生了什么样的影响则甚少有国内外研究进行分析和评估。同时,在我国经济转型进程中,关于哪种金融结构更适合"中国特色"经济特点的问题也未能得到根本性的认识,而把金融发展和结构调整、金融业海外投资与我国经济转型升级三者联系起来的研究则更是寥寥无几,本书的研究就是要在此方面进行尝试,以期为我国金融发展和促进经济可持续性增长提供理论支撑和政策建议。

本次研究的理论价值包括:第一,在研究思路上的前沿性(请见第四节的研究内容处的研究思路简图)。这主要体现在:1)关于哪种金融结构能更好地促进经济增长一直是一个国内外争论的焦点,本次研究将从与经济结构适应性和匹配性方面入手来对金融结构变化和经济转型升级之间的关系进行探索;2)近年来,关于新兴市场对外直接投资与母国的金融发展关系的研究正在兴起,但鲜有文献在理论上理清它们之间关系,本次课题将结合内生增长模型与金融理论对他们之间的关系进行模型推导;3)关于对外直接投资、金融结构调整和母国经济发展三者之间关系的理论模型建立,目前在国内外学术界也是很前沿一个领域,本次研究将在刚提到的要建立的理论模型基础上进行整合和模型加深,分析金融业对外投资对我国经济增长的影响。第二,本次研究将对国外相关模型进行扩展来建立符合中国金融和经济结构特点的理论分析框架,这也体现了在国内这一领域理论研究上的先驱性。第三,在实证研究上,采用多个指标对于金融发展、金融业对外直接投资、结构变化与区域行业经济结构差异性进行分析。第四，为了提高研究结果的准确性，本次研究将综合运用各种方法对数据进行检测和分析，这将丰富相关方面的计量分析。例如格兰杰因果测试和倾向指数匹配(propensity score matching)分析金融业对外投资与国内金融结构变化的因果关系和检验是否存在选择性偏差，贝叶斯估计(time-varying dynamic bayesian estimator)来检测随时间演进的金融和经济结构变迁，横截面依耐性测试检验行业间增长的关联性，倍差模型(difference-in-difference)方式控制变量内生性，随机游走分析(random walk analysis)检验数据的时间特性，等等。

本次研究除了理论价值，更重要的是还将产生促进我国国民经济和社会发展的实际应用价值，包括：1)紧紧抓住了目前改革的关键点。通过就金融结构变迁与我国经济结构升级的关系和对其的影响进行较深入探讨和研究，可以为我国经济发展提供理论指导和经验证据支持。当前我国国民经济发展的主要目标之一就是及时调整产业结构促进经济转型升级以满足甚至是引导市场需求的变化。我国是制造业大国，但是近年来，随着国外新兴市场的崛起以及2008年以来的欧美金融危机，我国制造业面临着前所未有的危机。改变经济结构，从过去以低附加值的初级产品生产为主转型升级到高科技的终端产品生产则变得尤为迫切。但是，几年过去了，我国产业转型升级，尤其是制造业转型升级的效果并不明显，这就使得本次研究显得更加重要了。本次研究将直接从结构入手，探索促使经济结构尤其是制造业结构的转型升级之路，寻求如何利用金融发展来推动我国技术升级和最终的经济增长，而这则将凸显出本次研究成果在创造社会效益方面的极大潜力。

2)本次研究紧紧抓住了时代的脉搏，分析了当前金融发展的重点之一——促进金融业健康发展，强化金融业对外直接投资对于我国经济转型升级的影响。金融发展并不是单单的投资赚钱，其更重要的使命是帮助其他产业的发展，而这在很大程度上决定于其结构的合理性。因此，本次研究从金融结构和经济结构的相互作用入手，寻求改善金融结构和金融对外投资之路，以求找到最适合我国经济转型升级的金融发展之路。

3)调整经济结构使之保持可持续性增长是我国提出的一项长期经济发展战略，有着对当前发展的全局性，本课题把另一个改革的重点—经济结构调整一紧密地联系起来。本次研究从经济结构的内部变化入手进行分析和探索,并不是传统上的 GDP。这就说明了一个经济体内部结构变迁的重要性,也只有促使经济内部结构的不断调整适应外部环境的变化才能促使经济的长期可持续增长,而这对于我国各部门指导行业发展提出了一个新的思路。

4)本次研究的应用价值还将体现在中观方面。通过对比分析金融发展和金融业对外投资对全国和地方(以广东省为例)的经济增长和转型升级的影响差异性,加上对比实地调研与实证计量分析的结果,分析点与面的区别、国家政策制定与地方要求的差异度。这在分析我国各区域间的内部结构问题以更好地利用各地的资源禀赋、以及充分利用金融发展引导区域间的合理布局、和帮助地方政府创造社会效益和合理竞争等方面都有极大的帮助。

二、研究定位

本次研究的主要目的就是理清金融发展、金融业对外投资和经济(发展)转型三者之间的关系,并实证检测它们之间互相影响的程度和方式,分析金融发展和金融业对外直接投资对我国经济转型升级的影响。具体来说,将主要解决三方面的问题。第一,金融结构变迁与经济结构发展和转型升级之间究竟存在什么样的关系?本次研究将基于经济增长和金融结构理论进行模型推导,并利用宏观统计数据来分析和检验在中国这样一个多层次结构的经济体,金融结构调整与经济转型升级相互影响效应,主要包括:1)金融结构变化对经济持续增长和经济结构变化的影响,2)经济结构发展对于金融结构发展路径的影响;3)两者之间相互影响的迟滞效应。

第二,金融海外投资对于母国金融业本身结构变化产生什么样的直接影响?本次研究将基于金融发展和海外直接投资理论理清他们之间的关系,并实证分析和检验近十年以来我国金融对外直接投资对:1)金融业经济增长的影响,2)对金融结构的影响。

第三,金融海外投资对于母国经济转型升级和持续增长的间接影响程度如何?结合上述第一和第二点的模型,本次研究将分析和检验在近十几年来金融业对外直接投资对我国(广东省)经济可持续增长和转型升级的作用,以及这种间接作用的迟滞时间是多久。

此外，在开展研究之前，有两个关键的概念需要明确定义。即是，本次研究的金融业对外直接投资指的是境内投资者直接向境外金融企业进行的直接投资，而非金融类投资指的是境内投资者向境外非金融类企业进行的直接投资。具体来说，金融业投资指的是投资于货币金融服务业（原银行业）、保险业、资本市场服务（证券业）和其他金融业。而直接投资指投资者直接参与或从事经营，或者投资购买企业超过10%的股份，从而对该企业具有经营上的控制权的投资方式。所以，金融业对外投资是指以银行、保险、证券及基金为代表的投资主体所进行的对外投资，并对被投资者的股权或经营管理产生影响，包括在境外设立分公司及股权投资等。

三、研究的基本思路与方法

本次研究的实验方案将遵循理论和思路上理清关系→实证建模和检验→根据实证结果提出政策建议的实施方案。1）本次研究的学术思想是金融和经济结构变化之间的相互影响决定了在不同时期不同经济特点的国家或地区，金融结构的调整对于当地经济的作用是不尽相同的，只有了解了它们之间的内在联系才能更好地利用海外投资来发展金融业并最终促进经济的转型升级和可持续性增长。因此，本次研究将结合经济增长、金融结构和对外直接投资理论来建立分析框架和进行模型推导来探索金融海外投资、金融结构变化和经济转型升级之间的关系；2）实证分析将采用两种方式相结合，一是对我国某个地区实地调研获取典型事实和第一手资料，二是采用统计数据运用计量方法进行定量分析，并与第一种方式获得的数据和事实进行对比研究；3）运用软件进行政策模拟和对未来经济和金融发展方向的预测，最后，综合以上分析提出政策合理化建议和地区发展建议。

具体来说，本次将采用文献综述—数据收集整理—典型事实分析—金融结构和海外投资分析与理论建模—实证分析检验—模型修正—政策评价与建议的研究方法。

1）文献和数据搜集与整理：本次研究采用宏观经济金融统计数据，数据来自于各统计年鉴和通过购买或合作的方式从有关数据库获取，例如国泰安经济金融数据库等。

2)典型事实分析:检验数据的生成过程和单位根,同时用协整—误差修正模型对研究分析框架进行验证,利用分组技术描绘我国金融发展、金融业对外投资和经济结构变化曲线,挖掘群组效应,得出典型事实。

3)金融结构变化和海外投资分析与理论建模。

4)实证检验:根据理论假设,考虑控制因素,选择变量并整理数据。其次,根据研究目的,选择最小二乘法(OLS)、两阶段最小二乘法(TSLS)、系统广义矩(SYS GMM)、因果关系分析等方法,运用 EVIEWS7.0 和 STATA100 等软件进行计量分析。

5)模型修正:实证结果和理论模型分析结论不一致时,在保证实证方法科学合理的基础上,根据实证结果修正分析模型,保证理论分析与实证的一致性和研究结论的可靠性。

6)政策评价与建议:根据研究结论,就如何根据金融和经济结构特征进一步改革金融体制以及利用金融海外投资拉动经济增长与调整经济结构的宏观经济政策提出可行性建议。

四、研究的内容和难点

本书主要包括三个部分,第一部分包括导论和理论分析。导论介绍了本次研究的背景与意义,确定了研究的基本定位、基本思路与方法,明确研究的内容、重点和难点,并说明本次研究的创新之处。在理论分析部分,本书重点介绍了国际直接投资理论、内生增长理论和金融发展理论,分析了理论的发展历程以及金融发展、对外投资和经济增长三者之间的关系与内在机理,并讨论每个理论的优点与局限性。

本书的第二部分为全国篇,即主要实证分析金融发展和金融业对外投资对我国经济增长和转型升级的影响。本部分共 6 章,第二章简要回顾中国金融发展与金融业对外投资历程,分析其特征;第三章将基于面板数据的实证分析金融发展对经济增长的影响,检验对经济发展的促进程度;第四章将检验金融结构调整与经济转型升级之间究竟存在什么样的因果关系,了解哪些方面的金融结构调整会促进哪些方面的经济转型升级,或反之亦然;鉴于‘走出去’发展战略对我国经济发展的重要性,第五章将集中分析金融发展对促进‘走出去’的影响,明晰哪些方面的金融发展能促进我国企业的国际发展;第

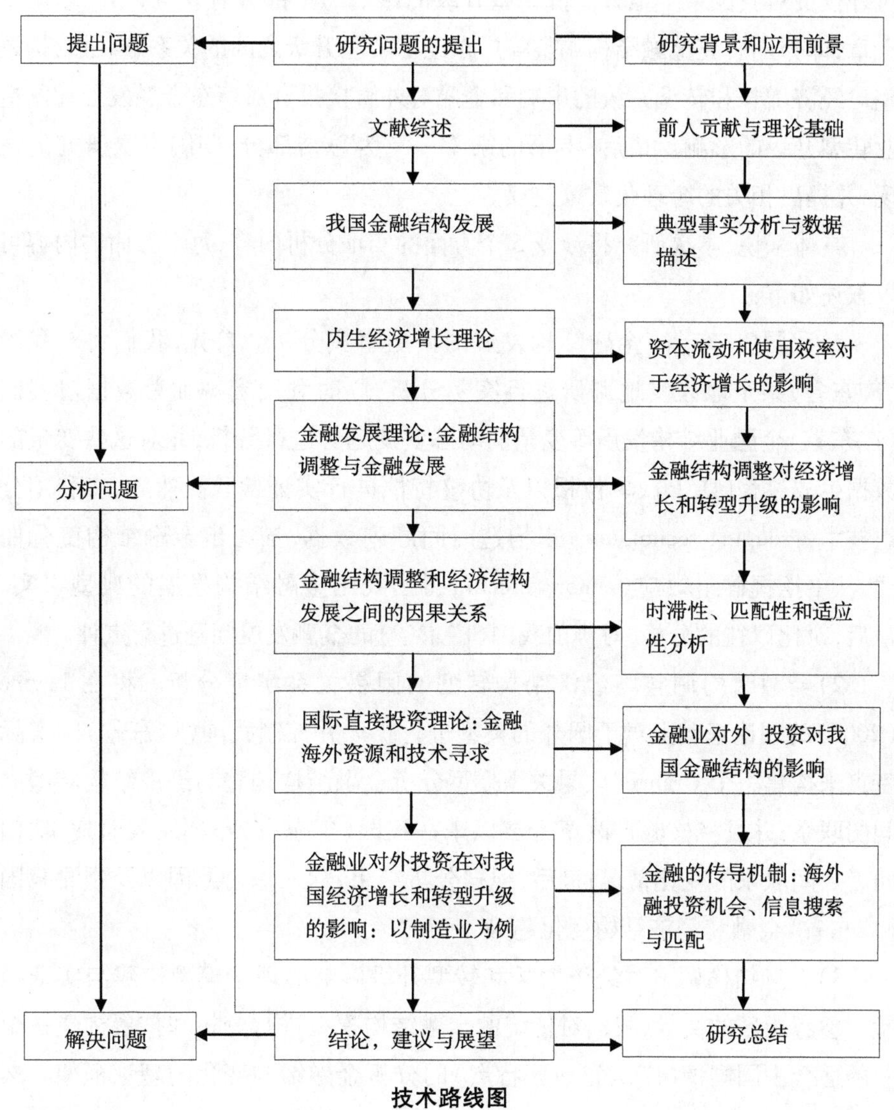

技术路线图

六章将实证检验金融业对外投资对金融发展和结构调整的作用,分析金融业对外投资对自身金融发展会产生什么样的影响;第七章将综合考虑上述分析,研究金融媒介在金融业对外投资对经济增长和转型升级的影响过程中的作用。

本书的第三部分为地方篇,即以广东省为例实证分析金融发展和金融业对外投资对我国某个地方经济转型升级的影响。本部分有3章,第八章至第十章,即分别研究金融结构调整与广东经济转型升级之间的关系、金融结构调整对经济增长和转型升级的影响和金融对外直接投资对广东金融发展和制造业转型升级的影响。最后,本书的第十一章为总结部分,归纳本次研究的发现,并提出相关的合理化政策建议。

具体来说,本次研究将涉及5个方面的实证分析内容,每个方面的内容可以叙述如下:

1)我国(广东省)金融结构发展的典型事实分析。首先,我们将对我国(广东省)某个地区实地调研进行案例分析,同时利用宏观加总数据对我国(广东省)金融业结构发展等变量的动态演变趋势进行分析,并对这些变量的数据生成过程(DGP)、单位根以及协整特性进行实证检验。然后,将利用分组技术(grouping techniques)来构造时间序列数据,描绘出金融结构变化曲线,从中挖掘群组效应(cohort effect),得出我国金融结构发展的典型事实。最后,对比以往的分析,对当前我国(广东省)的金融发展问题进行点评。

2)金融结构调整与经济结构转型的因果关系实证分析。将在Levine(2005)的理论基础上对于国外的模型进行扩展并控制我国(广东省)的实际特点来构建一个Granger因果关系模型分析金融结构调整与经济结构转型之间的联系;并且将检验自改革开放以来在我国(广东省)不同发展时期,他们两者之间联系的变化情况;最后,根据分析结果,深入探讨原因以及预测我国(广东省)金融和经济结构变化趋势。

3)金融结构调整对经济增长和转型升级影响的理论模型构建与实证检验。参考最新的文献,我们对传统的金融结构模型进行分析和扩展构建一个新的适合中国国情(广东省地区特点)的分析金融结构变化的理论框架。然后,利用金融和经济宏观统计数据,检验金融结构调整1)对于金融业发展的作用;2)在控制区域经济结构和发展差异上,对于经济增长的影响;3)对经济结构转型升级的影响程度。最后,深入探讨原因,并结合目前我国(广东省)经济转型现状与世界经济形势发展,提出宏观经济政策建议。

4)金融对外直接投资对我国(广东省)金融业发展和结构变化影响的实证分析。我们将在Dunning(2001)的理论基础上借鉴国外的模型检验金融对外直接投资对于我国(广东省)金融发展和结构调整的影响,以及影响方向和程度如何。

5)金融业对外直接投资对我国(广东省)经济转型升级的影响:以制造业为例。这一部分是对第四部分的研究的进一步延伸,即考虑了对外直接投资在金融结构发展对经济转型升级产生作用的过程中的间接行为。首先,我们对根据行业的不同功能和特点进行分类(functional grouping)以控制制造业各细分行业特点的不同。然后,检验对外直接投资在金融发展和结构调整对不同行业组的经济结构变化的作用时产生的影响。最后,将在对本课题所有的理论研究与实证检验得出结论的基础上提出加速金融改革以利用对外投资发展和促使经济转型升级的宏观经济政策。

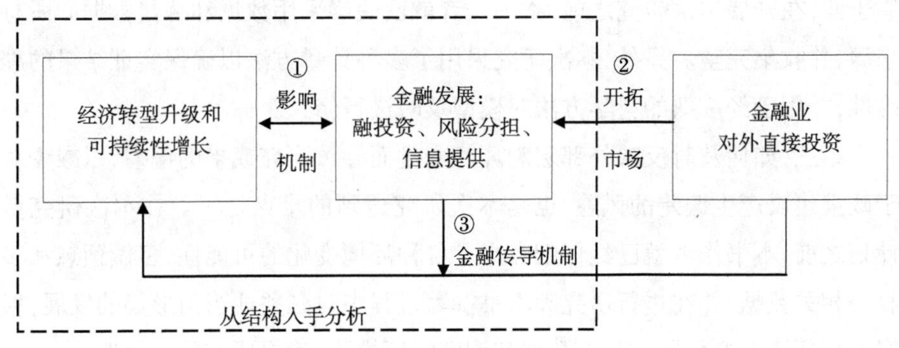

研究思路简图

注:金融结构指的是金融机构和工具的种类;经济结构这里仅指产业内生产的技术和进出口构成,以及产业和区域间的搭配方式。

本次研究的难点主要体现在四个方面:

第一,本项目的重点之一就是结合相关领域最新发展趋势,综合金融发展、对外投资和经济增长理论,从理论上理清金融发展和金融业对外投资之间的联动对国内经济的影响机制与路径。然而,亦今为止国内外研究还是集中在分析非金融类对外投资对经济的影响,而关于金融发展与金融类对外投资之间结合的促进效应的研究只是刚起步,导致可借鉴的研究甚少,增加了研究的难度。因此,确保理论的前沿性和分析模型的可靠性,以减少由此带来的风险使得研究方向偏差,将是本次研究面临的主要挑战之一。本书作者自博士以来一直进行相关研究,具有多年积累和为此次研究做了充实的准备工作。

具体来说，本次研究采取的思路是利用成熟的理论体系，借鉴最新的思路创新发现，考虑分析目标特点进行模型扩展和实证检验。这一方法确保了理论上可靠性程度高，实证上可操作难度相对较小且检验分析结果准确度高，这也是目前国内外研究的一种发展趋势。另外，本书作者在撰写过程中，定期追踪国内外相关的研究，确保研究的理论前沿性。

第二，研究在金融发展与金融业对外投资之间联动的多方面对国内经济的影响程度与促进路径的差异性也将是本次研究的难点之一。同时，如何把金融发展和对外投资动机的差异性与经济增长和转型升级的多样性匹配起来，选择合适的检验样本，则更是难中之难。此外，如何克服数据来源的局限性和计量方法的缺点，提升研究结果的准确性也是在实证分析中遇到的难点。鉴于此，在开展本次研究之前，本书作者就已明确采用数据和替代数据的所有来源，并收集完整。另外，本次研究采用了多种计量方法以确保实证结果的准确性，并用已经成熟的科学方法对模型及时进行修正。

第三，如何及时反映外部宏观环境变化而导致研究成果的偏差，以减少对于政策建议产生偏差的风险，也是本次研究遇到的难点之一。在本次研究做计划之前，本书作者就已经仔细考虑了各种环境变化的可能性，多做预想和多收集相关数据，并在进行研究和本书撰写过程中时刻关注当前形势的发展，根据外部环境的变化及时补充数据和调整实证模型，确保研究的时效性。

第四，寻找合适的变量进行政策效果检验，为充分利用金融发展和金融对外投资促进我国经济增长和转型升级找出对策和提出合理化建议也是本次研究的难点之一，这是因为存在本次研究的政策建议与现实中政策执行差异度的风险。为了减少这类风险，本此研究采用了三种方法：一是详细阅读相关政策和研究，追溯政策发表和执行的历史；二是定期向专家咨询，例如政策研究室的专家；三是在研究实施过程中，及时与政策执行人员沟通，发现问题并准确反映回研究上来。

五、主要观点和创新之处

归纳上述几节对本次研究的介绍，可以得出本书的核心观点，即是：金融发展与金融业对外投资模式的多样性对我国内经济带来了多方面的影响，其最终作用不仅取决于影响方的作用模式,也受到传输渠道、接收方的利用方式、以及宏观环境变化等多种因素综合影响。基于此观点,本书作者将综合国际直接投资理论、经济增长理论和金融发展理论进行模型扩展,区分不同的溢出渠道、区位要素、经济结构特点、金融发展与对外投资联动等因素对我国经济增长和转型升级的影响。

本次研究的创新之处和特色主要有四点:

第一,关于金融结构发展和经济转型关系问题上研究思路的创新。过去30年在我国金融改革和经济转型过程中,关于金融结构调整与经济结构发展的适用性和匹配性,理论上的和实证上的国内外研究是寥寥无几,没有一个清晰的答案。鉴于此,本次研究决定从理论和实证上分析金融结构调整和经济结构变化之间的因果关系,努力从中找到答案。

第二,在金融海外投资对母国金融结构影响的研究领域对传统实证研究的扩展。目前国外关于金融海外投资对母国金融结构影响的分析在理论上和实证上都比较成熟了,但是对于我国的金融业则甚少有研究。本次研究将延伸传统的金融结构和对外直接投资理论,对国外的实证模型进行扩展,建立符合中国金融结构特点的分析框架,以丰富国内在这一领域内的研究方法。

第三,把金融海外投资的作用引入到分析金融结构发展对母国经济转型和持续增长影响的研究,进一步探索新的研究方向。亦今为止,传统上国内外学术界主要是把金融结构发展的作用引入到分析对外直接投资对经济转型影响的研究,反之则屈指可数,而这也给了本次研究创新的动力。

第四,实证检测方法上的特色。本项目跟踪国内外最新进展,在分析过程中除了采用传统方法,还采用最新发展的计量方法,例如倾向指数匹配模式来估测数据的选择性偏差,随时间变化动态贝叶斯估计来检测金融和经济结构变迁,横截面相关性的随机游走分析来检验短时序宽横截面板数据的单位根。

第一章　金融发展与金融业对外投资对一国经济增长的影响:理论框架

本书将要探讨的是金融发展、金融业对外投资与经济增长和转型升级之间的关系。也即是说,我们将分析金融发展对经济增长和转型升级都什么影响,金融业这一特殊行业的对外投资对经济增长是否有促进作用,作用有多大。从历史的经验和以往的研究可以看出,经济增长与金融发展和对外直接投资发展密切相连,许多发达国家和发展中国家都一方面大力发展其金融体系,另外一方面也积极进行对外投资,以为促进经济增长提供更多的动力。因此,学者们一直致力于研究那金融发展和对外直接投资对一国经济增长和转型升级究竟产生了什么样的影响,以及影响程度如何。本章的目的就是提供分析金融发展与(金融业)对外投资对一国经济影响的理论框架,探讨其影响的内在机理和理论解释。

这是一个至少涉及三个关键领域的主题,即金融发展,(金融业)对外直接投资和经济增长。换句话来说,本章将要讨论三个方面的理论:经济增长理论、国际直接投资理论和金融发展理论。作为主要的经济增长理论,内生增长理论是近三十年以来被广泛地作为理论基础用于支撑实证研究。该理论的主要优势之一就是可以把金融发展和(金融业)对外直接投资因素同时融入一个模型,作为不同的变量来解释对经济增长的影响,这也是该理论被实证研究广泛运用的原因之一。根据该理论的解释,金融发展和对外直接投资带来的资金使用效率的提高、知识的流动和人力资本的提升都是有助于一国资本积累(包括物质和人力)、就业增长、出口促进和其他生产率溢出效应的,而这些最终都将促进经济增长。国际直接投资理论是另一个被广泛运用于实证研究对外投资与经济增长影响的理论,该理论的论点与内生增长理论基本相同,也是强调对外直接投资一方面可以促使资金从充裕的地方到资金稀缺的地方,提升资本分配效率,另外一方面对外直接投资可以带来溢出效应,促使技术的传播,提升劳动生产率,以达到最终促进一国经济增长的目的。在关于对外投资对经济增长影响方面,国际直接投资理论比内生增长理论更递进了一步,区分了投资主体、投资模式和投资目的地三者之间的差异性。

关于研究金融体系在经济增长过程中所发挥的功能,金融发展理论则是被实证研究普遍运用的理论之一,也是研究历史悠久、涵盖广泛的理论。20世纪早期熊彼特(1912,1934)就高度强调了银行家在经济发展中的创新作用,20世纪60年代以来格利和肖(1960)、戈德史密斯(1969)、爱德华·肖(1973)、麦金农(1973)关于货币功能、金融结构和金融深化的理论研究,21世纪前后由中国学者白钦先提出并完善的金融资源与金融可持续发展理论,都属于广义的金融发展理论的组成部分。根据该理论的解释,金融体系在经济增长中起着至关重要的作用,除了起到有效分配资金的渠道作用,金融发展带来的信息不对称降低、风险管理和鼓励创新都是能有效地促进一国资金使用效率的提高、技术改进、生产率的提升和最终的经济增长。

本章的余下部分安排如下:第一节将主要介绍国际直接投资理论,分析其发展历程和理论上如何解释对外投资对经济增长的影响;第二节将着重于探讨内生增长理论,讨论其理论的核心解释、优点与不足;第三节的讨论将奉献给分析金融发展理论,从理论变迁、金融发展对一国经济的影响模式和理论争议三个角度出发,阐述了金融发展促进经济增长的内在机理;最后一节是对本章的总结,并归纳从理论分析中得到的启示①。

第一节　国际直接投资理论

国际直接投资理论(也称为产业组织理论)是最早也是最广泛被用来检

① 在开始讨论这三个理论之前,作者需要对本章的一点不足需要提前声明,那就是由于篇幅限制,本章只能简单介绍这些理论,详细的理论分析请参考本章的引用文献。

验对外直接投资对经济影响的理论之一。该理论的产生主要是为了分析二战后美国对外直接投资的快速增长。在20世纪60年代之前,利率理论被用作分析对外直接投资的理论框架,这一理论的前提是国际资本流动是由国家之间的差别利率引起的。也就是说,国际投资流向一个利率上升速度比其他国家更快的国家。然而,利率理论未能提供一个合理的理论解释,为什么公司喜欢对外直接投资,而不是投资组合。对外直接投资研究的早期贡献者 Hymer(1960)基于企业垄断行为理论建立了对外投资模型。他认为,对外直接投资的主要动机是对国外子公司的管理控制(见 Hymer,1976)。在其后续的研究中,Hymer(1976)进一步明确了直接投资的两个主要的原因,就是通过管理控制以确保投资的安全性,并通过国内外垄断权力的扩张消除东道国的竞争。因此,海默认为外商直接投资的出现是由于资本市场的缺陷导致的。

Kindleberger(1969)进一步发展了市场不完美的概念,并提出了四种类型的市场结构缺陷:(1)由于特殊技能、产品差异化和零售价格的不同而导致的商品市场不完善;(2)由于在筹集资金和专利或不可转让的技术优势,而导致的要素市场的不完善;(3)内部规模经济和外部经济,前者可以通过横向整合,后者可以通过垂直整合;(4)政府对生产或贸易的干预。这些市场不完善的存在促使了企业的对外直接投资,虽然不一定能实现规模经济,但通过控制产量和提高销售利润,在海外发挥垄断性的行为能力而获得垄断利润。

Caves(1971)和 Knicke Brbocker(1973)对上述论点进行了进一步扩展。他们构建的企业模仿行为模型是在企业垄断理论的基础上,对寡头垄断行业的对外直接投资进行扩展讨论。他们认为,传统的产业组织模型没有解释到企业的对外直接投资是为了控制海外生产还是为了利用外国子公司在东道国建立垄断地位,这是因为可以通过出口或许可证模式快速达到第二个目的。Buckley and Casson(1985)的研究发现,促使企业投资海外的关键因素是东道国的产品差异化影响经济收益的异常。

20世纪70年代,外商直接投资的格局发生了变化。越来越多的以 FDI 方式进入国外市场的企业并不是来自垄断或寡头垄断行业(Williamson, 1985)。这极大地挑战了 Hymer(1976),Caves(1971)和 Knicke Brbocker(1973)模型的基本假设,因为他们认为 FDI 是国内垄断或寡头垄断企业的国外权力膨胀的结果。作为对现实变化的回应,产业组织理论改变了其国际化的概念,把解释因素从"国家定位"转移到对"公司"的行为解释,其中分析重点是利润最大化(Williamson,1985)。此外,新的产业组织理论还对市场缺陷的概念进行了修正,市场被理解为一种无摩擦的机制,其中交易成本的存在是导致内部市场产生的一个主要因素。企业作为替代市场交换机构存在的基础是最大限度地降低这些成本,通过这种交换机构,资源可以由行政部门而不是外部市场来分配。当内部交易进行跨国界,必要的方法是直接投资。但是,不同于之前的寡头垄断模型中强调的只有少数企业能够在市场中成长,新的产业组织模型—内部化模型允许大量公司同时通过对外投资克服市场缺陷,而且这并不妨碍其他公司出入市场(Rafferty,1997)。

尽管通过修正市场缺陷的概念扩展了以前的产业组织模型,内部化模型也受到了一些批评。人们批评它仍然是一个静态模型,没有说明为什么一个公司要把资源和能力创造活动内部化(Dunning,1980)。此外,该模型没有回答为什么在实现长期盈利能力时,公司特定交易成本可能低于市场特定成本,但短期内可能更高。其次,该模型忽略了其他非交易相关的功能,包括未来发展的增值活动,而不仅仅是短期利润最大化(Rafferty,1997)。还有,人们批评该模型忽略了对企业间联盟的分析,这种联盟导致了事实上的内部化,但却没有涉及股权变化(Dunning,2000)。

20 世纪 80 年代初,全球对外直接投资发展趋势出现了新的变化,随着越来越多的外商资本从一个发达国家流向另一个发达国家的同时,越来越多的新兴经济体的企业也开始采用对外直接投资模式进入发达国家,这与 20 世纪 70 年代资本从发达国家流向技术落后的欠发达国家的对外投资模式截然不同。这种投资模式的改变引起了学者们对在实证分析中被作为普及理论广泛运用的传统产业组织模型的不满,这同时催生了 Dunning(1980,1998)的折衷主义理论。严格来说,Dunning 的折衷模型是产业组织理论的继承与扩展,其模型包括三个部分:所有权优势(Ownership advantages)模型、内部化优势(Internalization advantage)模型和区位优势(Location advantage)模型(Dunning,1980)。具体来说,所有权优势指的是一个跨国企业的公司特有的优势,包括知识、技术、实现规模经济的生产能力、和其他垄断优势。一个企业拥有的所有权优势越多,则越有可能以 FDI 方式进入国外市场。内部化优势指的是一种机制或策略,如掠夺性定价,通过它可以使企业的海外利润最大化。采用国际生产内部化的动机主要是由于外部市场的不完善,包括结构性市场失灵以及自然的或特有的市场失灵,例如信息流通的阻碍。市场失灵越严重,则越有可能跨国企业利用 FDI 模式组织跨越国界的生产活动((Dunning,1980,1998,2001;Griffin and Pustay,2001)。区位优势指的是利用外商直接投资的经济体国家的具体特点,包括地区经济优势、东道国市场大小、社会、文化、政治(如投资国和接受国之间的政治关系)等其他影响 FDI 流入的因素,这些东道国固有的区位优势将会对跨国企业的利润创造产生极大的影响。

虽然生产折衷模型对 20 世纪 80 年代全球 FDI 模式变化的解释比任何单一的垄断行为或内部化模型提供了更全面的理论基础,但是之前模型存在的问题仍未在 Dunning 的模型中得到解决(Rafferty,1997)。例如,该模型仍然使用静态分析方法,而且类似于新古典增长模型的方法,技术被假设为给定的(Jones,1987)。Dunning(1995)也承认,有必要更好地认识到创新对增强一个公司或国家竞争优势的重要性。这就是为什么在分析跨国公司利用对外直接投资模式进行国际扩张时,似乎有必要考虑技术积累的动态效应对其所有权优势发展的影响。此外,对于分析为什么某些地区更能吸引外国投资者,也似乎很有必要把一国创新政策的作用放入到分析一国区位优势的研究中。这显示未来研究很有可能把创新理论融合到 Dunning 的生产折衷理论的框架(Cantwell,1989)。

此外,人们也批评 Dunning 的生产折衷理论没有能够将各单一模型中不同的概念融合成为一个一致的理念(Markusen and Melvin,1988)。一方面,其模型中的所有权优势是基于垄断行为模型中的跨国企业的优势来源于国内垄断市场的概念。另一方面,内部化优势却允许广泛范围的公司进行有利可图的对外投资,而且这些企业可能来自非垄断行业进行。还有,所有权和内部化优势都是建立在市场不完善的概念之上。相比之下,区位优势的思路源于国际贸易理论的资源禀赋模型,也即是假设具有完全的货物流动但绝对没有资本流动(Markusen and Melvin,1988;Rafferty,1997)。

最后,人们还批评 Dunning 的生产折衷理论也没有考虑到跨国公司可以与东道国的竞争对手建立战略合作伙伴关系,但却没有相互交换股份,以减少市场不完善的影响。这表明,单个企业的能力不再受其所有权边界的限制,而是建立在社会经济关系的公平边界之外(Dunning,1995)。正如 Buckley and Casson(1998)认为,“西方经济体不再是制造业的实力,而是建立在与外界的关系服务”。总的来说,上述对 Dunning 生产折衷理论的讨论给了我们两个重要的启示。一个是,FDI 可以通过不同的渠道,会对一国的经济产生不同的影响,即 FDI 影响的来源差异性。二是产业和区位因素与 FDI 溢出效应有关,这也暗示了由于金融媒介区别于其他产业的独特性,金融业的对外直接投资对我国经济的影响也将有别于非金融类对外投资。

第二节　内生增长理论

内生增长理论也是广泛被用于实证研究金融发展和金融业对外投资对一国经济影响的理论之一。基于此理论,人们已达成共识,认为通过金融发展和金融对外投资可以帮助一国资本积累(物质和人力),从而促进国内的生产规模扩大、就业增长、出口增加和其他生产溢出效应。接下来,本书将基于内生增长理论,解释金融发展和对外投资如何促进经济增长,分析其内在机理。

对经济增长影响因素的实证研究的理论基础主要来源于两个相互竞争的理论,即新古典增长理论和内生增长理论(endogenous growth theory,EGT)。在新古典增长模型,经济增长的长期性是由外生技术进步率确定的。在这种假设下,技术进步完全独立于经济主体的决策,这同时也导致了无法分析技术进步的影响和决定因素。根据新古典理论,所有经济体都将汇聚,长期来看将朝着经济零增长的方向发展。然而,从过去的五十多年的数据观察到,世界各国之间的增长率一直存在分歧,而不是趋同。根据新古典经济增长理论,任何由劳动力或资本以外的因素(例如技术)调整导致的任何经济增长的变化都归纳为残差,这种残差通常被称为索洛剩余(Todaro and Smith,2012)。但是,这将无法解释为什么过去几十年工业国家大约 50%的经济增长要归功于这残余。此外,新古典理论认为资本劳动比率越低意味着高投资回报率越高,这意味着资本应该从发达国家流向发展中国家。这一假设却与事实相矛盾，许多欠发达国家经历了很少或根本没有资本流入的增长，相反，资本从富国流向富国的趋势却有所增加(Temple,1999)。

内生增长理论的出现可以说是对传统的新古典增长理论对技术解释不足的回应。严格来讲，内生增长理论出现于20世纪80年代末，尽管其概念可以追溯到Young(1928)，Schumpeter(1942)和Arrow(1962)(Fine,2000;Todaro and Smith,2012)。该理论的主要倡导者是Lucas(1988)和Romer(1990)，并且该理论的目的是解释国家之间经济增长率的不同，并确定影响经济增长的因素。根据内生增长模型的解释，经济增长是生产过程中公共和私人投资于人力资本和知识密集型产业的内生增长的结果(Todaro and Smith,2012)。基于这一概念，对外投资和金融发展被认为对经济增长的影响是通过技术转移和溢出效应来实现的(Nair Reichert and Weinhold,2001)。金融媒介和对外投资作为流通渠道，促使了发达国家和发展中国家之间的知识流动。此外，不同于新古典经济学，内生增长理论承认边际资本收益率可以不断地提高，这是因为新知识的发展(或更复杂的知识溢出效应)可能有助于克服导致收益递减的物质资本使用的技术瓶颈(Cypher and Dietz,2009)。依靠这一理论基础，实证研究指出，创新能力的差异能够解释世界各国之间长期经济增长率的差异性(Peretto,2003)。

内生增长理论关于边际资本收益递增的解释是基于三个前提。首先，技术变化被视为经济增长的主要引擎(见Grossman and Helpman,1994;Mulder等,2001;Martínez等,2010)。第二，人们在市场激励下采取的意向行动是导致技术变革的一个主要因素。在一个两部门模型(生产和研究部门)中，一般假定一类公司专门致力于研究，并可以通过销售研究成果给生产企业而获得垄断利润，但完全竞争市场下的自由进出条件意味着，这些利润都将消耗在研发支出(Romer,1990;Lans Bovenberg and Smulders,1995)。第三个假设是，知识或技术与有形的商品具有经济本质的不同。知识是非竞争性和不完全的排他性，其价值由两部分组成。一是私人研究公司研发获取的具有排他性的价值，二是经济人从公共知识池获取的非排他性的利益(Romer,1994)。从这个意义上说，每一家公司都可以从自己的研发中获得准垄断租金，同时也可以从公共资源中获取知识。这就暗示了,一个经济体的边际增长率会随着知识库的提升而上升(Romer,1990;1994)。因此,知识存量的增长是研究和生产中使用的人力资本总量,以及利用现有公共知识库进行技术创新的函数。

不同于传统的经济增长理论,内生增长理论提出了几个新的启示。首先,没有一种力量会导致封闭经济的均衡增长率(Todaro and Smith,2012)。也就是说,没有自动力量推动所有经济体在长期内收敛到零增长。第二,即使各国的经济假设以相同的速度增长,但是不同的储蓄率和技术水平的将导致他们的经济增长率的差异性(Temple,1999)。而技术进步的速度取决于一个国家的教育水平、政府政策、研发和人力资本开发投资(Aghion and Howitt 1998)、影响人力资本积累和研究的组织和制度结构(Cypher and Dietz,2009)。在内生增长模式下,资本穷国赶上富国可能性很小,而且贫富国家之间的收入差距可能会增加,因为后者能够更好地投资于研发和其他提高生产力的活动(Howitt 2000)。

从技术溢出角度入手,Romer(1990)的三部门经济模型对上述内生增长理论的三点启示进行了更详细的解释。Romer 模型的主要贡献是其对技术的长期经济增长溢出效应进行了分析。该模型是以一个完全竞争的市场结构为条件的,在这种市场结构中,企业可以自由进出一个行业,从而使每个行业单独获取规模报酬。Romer(1990)认为,经济增长是由资本和知识的积累共同促进了。单个公司或行业可以从公共知识库中汲取,也可以向公共知识库中提供知识,从而使全国范围内的规模收益递增。从 Romer 模型中可以导出几个含义。首先,研究的投资回报率是在一定贴现率下的未来收入滚动回报。如果利率上升,未来利润的净现值将变低,促使更少的投资或人力资本将被分配到研究中,这反过来又会降低经济增长率。其次,如果导致利率下降的产能参数有变动,研究成本将变得更低,这意味着研发投入将增加,最终促进经济增长。第三,一国的总体人力资本水平对加快经济增长速度有影响。第四,把公共知识转化为生产技术的水平和生产力将直接影响知识和产出增长率。也就是说,通过税收补贴、资金资助或就业补贴导致研究部门生产力的增加,能够刺激经济的长期增长(Romer,1990)。基于 Romer(1990)的知识驱动模型,大量的实证研究分析了金融发展和对外直接投资对经济增长的影响(见 Liu and Agbola,2014;)。与理论上的解释相一致,实证研究表明,金融发展和对外直接投资对人力资本的深化产生了影响,从而促进了一国经济的增长和生产率的提高。此外,实证研究进一步表明,一国可以利用两个知识库(国内和国际知识库)促进经济发展。也就是说,对外直接投资可以作为向国内企业引进外国知识的渠道,而金融发展可以更好地促使两个知识库的衔接,从而加速经济增长。

毫无疑问,内生增长理论为“系统的分析经济增长是由生产控制过程内部,而不是由外部力量决定的,提供了一个新的理论框架”(Todaro and Smith,2009,p.151)。这一洞见将技术进步确定为生产力增长的关键源泉,这是传统的新古典经济增长模型未解决的问题。此外,内生增长理论也有助于我们在其他方面的理解。首先,内生增长理论用一个不完全竞争取代了新古典理论的完全竞争假设。这种替换是基于对市场经济与现实世界的缺陷而做出的(Cypher and Dietz,2009)。为了使分析可行,内生增长理论起始于完全竞争的假设,逐步过渡到价格与外部收益递增,最后以不完全竞争模型结束(Romer,1994)。

其次,内生增长理论提出了借鉴微观经济学理论分析宏观经济问题的一种新方法。这一新方法揭示了某些概念在总体水平上的区别,并通过区分可用于经济增长的不同来源。这有助于解释为什么一些国家可以保持高增长率,以及一些经济体能够逃避不良资源约束追赶先进国家(Barro and Sala-I-Martin,2003)。因此,内生增长理论为分析各国经济增长的差异性,以及现实世界中的其他现象例如追赶、赶超、跨越等,提供了一个坚实的理论框架(Grossman and Helpman,1994;Fine,2000;Howitt,2000)。

再次,尽管最初的内生增长模型被批评未能考虑制度环境的影响,新的扩展模型则试图将制度因素和社会因素纳入分析。这些研究的主要发现是,一个有着良好的商业和经济环境的经济更有可能繁荣发展,而且可能会持续很长一段时间(Temple,1999)。因此,在考虑了各种社会和经济因素后,内生增长理论能够被应用于分析广泛范围的经济现象,包括解释为什么在国家和地区之间经济增长率的不同(Lans Bovenberg and Smulders,1995;Fine,2000;Mulder等,2001)。在考虑了基于市场经济的政治和认知发展因素后,内生增长模型能够提供范围广泛的政策建议。内生增长理论坚持的知识传播的普遍性和外部性,相比于其他经济增长模型,为公共政策的作用提出了一个更大的舞台(Shaw,1992;Peretto,2003)。最后,随着全球经济环境变得更加不可预测,对随机变化的考虑是必要的。最新的研究(Howitt,2000;Peretto,2003;Martínez 等,2010)通过把随机冲击纳入时间序列和面板数据分析,对经济增长模型进行了模型扩展。在分析中,随机冲击被认为是持续存在的,在其产生和传播过程中,随着时间的推移对经济增长产生不同的影响。在这样的背景下,Dompere(1999)认为内生增长理论是一个完善的、能够考虑复杂动态的经济环境和数据序列随机性质的理论框架。

尽管内生增长理论对分析经济增长有着上述的贡献,但是仍然对该理论有批判的声音,其中一种批评是认为内生增长模型过于对稳态环境分析的依赖。正如 Aghion and Howitt(1998)和 Todaro and Smith(2009)批评道,内生增长理论忽略了在转型期或结构变化时期,部门之间的劳动和资本的增长产生的再分配。此外,内生增长理论也被批评道,该理论认为知识是从一个层次跳到另一个层次,忽略了变化或适应的过程(见 Pack,1994)。在最近的研究中,Aghion 和 Howitt(1998)曾尝试将学习和实践分割为重要的组成部分纳入到分析知识增长过程中。

第三节　金融发展理论

从上一节的讨论可以看出内生增长理论提供了一个联系金融发展和经济增长的理论框架。从讨论中我们可以得出如下几点暗示,如果金融媒介发挥作用,金融发展能够 1)促使资本流向技术含量高附加值高的产业,由此增加了资本的使用和分配效率;2)加速了资本区域间的流动,从而能带动技术的传播和扩散,增加了技术的外溢效果;3)能够促进资本国际间的流动。此时,我们不仅有个问题,那就是从金融发展理论的角度来看,金融媒介的作用是如何促进经济增长的呢? 是否与内生增长理论的解释不同呢? 接下来,本节将简要讨论下金融发展理论,以及其是如何解释金融媒介作用于经济增长的。

从20世纪60年代开始，对于金融发展是否促进经济发展一直是研究的一个热点。1969年，Goldsmith在其出版的《金融结构与金融发展》一书中率先提出了金融结构与金融发展的概念，开创了半个世纪以来金融发展理论演变的先河。在此书中，Goldsmith认为，一国的金融机构指的是一国现存的金融工具和金融机构，金融的发展实际上就是金融结构的变化。为了测量金融发展，Goldsmith采用了8个指标，其中最重要的指标之一就是金融相关率（Financial Interrelations Ratio，FIR），用于衡量某个国家或地区在某一日期其全部金融资产价值与该国（地区）经济活动总量（通常用GDP衡量）之间的比值。FIR的比值越高，就表明该国或地区的金融发展水平越高。此外，Goldsmith还提到，通过观察世界各国金融发展状况和经济发展水平，他发现尽管各国的金融结构和经济发展水平之间的关系不尽相同，但是却经历了相似的金融发展路径，金融相关率的变化是能够揭示各国金融地位演变的规律性，表明了发达国家和发展中国在金融发展方面的显著差异。然而，尽管Goldsmith开创性地提出了金融发展与经济增长之间存在一定的关系，并提出了一些衡量指标，但是Goldsmith（1969）并没有明确地解释金融发展与经济增长之间到底存在什么样的因果关系。

"从概念上清晰定义像经济增长和金融发展之间的因果关系这种复杂的现象，是不可能的。这个问题，在分析金融发展与经济增长的关系过程方面的金融理论进一步发展之前，是得不到解决的"（Goldsmith，1969，p.409）。

跟随着Goldsmith（1969），King and Levine（1993a，b，c），Lvine（1999，2000，2003），Khan（2000），Demirguc-Kunt and Levine（2001），Dolar and Meh（2002），Rioja and Valev（2004a，2004b）和Bekaert等（2005）检验了在全球范围内金融发展与经济增长之间的联系，而罗纳德·麦金农（Ronald I. Mckinnon）（1973），爱德华·肖（Edward S. Shaw）（1973），Al-Yousif（2002），Nazmi（2005）和Bolbol等（2005）则集中对发展中国家进行了分析。例如，在研究发展中国家的金融问题后，罗纳德·麦金农（1973）和爱德华·肖（1973）提出了"金融抑制"对经济发展的负面作用。他们认为，金融抑制将会导致低储蓄水平和低效率投资，而且小规模借贷会将大多数人排除在外，促使有限的信贷资金集中于特权机构，加剧了贫富差距，增加了对资金管理的难度。

20 世纪 80 年代末,随着信息经济学的发展,经济学家开始把“道德风险”及“逆向选择”问题与金融发展理论相结合,提出了介于金融抑制和金融自由化之间的金融约束论。Hellman 等(1998)在他们发表的《金融约束:一个新的分析框架》一文中提出了金融约束的理论分析框架。该理论主张政府对金融市场和金融管理进行有选择性的干预,以弥补“市场失灵”,包括在保障实际利率为正的前提下,控制存贷款利率,降低金融成本和提高租金机会,减少道德风险,以激励金融机构的长期经营,同时,应实行严格的准入政策,限制有潜在道德风险的机构进入金融领域以提高金融机构的安全性,控制金融机构数量以避免无序竞争浪费社会资源。20 世纪 90 年代,金融发展理论得到了进一步的发展,学者们尝试将其与内生增长理论相结合,把金融市场和中介功能与经济的内生增长融合进行模型扩展,其中比较有代表性的是 King and Levine(1993)。他们从金融媒介的功能角度入手,研究金融发展如何通过加快资本积累以及提升资本分配效率,以最终达到促进经济增长的目的。他们宣称,通过检测当前的金融发展水平和发展趋势,能够有效地预测一国 10—30 年后的经济增长情况。

金融发展理论已经经历了半个世纪的发展和不断的模型扩展,不管是理论文献还是实证分析,有一点是肯定的,那就是绝大多数研究都表明了作为担当了储蓄投资过程中的媒介,金融中介机构的发展是能促使经济增长的(Levine,2005)。他们认为金融越发达,金融工具和金融机构提供给人们的机会就越多,促使了人们从事金融活动的欲望,资金的使用效率就越高,则对推动经济发展的作用就越大。传统上,金融机构的活动是通过存款和贷款来加强资源转移,承担信贷风险。金融系统越发展,则越有利于增加储蓄和投资,也越有利于增加投资渠道和机会。如今,金融中介促进经济增长更多的是通过降低信息获取成本和鼓励投资高回报的活动(Allen and Santomero,1998;Beck 等,2000)。金融发展可以促使资金向效率高的部门流动,提高资金配置效率;并且通过金融媒介的信息传递作用可以促进人、财、物的有效结合与流动,提升收入分配平等化,促进产出与就业的稳定增长,并可能减少政府干预带来的损失。罗纳德·麦金农(1973)、爱德华·肖(1973)和 Levine(2005)曾指出,金融发展落后是许多欠发达国家经济落后的主要原因之一,这些国家必须改革金融系统,促进金融快速发展,改进资本的使用效率以加速资本形成,同时必须改革政府的金融管理体系,推行金融深化战略和有效的金融宏观管理,开放金融市场,加速利率、汇率的市场化进程,使其能真实地反应市场的供求状况下的资金价格,以合理有效地配置资本。此外,运用金融发展理论分析国际资本流动,越来越多的文献(Alfaro 等,2004;Giocanni,2005;Agbloyor 等,2012)发现,一个发达的金融体系不仅可以在很大程度上帮助企业在国内外市场进行融资,也能帮助企业减少国内外运营的交易成本。这也就是说,金融发展一方面能促使本国资本去海外寻求效益更高的项目,另一方面也能帮助本国企业获取高效率的外国资本投入。根据上面两节对国际直接投资理论和内生增长理论的分析,这种国际资本流动带来的资金、知识传播和技术溢出对一国的经济是具有非常显著的正面作用。

归纳来说,金融发展对一国经济的影响模式可以概括为四个方面。接下来,本节将对这四方面影响的内在机理进行讨论。第一个影响模式与减少信息不对称有关。金融机构之间的信息传递可以帮助企业和投资者的交易成本大幅减少(Levine,1997;Masten 等,2008)。此外,金融中介机构通过提供更准确的生产技术和投资环境信息,不仅可以帮助外国企业落户本土,而且可以帮助国内企业走出国门。有时,金融机构提供的服务是许多中小企业进行投资决定的前提条件,因为它们可能缺乏在国内外收集足够的投资信息的必要能力。可以说,通过国际一体化的金融发展将导致更多的资本在国家间的流动,从而加速了各国间的资本和知识流动,促进了共同的经济增长(Lee and Chang,2009)。回顾了几十年来全球 FDI 的发展,我们发现世界金融一体化的进程早就发生了。这可能是为什么在 20 世纪 60 年代以前早期的研究依靠国际金融理论来解释美国 FDI 流动的原因之一(Hymer,1976)。此外,一个运作良好的金融系统可以作为一种工具引导风险投资,将资源重新分配到新的生产用途,以提高效率和效益。这还可以作为一个信号,促使国内外投资者在分配资源之间的合理竞争,从而吸引投资进入特点市场,促进经济均衡发展。正如 Levine and Zervos(1998)发现,金融发展是一个很好的对经济和生产力增长进行预测的指标之一。

其次,金融体系的风险管理能力即会影响企业的投资决策,也会帮助社会控制经济风险,从而促进经济平稳增长。一个发达的金融体系可以通过对债务人的偿债能力进行全面的监督与管理,从而降低债务水平、收入来源等方面的风险(Choong,2012)。这一方面不仅促使本国企业更愿意与一个在良好组织和规范的金融系统监管下的商业伙伴进行合作、合资,从而降低潜在的交易风险;另外一方面也使得外国企业更加关注东道国的金融发展与开放,因为他们需要评估遣返利润回本国的风险(Agbloyor 等 2012)。此外,从本土企业对外投资的角度来看,出生在一个拥有良好发展和管理的金融体系国家的公司能够更有可能在国内外市场的业务中获得额外收益,这是因为他们在进行业务扩张时,尤其是海外扩张,可以从已建立规范财务管理的国内金融机构不断提醒风险控制中受益(Levine,1997;Giocanni,2005)。

还有,金融发展可以通过鼓励技术创新,影响公司的创业。正如 McKinnon(1973)(引用自 Alfaro 等,2009,第 112 页)指出,一个能及时采用最佳实践技术的必要条件是发展运作良好的金融机构,尤其是当新技术或新产品即将推出时,这一点至关重要。Alfaro 等(2004)指出当前的技术与新技术之间的知识差距越大,金融机构的支持,特别是对新成立的中小企业的支持就越重要。发达的金融市场可以提供风险资本,鼓励企业进行技术创新和管理创新。这一方面将吸引寻求知识的外国直接投资流入,另一方面增强国内企业在海外进行技术开发的所有权优势,从而最终促进一国的经济增长。

最后也是传统上的意义,金融发展可以通过提供低成本融资来影响企业发展和经济增长。在 Giocanni(2005)和 Jongwanich 等(2013)的实证证据支持了这一想法。他们发现国内金融市场的增长与企业在海外的并购有着很强的正相关关系,这意味着在国内金融发展提供资金来源的重要性。他们的研究结果进一步表明,当跨国公司想收购或兼并分布在发达国家的企业,国内金融市场的融资来源将变得更加重要。除了影响国内企业海内外扩张,一国的金融发展水平也影响 FDI 流入。Choong(2012)声称,一国的金融系统是一个决定本地公司可以在何种程度上进行创新活动的关键因素。可以说,越容易得到地方融资支持,更多的本土企业,尤其是跨国企业进行创新活动和扩大业务,这是因为对比从海外市场获得融资,其风险更小,融资成本也可能更便宜。Alfaro 等(2004)进一步指出,当合资模式被限制作为外国公司进入东道国的唯一模式时,地方金融机构的支持对于外商直接投资的流入将变得更加重要,尤其是从发达国家到发展中国家的直接投资项目。通常,外国公司会引进新技术,而当地的合作伙伴则需要提供新机器,雇佣新的管理人员和熟练工人。虽然一些本地公司可能利用内部资源为这些项目提供资金,但它们中的大多数仍然严重依赖当地银行和金融市场获得融资。国外技术越先进,投资项目越大,地方企业对当地金融机构的融资需求就越大。这也就是说,一国的金融机构越发达,则越有更能吸引更多的外资,也越有可能获取外资技术溢出效应促进其经济增长。

虽然金融发展对经济增长的促进作用是普遍一致认可的,但是一国金融体系的发展方向和何种金融发展能更好地促进一国经济发展却是一直存在争议,这种争议主要体现在三个方面。一个方面是关于金融发展对经济增长的影响程度。Rioja and Valev(2004a,2004b)认为,金融发展对经济增长有着积极的、单调的效果,但这种关系在不同的国家、不同的时间显示出不同的影响,而且目前还不清楚金融市场对金融发展水平非常低的国家的经济增长有多大的影响(在74个国家的实证度量中,发现了负的、零的和正的三种关系都存在)。在发达地区(经济增长已达到一定规模的国家),金融发展对经济增长有很强的正面影响。并且,在金融高度发达的地区,由于投资回报的减少,额外的财政改善对经济增长也有积极影响,但影响不大。金融深化对发展中国家因果关系的贡献大于工业国家,这意味着发展中国家有更多的财政和经济改善空间。Caldero'n and Liu(2003)认为不管是在发展中国家还是在工业化国家,金融发展通常都会促进经济增长,而且在发展中国家比在工业发达的国家,金融发展更能促进经济增长,这意味着发展中国家有更大的金融和经济发展的空间。Beck等(2000)认为,金融业的发展更有利于一国摆脱贫穷,而Levine(2005)认为,Beck等人的研究没有充分考虑机构的质量、产权安全性的改善、法律制度的公平性、国际贸易的自由度和信任程度,这些不在金融领域的因素被发现对摆脱贫穷也是很有作用的,这表明,金融业的发展与其他机构或机制的发展共同工作才能对摆脱贫穷产生作用。Levine(2003)指出,金融发展不只是跟着经济增长而发展,相反,金融发展是能预测长期增长的。也即是说,金融发展能超前于经济增长,因此,衡量它们之间的关系应以长期对经济增长的影响为基础。通过对 1981 至 2001 年间的数据分析,Liu and Hsu (2006,第 667 页)发现,金融总量的增加对台湾经济有正面影响,但却对韩国和日本经济不利。

第二个具有争议的方面是关于金融发展与经济增长之间的因果关系。一些研究结果表明,例如 Al-Yousif 等(2002)的研究,金融发展与经济增长之间是相互因果的关系,即因果关系是双向的。Caldero'n and Liu(2003)的研究支持这种相互促进关系的观点,认为金融发展会导致经济增长,反之亦然,而且这种关系在发展中国家更为明显。不同的是,Liang and Teng(2006)不支持这种相互促进关系的观点,他们研究的实证结果表明,经济增长与金融发展之间存在的是单向因果关系。第三个具有争议的方面,也是相关研究领域争议最多的方面,是关于金融体系结构问题,即是银行主导型的金融体系还是市场主导型的金融体系更能促进经济增长。支持银行主导型观点的学者们强调了金融中介在改善信息不对称和降低跨时空交易成本的重要性,并认为以银行为基础的金融体系比以市场为基础的金融体系更好地促进经济增长,尤其是在国家经济发展的早期阶段(Levine,2003,第 3 页)。Nazmi(2005,第 447 页)的研究表明,通过促进企业增加生产资本强度,放松管制的发达的银行业能促进培养更快的经济增长。对比之下,按照市场主导型的角度来看,运作良好的证券市场比银行主导型金融系统能更好地促进经济长期增长,这是因为前者能更好地提供促使投资者在获取信息、严格公司管理和财务安排等方面的激励机制(Levine,2003)。Bekaert 等(2005)的研究表明,股票市场发展与经济增长之间存在显著的正相关关系。“平均来说,股票市场自由化导致每年实际经济增长率增加了 1%”(Bekaert 等,2005,第 3 页)。Bolbol 等(2005)的研究表明,除非人均收入水平达到一定的程度,银行主导型金融体系的指标对全要素生产率(total factor productivity,TFP)产生了负面影响,而市场主导型金融体系的指标与全要素生产率呈正相关关系,尤其是当与私人资源流动相联系。金融服务型的观点强调提供金融服务的效率,认为银行和市场都可以提供促进经济增长的金融服务,关键的问题是创造一个提供健全金融服务环境的银行或市场体系。律法主导型金融体系的视角延伸了金融服务型的观点,认为银行与市场在提供金融服务上无本质上的区别,关键点是法律体系在提供促进经济增长的金融服务时起着举足轻重的作用(Levine,2002)。根据 Levine(1999)的研究结果,金融中介发展的法律和监管环境与经济增长呈正相关的关系,金融中介机构在健全的法律体系中对经济发展的促进作用更多。Demirguc-Kunt and Levine(2001)建议,政策制定者应该不要过于在意他们国家金融体系是银行主导型还是市场主导型,而应该多关注推动金融市场与银行繁荣的法律、监管体系和政策改革。

结论与启示

关于金融发展、金融业对外投资与经济增长和转型升级之间的关系,本章回顾和讨论了国际直接投资理论、内生增长理论和金融发展理论,这是因为大量的实证研究的理论基础可以追溯到这三种理论。内生增长理论的重大贡献是解释技术进步对长期经济增长的影响,将这一理论应用于与金融发展和对外直接投资有关的环境,表明金融发展可以提高资本使用效率,并对人力资本的深化产生了影响,从而促进了一国的技术进步,生产率的提高和最终的经济增长;而对外投资也可以作为一种渠道,获取外国知识和资源,加快技术更新,从而影响经济增长和发展。对比之下,由 Hymer(1960)提出,Caves(1971)和 Dunning(1980)发展的国际直接投资理论的重大贡献是,解释为什么企业采取对外直接投资方式进入外国市场,以及为什么要进行对外投资。国际直接投资理论的一个重要含义是,对外投资可能通过不同的影响渠道对一国产生异质效应。也就是说,区位因素与对外直接投资溢出效应有关,通过全球资源配置和技术寻求,对外投资可以加速资源和技术对一国的流入,从而促进其生产率的提高和经济增长。

本章最后一个讨论的理论是金融发展理论。该理论的原始观点可以追溯到 19 世纪的关于金融体系在经济增长过程中所发挥作用的讨论,而金融发展理论的繁荣则起始于 20 世纪 60 年代 Goldsmith(1969)出版的《金融结构与金融发展》一书。之后,学者们把金融抑制、金融约束、金融媒介等问题的研究纷纷纳入到金融发展理论中进行理论模型的扩展。根据该理论的解释,金融发展可以通过减少信息不对称、金融体系的风险管理能力、鼓励技术创新、提供低成本融资等模式来影响一国的技术进步、生产率的提升和最终的经济增长。然而,一国金融体系的发展方向和何种金融发展能更好地促进一国经济发展呢?金融发展对经济增长的影响程度究竟有多大呢?金融发展与经济增长之间究竟是双向促进关系还是单向的因果关系呢?这些却是目前的研究中存在争议的问题,也是未来研究需要努力的方向。

对上述的三个理论进行回顾后,我们发现尽管以往的研究提供了丰富的理论解释,分析了金融发展与对外直接投资对经济增长影响的许多方面,但是仍然存在一些所谓的谜的黑匣子需要学者们继续努力去打开和探索。首先,实证研究的混合结果提醒人们,对金融发展和 FDI 溢出的研究还远远没有完成,尤其是对金融中介和 FDI 异质性因素的研究尚无定论,这似乎预示着发散而非收敛的研究趋势。其次,理论或概念研究和实证分析之间仍然存在很大差距,因此很难找到金融发展和对外直接投资效应发生机制的清晰图(Fan,2002)。还有,尽管有研究分别表明了金融发展和对外直接投资对经济增长有促进作用,但是却鲜有研究分析金融业这一特殊行业的对外直接投资对一国经济增长和发展产生了什么样的影响,以及金融媒介和对外投资渠道直接融合为金融业的'走出去'会与其他模式的投资和金融媒介的直接作用有什么不同。最后,现有的理论研究对于明确的概念区分故意知识转移和无意的知识溢出还比较缺乏详细的分析(Smeets,2008)。也就是说,这需要微观层面的区分企业内的合作伙伴和外部学习者,探索和检验知识溢出和转移可能会产生不同的影响,因为前者受到公司行为方式和组织形式的严重制约。

第二章　中国金融发展与金融业对外投资：简要历程回顾

上一章的理论分析可以看出，金融发展对于一个经济体有着极其重要的作用，通过减少信息不对称、鼓励科技创新、风险管理和资金分配作用，金融发展可以极大地促进一国的经济发展。对于现代经济发展来说，金融业的发展不单是影响自身的发展，还对经济的其他行业的发展产生重要的影响，一般来说，金融业在居于一国经济的核心地位，尤其是从传统经济向现代经济转换时，生产调配变得日益复杂化。因此，本章的重点将是回顾我国金融发展的历程，尤其是改革开放以来金融变革的特点分析。研究我国金融发展历程，了解其从计划经济体制向市场经济体制转变时金融体系的演进过程，清晰在当前经济"新常态"下我国金融发展仍然存在的问题，对明了我国发展现代金融的要求与趋势有着重要的参考意义，也对我国如何利用金融发展推动经济可持续增长具有借鉴意义。

传统上来说，金融的原意是指资金融通，是一个包含货币发行、信用传递以及其他相关的各类经济活动的整体过程，是融合了货币流通、金融媒介、机构作为、制度安排等各类金融要素构成的有机整体。随着现代经济的发展与技术进步带来的金融服务功能的提升，对于货币流通系统的要求也更加复杂，不仅要求金融活动数量的增加，也更加注重金融活动在质方面的迅速提升，要求多种形式的金融机构及其服务模式的产生，导致对于金融服务的内涵不断深化与延伸，金融发展的概念也随着经济形势的变化而调整。这也就是说，在现代经济中，金融服务功能不单是要满足当前环境下对于实体经济的支持作用，也要提升金融要素之间相互促进的作用，金融发展不单是停留在货币交换的功能，更加涉及经济信用转换与传递的作用，金融发展是把金融服务与经济发展进行深化融合的进程。此外，在现代经济发展过程中，金融发展不仅是涉及自身的金融问题，还关系到对于经济发展问题的提醒与预警作用，尤其是随着实物货币向电子货币转换成为普遍化的趋势，金融风险与经济风险变得更加不确定性和波动性更大。还有，在现代货币与金融体系中，金融发展与金融服务不是传统那种从属于实体经济的地位，其对于引领经济发展的主动性变得更加强烈与明显，而且在人与经济之间起的桥梁作用更加重要，这从另外一个方面也说明了金融风险与波动带来的金融危机对于经济发展的危害性也更加厉害，因此对于各国政府制定金融政策与制度如何确保金融和经济快速发展的同时，也要确保金融平稳运行，提出了更高的要求，这也是至关重要的。

过去几十年，从改革开放至今，中国的金融发展也是从传统的服务计划经济的功能，向具有现代的服务市场经济的功能转换，从单一的中国人民银行发展到中央银行和商业银行，银行机构与非银行金融机构、保险机构等多种金融服务机构并存，从纯粹的资金纵向计划分配发展到银行的间接融资和货币市场、资本市场并存的格局。截至目前来看，中国的金融发展已经取得了显著的成绩，虽然今后发展的路还很长也很艰辛，但是现代化的金融体系已有雏形，金融工具已从简单的信贷工具发展到国债、股票、债券、期货、保险等多种融资避险工具并存的模式，金融机构的服务功能日益丰富，金融市场也越来越向广度和深度发展。此外，中国的金融体制也正朝着国际化的方向发展。随着中国改革开放的不断深入，中国与世界经济的融合日益加深，企业“走出去”成为重要趋势。截至 2016 年，中国对外直接投资已超过 1900 亿美元，成为仅次于美国的第二大对外投资国。为了更好地支持企业“走出去”，提供更加及时的配套的金融服务，以及迎接金融全球化带来的机遇与挑战，中国的金融机构也积极地“走出去”。根据《中国对外直接投资统计公报》的数据，截至 2016 年底，中资金融机构已在海外五十多个国家和地区设立了超过 1500 家金融分支机构，总资产超过 1.2 万亿美元。

鉴于在过去几十年，中国的金融业已经发生了翻天覆地的变化，因此本章将要分析我国金融业如何从传统的金融产业发展到现代化的金融体系，如何从国内生产导向的资金分配模式发展到如今的国际化金融附加值服务模式，这对于我们了解中国金融发展的特点与趋势有着极其重要的帮助作用,也对于本书其他章节研究中金融发展变量的选取具有很好的参考价值。本章余下的部分安排如下:第一节对我国改革开放以来的金融发展历程进行回顾,了解各个时期金融发展的重点与金融政策的变化;第二节将采用经济货币化程度、经济金融化程和经济证券化程度这三个指标对我国的金融发展程度进行测试;第三节将分析当前我国金融结构还有哪些典型特征,了解目前金融发展的优缺点;第四节将着重分析我国金融业对外直接投资,了解“走出去”的模式与区位选择,评价当前“走出去”还有哪些不足;最后,将对本章的分析进行一个小结。

第一节　金融发展历程

1948 年的中国人民银行成立,并发行了人民币作为华北、华东、西北统一流通的货币,象征着新中国的金融发展的开始。1949 年,新中国成立后,中国人民银行逐步收回旧币,促使货币发行流通统一于人民币,逐渐形成新的货币体系。并于 20 世纪 50 年代,通过清理国营营企业间的贷款和规定中国银行作为唯一的贷款与资金往来的机构,逐渐实施了一切信用统一于国家银行的目的。然而,在大跃进时期,由于盲目发展经济导致的制度多变和各级权力失控,致使信用控制失败,我国金融体系出现了混乱的局面。因此,1962 年,中国政府发布了“银行工作六条”,拟撤销原来的权力盲目下放,实行垂直领导以严格监管银行业务,强化信贷计划与管理,划清银行与财政资金之间的界限,并且加强各级银行同当地党委联系,以严格执行国家的结算制度和财政管理。但是,“银行工作六条”并没有执行多久就受到“文化大革命”的影响,中国金融发展遭受了巨大冲击。在这期间,由于利息被错误地认为是剥削阶级的产物,迫使银行采用无息进行吸收存款,使群众储蓄积极性招收重创,正常的金融活动、储蓄业务受到抵制。同时,国内外保险业务、侨汇业务也被认为是为资本家服务而受到巨大冲击,加上银行机构盲目的大规模合并,造成了我国当时银行系统混乱、金融政策无法贯彻执行的境地。1977 年随着“四人帮”

的被打倒，我国开始了拨乱反正，进行了银行机构的整顿。领导力量被充实，金融规章制度被重新强化，以恢复银行工作的正常秩序与质量保证，这为接下来的经济改革开放与金融改革发展创造了必要的条件。

1978 年，随着央行监管体制基本框架的确立、国有商业银行体系的基本成型、以及资本和保险业的逐渐恢复，我国慢慢建立了适应改革开放要求的金融体系雏形，也拉开了中国金融改革开放的大幕。从改革开放至今，中国的金融发展大致经历了三个阶段，即 80 年代的引进市场经济体制，逐步建立符合市场经济的金融体系，90 年代的发展多形式的金融机构和金融市场，适应市场经济发展的需求，以及新世纪以来的金融规范化和国际化的发展。

第一个发展阶段：逐步建立符合市场经济的金融体系框架

1979 年，伴随着我国经济改革开放的开始，金融改革也随之开始。在我国国民经济从计划经济向市场经济转轨的改革开放初期，20 世纪 80 年代金融领域改革的主要任务也是引进市场经济的概念，逐步建立符合市场经济规律的金融体系基本框架，而这主要是围绕着银行业展开的。

改革前，中国实际上只有一家国家银行，即中国人民银行（PBC），和数量有限的小型农村信用合作社。这种计划经济时代“大一统”的金融体系具有非常明显的特征。中国人民银行不仅实行金融监管和管理着宏观平衡，而且还提供商业性金融服务，充当商业银行的职能，并以银行信贷为唯一金融工具。作为经济体制改革的一部分，中国人民银行通过分离监督职能和商业职能进行改革，主要是希望逐步改变传统的金融组织体系结构，建立一些符合市场经济运作机制的金融机构，将中央银行的宏观监管功能与商业性金融体系微观服务功能分开，构建一个各自功能独立的银行体系。在这个体系中，中国人民银行将主要起到金融监管和作为央行对其他银行提供支付清算等为宏观调控而提供的金融服务，而把向企业和居民提供商业性金融服务的功能从人民银行分离出来，成立各自独立的一批商业性金融机构。1979 年初，中国人民银行尝试着开办了中短期设备贷款，从银行的商业功能上率先打破了只允许银行发放流动资金贷款的老框框。同年，第一家全国性的商业银行中国银行（BOC）从中国人民银行中分离出去，而不是过去的人民银行下属的国际局，承接过去中国人民银行提供的商业服务功能，而且还作为当时国家指定的唯一外汇专业银行，集中统一办理全国的外汇业务，并与同期设立的国家外汇管理局共同管理我国的外汇储备。紧接着，中国建设银行（CCB）脱离了过去仅仅服务于财政功能的范围，成为第二家全国性的商业银行。国务院发出《关于恢复中国农业银行的通知》，中国农业银行开始恢复运营，专门承担过去人民银行在农业方面的业务。1979 年底，中国国际信托投资公司成立了，这是我国第一家信托投资公司，同时也标志着我国信托业发展的开始。与此同时，在北京召开的全国保险工作会议明确表示了中国人民保险公司从中国人民银行中分离出来，不再是人民银行和财政部的下属机构，而且也不仅仅涉及进出口方面的货运险，其全面业务得以恢复经营。1983 年底，国务院颁布了《关于中国人民银行专门行使中央银行职能的决定》（简称《决定》），从法律法规上初步确立中央银行制度框架，此外《决定》也为翌年将要成立的中国工商银行做了准备，说明了中国工商银行的服务范围为承办原来由中国人民银行办理的工商信贷和储蓄业务。1984 年 1 月，中国工商银行（ICBC）正式成立了，自此中国人民银行的企业和个人的信贷业务完全剥离了，成为单独功能的政府机构，专门进行制定和实施货币政策等一系列金融监管活动的中央银行。1985 年的第一天，中国人民银行便开始了改革，实施新的信贷资金管理体制，即“统一计划，划分资金，实贷实存，相互融通”。1986 年 1 月，国务院紧接着又颁布了《中华人民共和国银行管理暂行条例》，使得中国人民银行的管理有了法律法规的基础，也象征着我国银行金融监管的法制化的前期步骤。同年，中国人民银行还颁布了《城市信用合作社管理暂行规定》，促使城市信用社的发展开始步入正轨，这不单是促进了我国城市信用社的迅速发展，也为我国城市信用社体制框架的构建奠定了坚实的基础。1986 年 7 月，第一家股份制商业银行交通银行（BOCOM）组建了，至此中国的 5 大商业银行已形成雏形，承担各方面的商业银行业务，并逐渐成为服务中国金融市场的核心力量。

随着改革的深化，除了国有商业银行和城市信用社，其他形式的银行金融机构也准许成立，这也包括外国银行在内的金融机构获准在华设立或经营。截止到 1993 年，中国有 4 家政策性银行，九家全国性和地区性的商业银行，60000 家以上的农村和城市信用合作社和 225 家的外资金融机构设立了

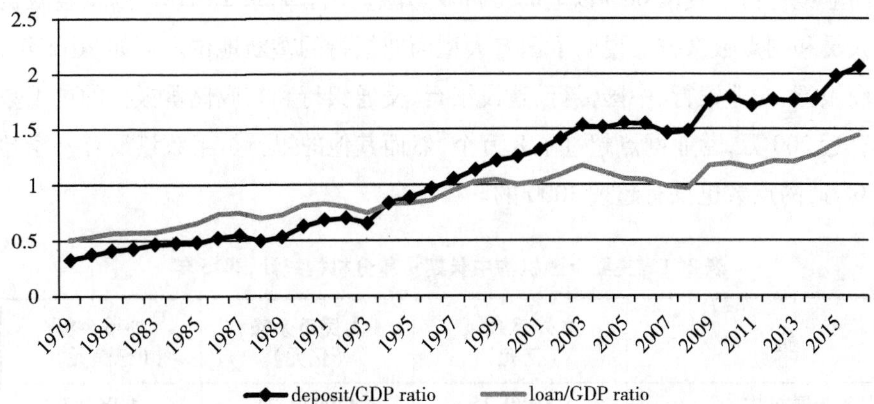

图 2-1　中国银行业的发展概况，存款与 GDP 之比（deposit/GDP ratio）和贷款与 GDP 之比（loan/GDP ratio），1979—2016 年

数据来源：《中国统计年鉴（2017 年及之前各年份）》，《中国金融年鉴》编辑部编印。

302 个办事处和 98 支在中国（中国金融年鉴，2013）。中国的银行业的快速发展也导致了信贷市场迅速增长。图 2-1 显示，从 1979 年至 1992 年，存款与国内生产总值的比率由 40%上升到 70%，而贷款与国内生产总值比率则为 80%至 150%。附录 2-1（A）的银行业金融机构存贷款情况表以及与 GDP 之比进一步说明了银行业在改革开放至今一直保持着良好的发展势头。然而，我们进一步观察数据并发现，在这一时期，虽然银行业改革使区域银行和其他类型的金融机构得以建立，但国家银行仍然发挥着主导作用。

到 1993 年，国家银行吸收存款约占总数的 80%，并贡献了超过 60%的贷款总额（中国金融年鉴，2016）。而且，这种国有大型商业银行占据中国银行业绝对主导地位的情况直到二十几年后的近期也没有多大改变。表 2-1 显示，到 2016 年，中国主要金融机构的中长期贷款的本外币余额超过了 500，180 亿元，而其中中资全国性大型银行的本外币余额达到了 357，070 亿元，占 71. 8%，尤其是中国工商银行的贷款份额最为突出。在人民币贷款和外币贷款方面，也是国有大型商业银行突出其显著地位。反观其他中资中型和小型地方性银行金融机构，其虽然数量众多，但是对中国信贷市场的影响却不是很大。附录 2-1（B）也进一步从银行业金融机构总资产方面说明了国有大型商业银行的统治地位。该表显示，大型商业银行和由国有银行改制而成的股份制商业银行占了我国60%以上的银行业金融资产。附录2-1(C)则从金融机构人员和网点数量方面说明了国有大型商业银行的垄断地位。例如2015年，工商银行、农业银行、中国银行、建设银行、交通银行和邮政储蓄银行的员工数量有近200万,营业网点超过了8万个,然而其他的银行员工数量没有一家超过6万,网点数也没有超过3000的。

表2-1　主要金融机构中长期贷款分机构统计,2015年

机　构	本外币余额(亿元)	人民币余额(亿元)	外币余额(亿美元)
主要金融机构	500180. 15	470979. 24	4496. 87
中资全国性大型银行	357070. 34	338264. 91	2896
中国工商银行	73324. 65	72398. 48	142. 63
中国建设银行	68798. 07	67444. 32	208. 47
中国农业银行	52944. 21	52641. 5	46. 62
中国银行	45949. 71	44111. 21	283. 13
国家开发银行	81535. 2	67392. 71	2177. 91
交通银行	20711. 06	20490. 66	33. 94
中国邮政储蓄银行	13807. 44	13786. 03	3. .3
中资中型银行	112965. 03	102767. 7	1570. 37
招商银行	12249. 25	119876. 2	57. 45
中国农业发展银行	14489. 91	14489. 91	—
上海浦东发展银行	9942. 64	9756. 5	28. 67
中信银行	11384. 41	1127. 65	16. 9
兴业银行	8660. 03	8645	2. 31
中国民生银行	7946. 66	771. 85	36. 16
中国光大银行	7435. 02	7412. 94	3. 4
华夏银行	5257. 58	5159. 8	15. 06
中国进出口银行	18529. 91	9904. 55	1328. 29
广发银行	2781. 88	2757. 26	3. 79
平安银行	5627. 14	5213. 17	63. 75
北京银行	4509. 14	4508. 05	0. 17
上海银行	2348. 82	2255. 25	14. 41

续表

机　构	本外币余额（亿元）	人民币余额（亿元）	外币余额（亿美元）
江苏银行	1802.62	1802.56	0.01
中资小型银行	30203.86	30005.72	30.51
恒丰银行	754	732.52	3.31
浙商银行	1233.32	1213.73	3.02
渤海银行	1510.72	1415.94	14.6
小型城银行	26646.73	26584.44	9.59

数据来源:《中国金融年鉴(2016年)》,《中国金融年鉴》编辑部编印。

早期的金融改革从银行改制和开放起始也给了中国的银行长足的发展时间,除了导致国有银行在金融体系中主导地位,也导致了以信贷为主的银行资金分配模式成为我国企业的最主要融资模式。表2-2统计了2002—2015年间各种社会融资模式的增量情况。该表显示,人民币贷款仍然是目前中国最主要的融资模式,约占各年全社会融资增量的73%。虽然外币贷款、委托贷款、信托贷款和未贴现的银行承兑汇票在某些年份会突然增长,但是增量规模不大而且很不稳定。

表2-2　社会融资规模增量统计,2002—2015年　(单位:亿元)

融资模式	(1)	(2)	(3)	(4)	(5)	(6)	(7)	(8)
2002年	20112	18475	731	175	—	-695	367	628
2003年	34113	27652	2285	601	—	2010	499	559
2004年	28629	22673	1381	3118	—	-290	467	673
2005年	30008	23544	1415	1961	—	24	2010	339
2006年	42696	31523	1459	2695	825	1500	2310	1536
2007年	59663	36323	3864	3371	1702	6701	2284	4333
2008年	69802	49041	1947	4262	3144	1064	5523	3324
2009年	139104	95942	9265	6780	4364	4606	12367	3350
2010年	140191	79451	4855	8748	3865	23346	11063	5786

续表

融资模式	(1)	(2)	(3)	(4)	(5)	(6)	(7)	(8)
2011年	128286	74715	5712	12962	2034	10271	13658	4377
2012年	157631	82038	9163	12838	12845	10499	22551	2508
2013年	173169	88916	5848	25466	18404	756	18111	2219
2014年	158761	97452	1235	21740	5174	-1198	24329	4350
2015年	154063	112693	-6427	15911	434	-10567	29388	7590

注:1)社会融资规模增量;2)人民币贷款;3)外币贷款(折合人民币);4)委托贷款;5)信托贷款;6)未贴现的银行承兑汇票;7)企业债券;8)非金融企业境内股票融资

数据来源:《中国金融年鉴(2003—2016年)》,《中国金融年鉴》编辑部编印。

第二个发展阶段:发展多形式的金融机构和金融市场

随着市场经济的概念在80年代引进,20世纪90年代开始我国确定了建立社会主义市场经济为国家根本的发展战略,而在此时金融发展的目标就是逐步建立符合市场经济的金融体系,发展多形式的金融机构与金融市场。具体来说,这主要包括三方面的金融改革。

一是继续对国有银行进行改制与转型。虽然工商银行、农业银行、中国银行、建设银行和交通银行都已经成立了,并承担了原来人民银行的商业职能,使得人民银行专注于央行的职能,但是这5大行本身还存在一些问题,从本质上来说它们是专业银行而不是商业银行,它们各自专注于各自的工商、农业、国际业务、房屋建设和交通基建的领域,这造成了银行之间缺乏竞争,也使得国家在对某个地区进行经济发展时需要同时协调这5大银行,即增加了宏观调控的难度,也使得各银行实质上还是央行的一个行政部门,存在计划经济的影子。此外,这些银行还要承担国家政策性资金分派和融资的任务,例如,如果某个地区或行业属于政策性倾斜支持范围,需要国家的资金支持,则这几家银行还要承担各自领域的政策性服务,包括帮助有困难的企业发工资。这种计划经济影子下的银行无法提供市场经济发展所需的金融服务,也使得银行业本身的发展受到了严重的限制。因此,1993年国家开发银行、中国进出口银行和中国农业发展银行三家政策性银行成立了,把原先5大行的政策性业务给剥离,使其专注于商业性业务,同时各银行按商业服务进行合理竞争,取消过去行政式的进行专业领域划分业务,促进交叉与竞争,以市场来决定各自的业务量与服务范围,敦促各自不断改进服务。另外,促使这几家银行向商业性银行转变的一个重要举措就是进行企业内部体制改革,逐步建立符合现代企业制度的公司组织结构和运营架构,清晰化产权、明确化职权、剥离开政府职能与企业经营、和科学化管理,促使国有银行独立成为市场竞争主体,建立符合市场经济运行规律的商业性金融机构。银行业的改革促使了中国信贷业务的快速的增长,正如图 2-1 所示,90 年代是贷款与 GDP 的比率高速增长的时期。然而,这种信用快速膨胀的一个不良后果就是不良贷款快速增长(在本章的第三节将专门对此进行详细的分析)。1999 年,长城资产管理公司等 4 大资产治理公司建立了,专门应对国有商业银行剥离的超过 3500 亿元的不良贷款。

金融改革的第二个主要方面就是摆脱单一化的以国有大型银行为主体的金融体系,逐步建立多层次多模式的金融服务系统,这包括两个方面,即在发展地区性商业银行和信用社的同时,也开始发展以债券和股票融资为主的证券市场。例如 1992 年成立的地区股份制商业银行—上海浦东发展银行,以及从 1996 年开始,全国 5 万多个农村信用社和 2400 多个县联社逐步与中国农业银行脱钩,而成为独立的地区性金融服务机构。此外,在 20 世纪 90 年代,中国继续开放其金融市场给外国投资者。1999 年,8 家外资银行获准在华经营,25 家外资银行获准经营人民币业务(中国金融年鉴,2013)。但是,截止到 2003 年底,外资银行也仅仅只贡献了 13%的我国外汇贷款和低于 0.9%的本外币贷款总额(中国金融年鉴,2016)。关于证券市场发展方面,我国一方面以银行为载体推进了企业债券的发行,另外一方面通过发展资本市场推动企业直接利用股票进行融资。表 2-2 显示,企业债券一直是仅次于人民币贷款的主要社会融资手段,而且增长速度很快,但是股票融资却增长速度不高,还很不稳定。虽然说中国改革开放后的第一张的股票发行可以追溯到 1984 年 11 月上海飞乐音响股份有限公司公开向社会发行的不偿还股票,但是中国真正意义上的发展资本市场要从 1990 年正式成立上海证券交易所和深圳证券交易所开始算起,自此中国开始了一个崭新的发展证券市场的篇章。为了促进证券市场的健康发展,1992 年中国证券管理委员会(简称证券委)和证券监督管理委员会(简称证监会)先后成立,迈出了我国金融业"分业经营、分业监管"的第一步,标志着中国证券市场统一监管体制的形成。1993 年 3 月颁布的《国民经济和社会发展"九五"计划和年远景目标纲要》明确说明了中国资本市场在国民经济中的地位,即社会主义市场经济的重要组成部分。1997 年,10,000 多家的国有企业被改制为公众持有公司,并逐步推向股票市场进行融资和纳入政府管理的金融体系之中。

此外,中国政府也积极推进中小商业银行进行规范的股份制改造并上市。1999 年 11 月 10 日,浦发银行发行上市。2000 年 12 月 19 日,中国一民生银行发行上市。加上 1999 年上市的深圳发展银行,中国的上市银行达到 3 家。然而,虽然中国一直积极完善股票市场的管理与证券发行,规范上市公司的报告和财务报表,但中国证监会仍然是一个受政府控制的机构,这也制约了中国金融市场的发展。总的来说,国家大力推行证券市场的发展还是给中国证券业务的增长带来长足的动力。表 2-3 概览了 1992—2015 年间中国证券市场筹资发展情况,显示了境内外股票筹资额的快速发展,而且通过证券交易所进行的债券融资也发展很快。表 2-4 概括了我国证券经营机构数量,显示证券公司保持着稳定的数量,而证券营业部和基金管理公司的数量在快速的增长,尤其值得注意的是中外合资的证券公司和基金管理公司的数量在稳步增长。除了大力发展证券市场,90 年代后期中国也把发展保险业和期货交易市场作为金融市场发展的一个重要部分。1998 年 11 月,中国保险监管体制进行了重大改革,保险监督管理委员会成立了,说明我国将开始逐步完善保险监管机制和分业管理的体制,标志着保险法制化和正规化发展的开始,这对推动保险业,尤其是寿险,的快速发展起到了重要的作用。1999 年 5 月,上海期货交易所正式成立了,标志着中国也开始关注期货市场的发展。图 2-2 列出了中国保险业的发展概况,显示保险密度在稳步、快速的增长,而保险深度也一直维持在 3%左右。附录 2-2(A)至附录 2-2(C)则进一步说明了我国债券、保险和期货的发展势头,分别列出了股票市场发展、债券、基金和期货市场发展概览和债券市场发展情况,显示 20 世纪 90 年代大力推行资本市场发展打下的坚实基础提供了充足的动力推动了新世纪的股票、债券、期货和基金市场的高速增长。

表 2-3　证券市场筹资发展,1992—2015 年　　(单位:亿元)

年份	境内筹资金额			境外股票筹资金额	合 计	股票筹资比(%)
	小 计	股票筹资金额	交易所债券筹资金额			
1992	68.91	68.91	—	—	68.91	—
1993	245.02	245.02	—	60.84	305.86	2.85
1994	213.63	213.63	—	188.75	402.38	4.88
1995	99.78	99.78	—	31.52	131.31	0.78
1996	308.04	308.04	—	100.57	408.61	2.19
1997	859.98	859.98	—	387.91	1247.89	7.32
1998	787.44	787.44	—	37.83	825.28	0.78
1999	873.63	873.63	—	47.11	920.74	1.41
2000	1515.82	1515.82	—	562.08	2077.90	16.68
2001	1238.14	1238.14	—	73.00	1311.14	1.88
2002	720.05	720.05	—	192.28	912.33	4.40
2003	665.51	665.51	—	537.32	1202.83	12.13
2004	650.53	650.53	—	647.72	1298.24	12.91
2005	339.03	339.03	—	1666.25	2005.29	34.23
2006	2374.49	2374.49	—	3072.57	5447.06	62.44
2007	7814.74	7814.74	—	927.47	8742.21	16.98
2008	4532.49	3312.39	1220.10	311.58	4843.88	4.93
2009	5549.35	4834.34	715.01	1067.66	6617.00	17.37
2010	11120.10	9799.80	1320.30	2343.11	13463.21	33.46
2011	8861.83	7154.43	1707.40	732.42	9594.24	10.02
2012	7265.17	4542.40	2722.77	997.82	8262.99	14.21
2013	8365.76	4283.69	4082.07	1063.89	9429.65	14.85
2014	11550.52	7468.45	4082.07	2253.40	13803.92	30.80
2015	26159.37	8400.14	16793.44	2905.43	28959.07	35.99

注:股票筹资比指的是境外股票筹资与实际利用外商直接投资金额的比率。

数据来源:《中国金融年鉴(1993—2016 年)》,《中国金融年鉴》编辑部编印。

表 2-4 证券经营机构数量,2001—2015 年

年份	证券公司家数			证券营业部家数	基金管理公司家数		
	合 计	中 资	中外合资		合 计	中 资	中外合资
2001	109			2700	15	8	7
2002	127			2936	21	10	11
2003	133			3020	33	15	18
2004	133			3075	44	20	24
2005	116			3090	52	23	29
2006	104			3105	57	23	34
2007	106			3060	58	23	35
2008	107			3170	60	23	37
2009	106			3956	60	23	37
2010	106	97	9	4644	63	24	39
2011	109	97	12	5008	69	29	40
2012	114	101	13	5261	77	34	43
2013	115	102	13	5821	89	41	48
2014	121	110	11	6969	95	49	46
2015	125	114	11	7705	101	56	45

数据来源:《中国金融年鉴(2002—2016 年)》,《中国金融年鉴》编辑部编印。

金融改革的第三个主要方面就是开始建立法治化的金融管理体系。一个目标是中国人民银行重点加强金融监管职能,提高国家专业银行的效率,以期完善金融监管体系。另外一个目标是继续深化金融机构和金融市场改革发展,并以此为基础,建立新的宏观调控模式,促使宏观调控从直接控制向间接影响转型,发挥财政和货币政策的各自功能,结合国家计委向发改委功能转型时的各项经济政策改革,强化金融业促进经济发展的作用,加快我国社会主义市场经济体制的建设。为了早日实现这两个目标,加速建立符合市场经济规律的法治化金融体制,1993 年 12 月我国颁布了《关于金融体制改革的决定》。该《决定》明确了中国人民银行应定为于制定并实施货币政策和实施金融监管的两大职能,并提供了法规框架促使我国的专业银行转型成为真正的商业银行。1995 年 3 月 18 日,《中华人民共和国中国人民银行法》在第八届全国人民代表大会第三次会议的通过标志着中国人民银行作为中央银行被正式以法律形式确定下来了。至此,中国金融发展与监管开始进入了一个新的历史时期,金融体系法制化的发展正式起航。1996年,全国农村金融体制改革工作会议在北京召开,中国又拉开了农村金融体制改革的帷幕。1999年7月的《中华人民共和国证券法》的正式实施进一步标志中国证券市场发展法制化的开始。

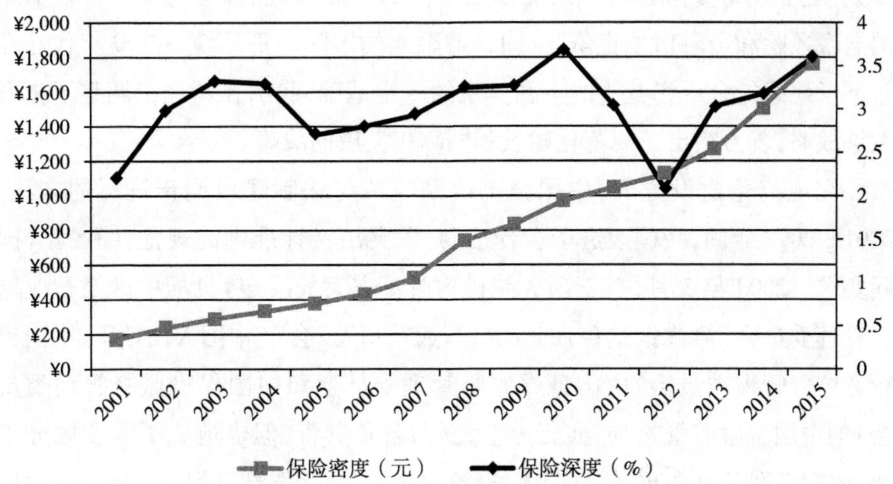

图2-2　保险业发展概况,2001—2015年

数据来源:《中国金融年鉴(2002—2016年)》,《中国金融年鉴》编辑部编印。

第三个发展阶段:金融规范化和国际化的发展

20世纪90年代后期和新世纪伊始,国内外形势发生了一些明显的变化,这也使得我国的金融发展必须紧跟国内外经济发展趋势,及时进行战略调整,以便更好地加速发展和支持经济改革。一是亚洲金融危机引起了中国对金融风险的警觉,决心要对金融领域进行大力整顿。由于中国金融体制改革的时间不长,社会主义市场经济体制建设的时间也较短,金融领域许多制度都很混乱,实操也很不规范,规范化不足的会计标准,不科学的商业银行贷款分类方法,松散的财务纪律,以及资本金薄弱等问题使得相当一部分的金融机构受到了亚洲金融风波的影响,例如1997—1998年期间海南发展银行和三家信托投资公司的相继关闭,和中国第一家遭遇破产的金融机构——广东国际信托投资公司。二是2001年12月中国正式加入世界贸易组织后，承若加快金融业改革步伐，尽快分步骤的实行金融对外开放，允许更多的外资以更多的方式进入金融领域。加上，随着我国“走出去”经济发展战略的实施，为了更好地满足“走出去”企业的金融服务需求，中国金融机构也加快了对外投资的步伐（本章第五节将会详细介绍中国金融业的对外投资）。这些表明一方面外资金融机构的进入会加剧国内金融市场的竞争，另外一方面我国金融业的“走出去”也会使得金融机构面对竞争更激烈的国际环境。因此，面对日益加剧的金融风险和金融市场竞争，中国日益融入的国际经济环境，在90年代已经打下了建立符合市场经济的金融体系的一定基础，我国在新世纪调整了金融发展战略，着力突出了规范化建设和国际化发展的战略。

在规范化建设方面，中国强调机制改革与法制建设同步进行的方法。2001—2002年间，我国改进了会计准则，以突出会计准则的规范性和符合国际要求。2003年3月《关于国务院机构改革方案的决定》批准中国银行业监督管理委员会（简称银监会）的成立，形成“一行三会”（中国人民银行、中国银行业监督管理委员会、中国证券监督管理委员会和中国保险监督管理委员会）的中国金融监管格局，实行分业监管，各负其责，但也造成了职责区分不清，监管标准各自为政，信息交流、资源共享、协调合作难等问题。同年12月，为了明晰国有银行产权和加强公司结构的治理，中央汇金公司成立了，以督促银行落实各项改革措施，建立起新的国有银行的运行机制。2004年《中华人民共和国银行业监督管理法》和《证券投资基金法》正式颁布实施，对规范金融发展奠定了法律法规的基础。同年，中国建设银行股份有限公司正式成立，标志着国有独资商业银行股份制改革工作取得阶段性成功。2005年为了更好地推进外贸的发展，我国对汇率市场进行了改革，该次改革强调市场经济条件下对外汇供求变化的管理，实行管理的浮动汇率制度。本次改革一个最突出点就是一改过去人民币汇率盯住单一美元的做法，而是参考我国多个主要贸易伙伴的货币进行综合调节，以便更好利用汇率调节促进国际贸易的发展。2008年我国政策性银行进行了改革，组建了国家开发银行股份有限公司，开始尝试建立现代公司制度的政策性金融机构。2009年11月，是经财政部和中国人民银行批准，银行间市场清算所股份有限公司按照《公司法》的要求依法在上海成立,公司按照现代管理体制进行运营,根据市场经济规则为银行间市场提供专业性的服务。2010 年,我国面对的国内外经济金融形势发生了明显的变化,欧美金融危机后全球各国都先后调整了经济和货币政策。

表 2-5　黄金外汇储备情况,2003—2015 年

年　份	黄金储备(万盎司)	外汇储备(亿美元)	外汇储备比上年增长
2003	1929	4032. 5	40. 8
2004	1929	6099. 3	51. 3
2005	1929	8188. 7	34. 3
2006	1929	10663. 4	30. 2
2007	1929	15282. 5	43. 3
2008	1929	19460. 3	27. 3
2009	3389	23991. 5	23. 3
2010	3389	28473. 4	18. 7
2011	3389	31811. 5	11. 7
2012	3389	33115. 9	4. 1
2013	3389	38213. 2	15. 4
2014	3389	38430. 2	0. 3
2015	5666	33303. 62	-13. 3

数据来源:《中国金融年鉴(2004—2016 年)》,《中国金融年鉴》编辑部编印。

此外,我国国际收支状况经过几十年的改革开放发展有了明显的不同,尤其是新世纪以后外汇和黄金储备增长非常迅猛(见表 2-5 的 2003—2015 年间黄金外汇储备增长情况),并于 2006 年中国外汇储备达 8537 亿美元,首次超过日本跃居为外汇储备世界第一。鉴于经济与金融环境的变化,中国人民银行决定在 2005 年汇改基础上进一步推进人民币汇率形成机制改革,加强市场机制的调节作用,强化人民币汇率弹性,在增强本国货币应对世界金融风险能力的同时,更好地利用庞大的外汇储备。此外,为缓解全球金融危机后出口下行的压力,中国实施了万亿的投资计划,以促进国内消费。2008—2015 年间贷款与 GDP 之比从不足 95%飙升到 130%(见图 2-1),而且由于这种投资政策,中长期贷款增长飞速,保持着年均 26. 5%的实际增长率,而与短期贷款

之比也从124%增加到150%(中国金融年鉴,2016)。

在国际化发展方面,中国一方面扩大了金融业对外商开放的力度,另外一方面也积极推动本国的金融机构"走出去"和利用金融业对外投资加强人民币的"走出去"。2001年加入WTO后,中国加快了银行业对外开放的步伐,包括逐渐取消外币业务的地理和客户限制,扩宽外资银行经营人民币业务的地域范围,从原来的两个城市上海、深圳扩展到13个城市,允许国内商业银行引入外资,等等。到2005年底,已有6家股份制和城市商业银行已被准许吸收外国股权投资。截止到2012年底,170多家外资银行的分支机构被允许在中国运营。表2-6列出了截止到2015年低在华外资银行业金融机构的统计数量,其中外国银行、独资银行、合资银行和外资财务公司的总数超过了1000家,而独资银行的支行数更是达到了542家。在开放银行业的同时,中国也逐步开放了证券市场。2002年中国证监会和中国人民银行联合发布的《合格境外机构投资者境内证券投资管理暂行办法》的正式实施标志着QFII制度在中国拉开了序幕。虽然开放给国内资本市场带来巨大的风险,但是中国兑现入世的承诺,逐步把国内资本市场纳入全球化资本市场体系。

表2-6　在华外资银行业金融机构统计,2015年

项　目	外国银行	独资银行	合资银行	财务公司	合　计
法人机构总行	—	37	2	1	40
法人机构分行	—	306	4	—	310
外国银行分行	114	—	—	—	114
支　行	23	542	15		580
总　计	137	885	21	1	1044

数据来源:《中国金融年鉴(2016年)》,《中国金融年鉴》编辑部编印。

在开放国内金融市场的同时,中国经济也融入国际金融市场,一是鼓励国内商业银行境外融资与上市,二是推动金融机构进行海外直接投资。2005年10月27日,中国建设银行成为首家在海外上市的中资商业银行。紧接着,2006年中国银行也在香港交易所上市了,同年工商银行在香港和上海两地同时挂牌上市。除了国有商业银行,也有3家非国有商业银行——招商银行、华夏银行和交通银行分别在 2002、2003 和 2005 年在境外上市,而这带来的一个好处就是 2004 年人民币业务正式在香港特别行政区开展,迈出了人民币国际化的第一步。与此同时,中国的金融机构也积极利用对外投资的机会进行全球布局,走国际化金融发展之路。例如,2012 年工商银行在芝加哥设立了子公司,并且收购了东亚银行(美国)和阿根廷标准银行(中国金融年鉴,2013)。总的来说,国内外经济形势的变化迫使中国必须走国际化金融发展的道路,同时中国金融市场的双向开放也对促进其国内经济发展带来了动力。附录 2-3(A)列出的中国国际收支概览说明了经常账户和资本与金融账户金融服务的多样性,也表明了开放与"走出去"是未来我国金融发展的必然方向。

第二节　金融发展程度测试

上一节的对中国金融发展历程的回顾可以看出,经过三十多年的改革开放,我国金融业已取得了显著的成绩,正如附录 2-3(B)从各层次货币供应量方面的得到的证实。该表显示,不管是 M0,还是 M1,或者 M2 的供应,在 1995—2015 年间,年均保持着约 15%的增长率,这比同期的年均经济增长率还要高出约 5 个百分点,说明了金融发展的速度要高于经济增长的速度,也暗示了之前的理论的分析,即金融发展可以引领经济增长。因此,本节将专门对我国金融发展的程度进行测试。

关于衡量金融发展水平的指标方面,张博洋、牛凯龙(2005)认为可以选取 M2 与 GDP 之比、金融相关率(存贷款之和)与 GDP 之比、和股票市值与 GDP 之比来进行衡量,每一个变量都能比较好的代表中国改革开放以来金融体系发展的不同方面。然而,张博洋、牛凯龙(2005)的分析有两点不足,一是其金融相关率的衡量没有考虑非货币性金融资产,二是其对金融市场的衡量只是考虑了股票市场,而没有考虑债券市场。因此,本节对金融发展的测试将在指标选择上进行改进,采用经济货币化程度、经济金融化程度和经济证券化程度这三个指标来衡量我国的金融发展程度。

经济货币化程度通常指的是用来购买的商品和劳务的货币占一国国民经

济全部财产产出(GDP)的比重,一般用来衡量非货币经济向货币经济转化的经济过程。表2-7(1)列出了采用M2/GDP和M1/M2来作为经济货币化指标衡量1978—2016年间中国金融发展的程度。从该表的M2/GDP指标可以看出,自1978年经济体制改革以来,中国经济货币化速度十分迅猛,货币化程度已经达到了很高的水平。从纵向来看,中国货币化比率已由1978年的31.75%快速升至到205.74%,比改革开放初期提高了6.5倍。虽然中国经济货币化进程十分迅速,但是一国经济货币程度高,并不意味着一国金融发展的质量就达到了相应的高水准。甚至,当一国经济货币化程度超过一定规模之后,经济货币的规模效益由规模递增转向规模递减,经济中的"泡沫"增多,潜在的通货膨胀压力日趋加重。从货币流动性(M1/M2)指标来看,自1978年以来,中国货币流动性呈现出逐年下降的趋势。1978年为81.83%,37年后则下降至28.8%。货币流动性逐年下降而货币化比率却逐年迅速攀升,这表明中国经济货币化(M2/GDP)进程如此快的增长速度主要是依靠储蓄存款迅速增加来支撑,同时也表明中国金融资产品种之间存在有限替代性,以及潜在通货膨胀的巨大压力隐藏在中国经济发展与金融发展之中。

表3-7 中国金融发展水平,1978—2015年

(1)经济货币化程度					
年份	M2/GDP	M1/M2	年份	M2/GDP	M1/M2
1978	31.75%	81.83%	1997	114.56%	38.27%
1979	35.85%	80.73%	1998	123.11%	37.28%
1980	40.49%	78.32%	1999	132.94%	38.23%
1981	45.62%	76.56%	2000	134.91%	39.48%
1982	48.56%	73.92%	2001	143.56%	37.82%
1983	51.46%	70.98%	2002	152.90%	38.31%
1984	58.07%	69.86%	2003	161.99%	38.02%
1985	57.51%	64.26%	2004	158.11%	37.77%
1986	65.20%	62.97%	2005	160.71%	35.91%
1987	68.99%	68.44%	2006	158.77%	36.47%
1988	66.88%	68.92%	2007	150.53%	37.81%

续表

(1)经济货币化程度

年份	M2/GDP	M1/M2	年份	M2/GDP	M1/M2
1989	69.92%	61.48%	2008	150.01%	34.98%
1990	81.46%	57.50%	2009	176.55%	36.29%
1991	88.37%	56.16%	2010	177.51%	36.73%
1992	93.84%	46.18%	2011	175.90%	34.04%
1993	98.19%	46.68%	2012	182.38%	31.69%
1994	96.83%	43.77%	2013	188.18%	30.48%
1995	99.38%	39.48%	2014	193.10%	28.33%
1996	106.32%	37.47%	2016	205.74%	28.80%

(2)经济金融化程度

年份	1993	1995	1997	1999	2001	2003	2005
FIR	1.744	1.688	1.920	2.254	2.315	2.557	2.392
年份	2007	2009	2011	2013	2014	2015	2016
FIR	2.790	2.884	2.932	3.033	3.041	3.113	3.156

(3)经济证券化程度

年份	1993	1995	1997	1999	2001	2003	2005
S/GDP	1.70	5.01	2.74	10.73	15.34	16.01	13.48
年份	2007	2009	2011	2013	2014	2015	2016
S/GDP	19.01	20.13	19.98	20.78	22.45	23.46	24.55

数据来源:《中国统计年鉴(1979—2017年)》,《中国金融年鉴》编辑部编印。

关于衡量经济金融化程度的指标,本书主要是基于 Goldsmith(1969)的解释。其认为,一国的金融资产存量不仅包括货币性金融资产,还应包括非货币性金融资产,前者可以用一国的广义货币表示,而后者则通常用银行贷款(L)和有价证券(S)之和来表示。此外,在实证中通常采用国内生产总值(GDP)来衡量一国的全部财产产出。因此,我们可以用 Goldsmith 的金融相关率(FIR)与国民生产总值的比例,即(M2+L+S)/GDP,还作为经济金融化程度的指标。表2-7(2)列出过去20年中国经济金融化程度的指标数据。根据金融相关率指标来看,中国资产金融化进程的速度相当快,从1993年的1.744上升到2016年的3.156,提高了近1.8倍。

关于衡量经济证券化程度的指标,本书采用有价证券(股票与债券之和)与GDP之比。表2-7(3)列出了经济证券化(S/GDP)指标的数值,从这些数据中可以看到,中国经济证券化进程发展速度迅猛。这与中国证券市场尤其是股票市场的快速发展及国有企业股份制改革密不可分。统计数据表明,1993年中国有价证券与之比仅为1.7,2006年底已达到18.14,而到2016年则超过了24.5。然而,对比金融发达的国家,我国经济证券化水平还是较低,而且还存在一定程度上的金融资产结构不合理性(本章第三节将会重点分析金融结构存在的问题)。此外,过去几十年中国经济金融化水平的高增速及其高水平主要是依靠银行信用支撑而不是靠非直接金融资产所支持的,政府与企业对银行信用依赖程度较高,资本市场还是很不发达而导致了直接融资渠道狭窄,暗示了我国金融发展存在很大的潜在金融风险。

第三节 金融结构典型与问题分析

上一节的分析显示改革开放30多年来,中国金融发展已经取得了喜人的进步,金融系统对于整个国民经济发展起到了重要的支持与引领作用,但是相对于发达国家,我国金融业的发展程度还是不足,从计划经济的管理模式向市场经济的运营模式转型还不是很充分,整个金融体系与管理还是存在许多问题臻待解决。因此,本节将从金融主体、融资模式、不良贷款、金融区域与行业、运营指标等方面来分析当前中国金融结构的特点与问题。

目前中国金融业的一个显著特点就是融资模式单一,资金来源也单一。尽管自20世纪90年代,中国大力发展金融资本市场,积极推动股市和债券市场的发展,但是由于体制等问题,致使这些直接融资模式很难收到企业和投资方的青睐,银行贷款也仍然是目前中国企业的主要融资工具。此外,中国金融机构的资金来源也是非常单一,严重依赖存款。附录2-3(C)列出了2015年金融机构本外币信贷收支表,显示72%的资金来源于我国住户与企业的存款,而74.5%的资金分配模式是通过各项贷款,债券投资、股权及其他投资和国际金融机构资产只占到资金使用的25%左右。表2-2统计的2002—2015年间社会融资规模增量情况也进一步说明了我国社会融资模式单一的问题。

中国金融业的另外一个显著特点就是国有大型银行的垄断地位，这在本章的前面几节就已经谈论过了。尽管在过去的几十年里，中国银行业一直在进行改革，放开市场允许外资银行和国内中小金融机构的进入，并大力发展中小型地区性银行机构，但是中国的金融业仍然是以国有银行为主，其垄断地位并没有受到很大威胁。到2015年底，中国企业83%的融资仍然是通过国有大型商业银行进行的，而其中银行贷款占了52%（中国人民银行，2016）。附录2-4（A）列出了2015年银行业金融机构的法人机构数量和从业人员情况。可以看到，5大商业银行雇佣人数超过了173万人，占整个银行业金融机构从业人员数的45.5%，而农村信用社和农村商业银行法人机构数分别达到了1373和859家，但是雇佣人数只有36万和46万，企业集团财务公司、信托公司、金融租赁公司、汽车金融公司、货币经纪公司、消费金融公司、资产管理公司、外资金融机构等的法人机构数和雇佣人员就更是极少了。附录2-4（B）和附录2-4（C）分别列出了2011—2015年间中资大型和小型银行资产负债表的变化情况，可以进一步看出在资产储备、库存现金、债权、存款、负债等27个方面，两者的相差巨大，这也进一步说明了国有大型商业银行的垄断给我国金融发展带来了活力不足等问题。

中国金融业的第三个显著特点就是不良贷款率一直偏高。不良贷款的问题从20世纪90年代后期就非常突出了。由于不良贷款持续增高，严重危险到了银行的资本金和商业运作，从1998—2002年间，中国金融管理的一个主要改革任务就是关闭和清算无偿还能力的金融机构，以及处理大型国有商业银行的不良资产。1998年，中国政府对多家国有商业银行注入数千亿人民币的资金以充实银行的自有资本。1999年起，我国政府发起组建了中国东方资产管理公司、中国信达资产管理公司、中国华融资产管理公司和中国长城资产管理公司，注册资本各达十个亿，分别对应接收中国银行、中国建设银行和国家开发银行、中国工商银行和中国农业银行的部分不良资产。2000年，金融资产管理公司对不良贷款的剥离接收工作全部结束，4家公司共接收国有独资商业银行不良贷款 1.3 万亿元。资产管理公司用了 10 年左右的时间通过出售债务公司的资产,收回所欠资金,或注销不可收回的债务等措施来完成对当年这笔巨大的不良资产的处查,而且不良资产处置后的最终剩余损失还是由我国中央政府通过一笔勾销来实现的。然而,问题是旧的不良资产处理还没完,来年又迅速增加了大量新的不良贷款。

表 2-8 统计了 2011—2015 年间银行业金融机构不良贷款情况。从统计数据可以看到,不良贷款余额一直保持在万亿人民币以上,到 2015 年更是达到了近 2 万亿元,而不良贷款率也保持在 1.8%左右,这比金融发达国家的不良贷款率在 1%左右是远远超出了。表 2-9 进一步分析了 2015 年分机构统计的商业银行不良贷款情况,显示大型国有商业银行占据了超过半数的不良贷款,而股份制银行、城市银行和农村银行的不良贷款余额各自也都超过千亿元,同比之下外资银行的不良贷款余额只有 130 亿元。在不良贷款率方面,大型国有商业银行是 1.7%,与全国平均水平持平;股份制银行和城市银行则要略好一些,各是 1.5%和 1.4%;而农村银行的不良贷款率则很差,达到了 2.5%;对比之下外资银行要好很多,只有 1.2%,这说明了国内银行尤其是农村商业银行的管理水平和放贷评估与控制能力比起国内同行来说还差很远。

表 2-8　银行业金融机构不良贷款统计,2011—2015 年

	2011	2012	2013	2014	2015
不良贷款余额:亿元	10533.4	10746.3	11762.7	14334.7	19624.4
次　级	4784.3	5270.6	5649.4	7295.2	9678.1
可　疑	4400.9	4386.7	4899.4	5639.3	7987.9
损　失	1348.1	1089	1213.9	1400.2	1958.4
不良贷款率:%	1.8	1.6	1.5	1.6	1.9
次　级	0.8	0.8	0.7	0.8	1
可　疑	0.7	0.6	0.6	0.6	0.8
损　失	0.2	0.2	0.2	0.2	0.2

数据来源:《中国金融年鉴(2012—2016 年)》,《中国金融年鉴》编辑部编印。

表 2-9　商业银行不良贷款分机构统计,2015 年　(单位:亿元、%)

	合 计	大型银行	股份制银行	城市银行	农村银行	外资银行
不良贷款余额	12744. 2	7001. 9	2536. 4	1212. 9	1862. 5	130. 3
次　级	5922. 8	3006. 1	1367. 5	645. 3	878	25. 8
可　疑	5282. 7	3157. 5	754. 5	385. 3	913. 7	71. 7
损　失	1538. 6	838. 3	414. 5	182. 2	70. 8	32. 8
不良贷款率	1. 7	1. 7	1. 5	1. 4	2. 5	1. 2
次　级	0. 8	0. 7	0. 8	0. 7	1. 2	0. 2
可　疑	0. 7	0. 7	0. 5	0. 4	1. 2	0. 6
损　失	0. 2	0. 2	0. 3	0. 2	0. 1	0. 3

数据来源:《中国金融年鉴(2016 年)》,《中国金融年鉴》编辑部编印。

附录 2-4(D)进一步分行业统计了 2015 年商业银行不良贷款情况,显示制造业、批发和零售、个人贷款、信用卡、农林牧渔业和房地产是主要的不良贷款来源,其中批发和零售业的不良贷款率更是达到了 4. 25%。附录 2-4(E)则从分地区统计方面对商业银行的不良贷款情况进行了分析,可以看出中西部地区是不良贷款主要来源地,而从省份来看浙江的不良贷款余额最高,达到了 1600 亿元,不良贷款率为 2. 5%。

表 2-10　金融机构分地区住户存款余额,2015 年(单位:亿元、美元)

地 区	本外币	人民币	外 汇	地 区	本外币	人民币	外 汇
全　国	551928. 92	546077. 85	901. 05	河　南	26153. 95	26048. 49	16. 24
总　行	6601. 13	6534. 58	10. 25	湖　北	19680. 14	19566. 11	17. 56
北　京	27703. 86	26740. 58	148. 34	湖　南	18800. 67	18726. 28	11. 46
天　津	8877. 24	8743. 79	20. 55	广　东	55008. 7	54238. 3	118. 64
河　北	29220. 28	29116. 67	15. 96	广　西	11434. 29	11392. 17	6. 49
山　西	15747. 93	15675. 85	11. 1	海　南	2995. 32	2974. 91	3. 14
内蒙古	9035. 12	8999. 44	5. 5	重　庆	12255. 22	12207. 28	7. 38
辽　宁	23995. 8	23700. 97	45. 4	四　川	28708. 17	28575. 9	20. 57
吉　林	9633. 76	9543. 8	13. 85	贵　州	7410. 93	7394. 86	2. 47
黑龙江	12546. 57	12439. 77	16. 45	云　南	10787. 57	10737. 59	7. 7

续表

地 区	本外币	人民币	外 汇	地 区	本外币	人民币	外 汇
上 海	23384.73	22473.81	140.28	西 藏	654.17	651.61	0.08
江 苏	40951.02	40562.97	59.76	陕 西	15496.84	15412.32	15.01
浙 江	34787.31	34218.62	87.58	甘 肃	7804.53	7776.8	4.27
安 徽	17072.31	17015.27	8.79	青 海	1823.02	1816.76	0.96
福 建	14132.76	13031.21	31.04	宁 夏	2366.5	2161.71	1.35
江 西	12440.49	12389.73	7.82	新 疆	6822.8	6791.62	4.8
山 东	37595.79	37320.02	42.47				

数据来源:《中国金融年鉴(2016年)》,《中国金融年鉴》编辑部编印。

中国金融业的第四个显著特点就是地区发展不平衡。由于历史、地缘、国情等原因,我国从改革开放开始根据经济发展的需要,对东部沿海地区采取政策倾斜的战略。这种"梯度推进战略"战略的实施(优惠政策和先行先试先从沿海开始,再逐步向内地展开,形成梯度推进),加上国家投资的导向,促使大量的外资和民间资本向东部区域集聚。政策上的优惠与优先,与地缘优势的结合,使得东部沿海地区的经济发展速度明显要远高于中西部地区,而这进一步吸引了更多的资源、资金、技术、人才等流向东部发达地区,也逐渐拉开了区域间的经济差距。这种经济发展的差距自然而然就形成了金融发展上的区域不平衡。表2-10列出了2015年各地区住户存款余额的差距。从表中列出的数据可以看到,东部地区的人民币占比超过了全国的60%,存款最多的省份广东是存款最少的省份西藏的80多倍;外币存款的占比更高,占了全国的80%以上,存款最多的北京市有148亿美元,而其周边的河北和山西省各自都只有十来亿美元。表2-11统计了2015年各地区社会融资规模增量情况,显示北京、广东和江苏的融资增量已经过万亿了,而最少的省份宁夏只有503亿元,甘肃、青海、内蒙古等省份也只有1000多或2000多亿元。从融资模式来看,沿海地区的方式更是多样化,综合人民币贷款、外币贷款、委托贷款、信托贷款、未贴现的银行承兑汇票、企业债券和非金融企业境内股票融资等多模式进行融资,而欠发达的中西部地区更多的是依赖人民币贷款进行社会融资。

表 2-11 地区社会融资规模增量统计,2015 年 (单位:亿元)

	(1)	(2)	(3)	(4)	(5)	(6)	(7)	(8)
北 京	15369	4595	-1161	2452	737	101	7180	1190
天 津	4474	2692	-151	785	113	-90	796	250
河 北	4764	4566	-32	30	-103	-642	517	205
山 西	3048	2032	-18	282	-64	-138	717	149
内蒙古	1869	2181	-7	79	-452	-592	252	326
辽 宁	6194	3475	-347	1351	41	492	757	244
吉 林	2710	2614	-7	183	-194	-292	189	98
黑龙江	2037	2791	-20	333	-554	-574	115	80
上 海	8507	4252	-211	1539	726	273	1476	491
江 苏	11394	9253	-783	1095	379	-2043	2507	618
浙 江	6291	5387	-596	88	131	-1039	1275	749
安 徽	3575	3410	-97	636	-371	-693	340	126
福 建	4298	3650	-445	602	-388	-482	906	284
江 西	3020	2891	-31	194	-383	-383	606	43
山 东	7600	5397	-305	437	-573	296	1665	319
河 南	5756	4207	-48	559	42	-26	701	143
湖 北	4248	4105	-304	769	-209	-760	310	173
湖 南	4196	3350	16	266	-138	-420	780	190
广 东	14443	11028	-1373	834	175	-77	2155	1114
广 西	2737	2071	-72	359	0	-295	443	87
海 南	1521	1000	199	98	0	32	123	19
重 庆	2969	2380	-104	122	-222	-570	973	74
四 川	5812	4109	-225	690	257	-466	751	240
贵 州	4090	2683	-12	980	-112	-98	572	0
云 南	2834	2584	-29	333	-284	-628	670	73
西 藏	794	502	3	22	232	-3	12	17
陕 西	4539	2914	-22	195	985	-254	487	95
甘 肃	1441	2611	-4	175	316	-24	164	110
青 海	1112	819	4	89	95	-136	159	69
宁 夏	503	540	2	56	0	-152	26	6
新 疆	1837	1367	-27	27	136	-207	402	28

注:1)社会融资规模增量;2)人民币贷款;3)外币贷款(折合人民币);4)委托贷款;5)信托贷款;6)未贴现的银行承兑汇票;7)企业债券;8)非金融企业境内股票融资

数据来源:《中国金融年鉴(2016 年)》,《中国金融年鉴》编辑部编印。

此外，东部与中西部的金融发展不平衡在存在于金融机构的数量方面，国有大型与中型商业银行的总部在东部城市，主要分支机构也大多数在东部地区，而外资银行的法人机构的全部和其超过95%的分行在东部沿海地区。如果考虑东西部地区的城乡金融发展，则这种区域不平衡的差距更大。附录2-5(A)统计了2015年各地区金融机构本外币涉农贷款的情况。可以看出，在农林牧渔业贷款、县及县以下贷款、农户贷款和涉农贷款这4个方面，不管是贷款额还是贷款增长率，中西部省份之间的差距很大，而东部各省份之间就比较平衡一些。最后，中西部地区在发展小型金融公司方面也是差距很大。2014年，我国面对新的经济环境，提出了万众创新、大众创业的战略，积极激活中小微企业的活力。鉴于此，我国也积极发展小型金融公司以填补大型商业银行很难完全服务众多小微企业的市场空白。附录2-5(B)统计了2015年各地区小额贷款公司基本情况。从该表中可以看到从机构数量、从业人员数、注册资本金、实收资本和贷款余额5个方面，区域间在发展小微金融机构的差距是很大的。江苏的小额贷款公司的贷款余额已过千亿了，而宁夏、贵州、吉林等省份还只有数十亿的贷款，这说明不管是发展小微公司还是发展支持它们的小微金融机构，沿海东部地区又是走在了前列，并将逐渐拉开距离。

表2-12 金融机构贷款分行业统计，2015年 (单位:亿元、美元)

	本外币	人民币	外汇(美元)
贷款总额	964233.56	909655	8404.98
农林牧渔业	11321.6	11218.63	15.86
采矿业	24148.74	22360.47	275.39
制造业	142987.6	130284.44	1956.26
电力、热力、燃气及水生产和供应量	46952.42	45788.99	179.17
建筑业	31600.11	31004.7	91.69
批发和零售业	84592.35	76735.14	1209.99
交通运输、仓储和邮政业	93547.08	90314.8	497.76
住宿和餐饮业	6847.8	6828.44	2.98
信息传输、软件和信息技术服务业	3784.21	3651.63	20.42
金融业	31342.2	30124.86	187.47

续表

	本外币	人民币	外汇(美元)
房地产业	60228.12	60049.09	27.57
租赁和商务服务业	55327.48	53724.33	246.88
科学研究和技术服务业	2000.4	1975.72	3.8
水利、环境和公共设施管理业	4955.19	4953724	4.3
居民服务、修理和其他服务业	2179.55	2170.67	1.37
教　育	3388.74	3377.27	1.77
卫生和社会工作	3855.67	3821.51	5.26
文化、体育和娱乐业	3096.35	3008.96	13.46
公共管理、社会保障和社会组织	10316.4	10280.57	5.52
国际组织			
对境外贷数	26808.49	3153.59	3642.8
个人贷款及透资	270343.08	270243.96	15.26

数据来源:《中国金融年鉴(2016年)》,《中国金融年鉴》编辑部编印。

中国金融业的第五个显著特点就是行业受到资金的支持差异性大。由于战略重点的需要和一些历史的原因,一些行业会被列为支柱产业而受到金融优先和大力支持。表2-12统计了各行业受到金融机构贷款支持程度的情况。该表显示,制造业、批发和零售业、交通运输与仓储邮政业、房地产业、租赁与商务服务业和个人贷款及透资为主要接受贷款的行业。这六个行业2015年接受的本外币贷款超过了70万亿元,占了当年的贷款总额的73%以上,其中个人贷款超过了27万亿,制造业接受了14万亿元的贷款。而其余15行业才接受了余下的不到27%的贷款,其中信息传输、软件和信息技术服务业、科学研究和技术服务业、水利、环境和公共设施管理业、居民服务、修理和其他服务业、教育、卫生和社会工作、文化、体育和娱乐业、公共管理、社会保障和社会组织等公用与科技服务行业一共才接受了3.3万亿元的贷款,还不及个人贷款(也包括个人住房贷款)和制造业贷款的一个零头,也只有给房地产企业的直接贷款的一半,这些说明了我国公用与科技事业的发展还需要更强有力的金融支持。

表 2-13　银行卡数量统计／与人口之比，2009—2015 年

项目/年度	2009	2010	2011	2012	2013	2014	2015
信用卡	18556	22973	28546	33110	39079	45510	43200
贷记卡	16394	20557	25162	28904	34356	39981	39300
准贷记卡	2162	2415	3383	4206	4723	5529	3900
借记卡	188039	218566	266359	320305	382310	448062	501000
合　计	206594	241538	294905	353415	421389	493572	544200
人　口	133450	134091	134735	135404	136072	136782	137462
与人口之比	1. 548	1. 801	2. 189	2. 610	3. 097	3. 608	3. 959

数据来源:《中国金融年鉴(2010—2016 年)》,《中国金融年鉴》编辑部编印。

中国金融业还有一个问题就是金融机构盈利能力不强。由于体制与管理水平等问题,中国金融机构的盈利能力与国际化的要求还有不小的差距。表 2-13 统计了 2009—2015 年银行卡数量以及与人口之比的情况。表中显示了中国银行卡的发行在这几年间飞速增长,年均增长率达到了 20%左右,但是这高速的增长背后有 2 个问题。一是借记卡的数量远超过信用卡,前者是后者的 10 倍,说明了我国金融发展对于个人信用的开发不够,而个人信用的开发却是欧美等发达国家的金融机构利润主要来源。二是到 2015 年我国人均拥有卡的数量达到了 4 张,剔除那些欠发达地区的人员和老幼年人员,可以想象主要用卡消费的中青年城市工作人员每人会拥有多少张卡,这说明了我国在发卡方面存在很多浪费现象,死卡较多,而这即影响了金融机构的成本,也影响了其盈利能力。附录 2-5(C)列出了 2011—2015 年间银行业金融机构税后利润情况。虽然从该附录可以看到 2015 年我国银行业金融机构的税后利润快达到了 2 万亿元,但是当我们计算利润与总资产之比(见表 2-14)后就发现了问题。

表 2-14　银行业金融机构税后利润与总资产之比,2011—2015 年

	2011	2012	2013	2014	2015
银行业金融机构	0.0111	0.0113	0.0115	0.0112	0.0099
政策性银行及国家开发银行	0.0058	0.0066	0.0074	0.0069	0.0060
大型商业银行	0.0124	0.0126	0.0128	0.0125	0.0114
股份制商业银行	0.0109	0.0107	0.0109	0.0102	0.0091
城市商业银行	0.0108	0.0111	0.0108	0.0103	0.0088
农村商业银行	0.0120	0.0125	0.0126	0.0120	0.0098
农村合作银行	0.0130	0.0134	0.0132	0.0131	0.0108
城市信用社	0.0067	—	—	—	—
农村信用社	0.0074	0.0082	0.0085	0.0094	0.0077
非银行金融机构	0.0230	0.0256	0.0267	0.0252	0.0221
外资银行	0.0078	0.0069	0.0055	0.0071	0.0057
新型农村金融机构和邮政储蓄银行	0.0059	0.0064	0.0063	0.0060	0.0056

数据来源:根据《中国金融年鉴(2012—2016 年)》(《中国金融年鉴》编辑部编印)计算而来。

表 2-14 显示,我国银行业金融机构税后利润与总资产之比只有 1%左右,到 2015 年更是跌到低于 1%,其盈利能力可见一斑。我们对金融机构的类型进行细分可以看到,大型商业银行、股份制商业银行、城市和农村商业银行、以及农村合作银行,它们的盈利能力达到了全国的平均水平,非银行金融机构的盈利能力则要远好于全国平均水平,达到 2.2 以上,但是政策性银行、农村信用社和其他类型的农村金融机构则要差很多,盈利能力只在 0.6%左右。附录 2-5(D)统计了 2014—2015 年间主要金融机构理财产品的发行额。从该表中可以看到,发行额最高的是招商银行,2015 年其保本和非保本理财产品分别达到了 665,518 和 124,130 亿元,其次是交通和兴业银行,其保

本和非保本理财产品分别达到了108,830和105,895,51,322和65,583亿元,而大型国有商业银行,例如工商银行,其保本和非保本理财产品分别只有12,790和33,580亿元,说明了金融理财服务方面的能力远比股份制商业银行要差。

第四节　我国金融业"走出去"

中国金融业对外直接投资得到迅猛发展是在新世纪开始以后,在此之前主要是中国银行在海外设立网点满足对外贸易和海外华人的需要。2000年以后,随着中国"走出去"战略的实施,各大商业银行和金融投资机构明显加快了国际化和海外布局的步伐。以今为止,由于实力雄厚,经营历史长久,以及国内垄断市场获取的高额持续利润,使得大型商业银行是对外直接投资的主力。股份制商业银行在企业制度、经营管理、业务和技术创新方面具有突出优势,是对外直接投资的后备军。相比之下,城市商业银行资产规模较小,银行信用等级偏低,其最初定位是"服务地方经济、服务中小企业和服务城市居民",但在企业"走出去"的呼声中,一些优秀的城市商业银行正尝试打破地域限制,将触角伸向周边国家及地区,成为银行业对外直接投资的新生力量。政策性银行作为政策性的金融机构,是银行业对外直接投资的辅助力量。从我国金融业对外直接投资的历史历程来看,其发展可以分为三个阶段,并且每个阶段具有较明显的特点。

2000年以前,中国金融业对外直接投资还处于萌芽阶段,投资程度极低,只有中国银行在少数发达国家设立网络,其他银行和金融机构几乎都没有进行对外直接投资。1991年,中国建设银行才在伦敦成立第一个海外代表处;1995年,在香港成立他的第一家具有经营职能的分行。1993年中国工商银行新加坡分行成立,开启了中国工商银行对外直接投资之路。1995年中国农业银行首家境外分支机构新加坡分行成立,同年香港分行成立。造成在此阶段中国金融对外投资程度极低的一个主要原因就是中国的经济尚处于初始发展阶段,对于资本的需要程度很高,国内的银行和金融机构一是没有多余的资金进行海外投资,二是国内的机会很多而导致对外投资的积极性很低。

2001 年随着中国加入 WTO 为金融机构“走出去”打开了一扇门,中国金融业对外投资进入到第二个发展阶段,开始成长阶段。2003 年,国有银行股份制改革进一步将银行业推向了国际资本市场的大门。2006 年,在履行加入 WTO 的承诺开放了国内金融市场的同时,我国的商业银行和金融机构也在加快“走出去”的步伐。在此阶段一个显著特点就是,随着中资企业海外并购开始,金融业跟着进行了海外布局进行配合。2004—2006 年,当年中国海外并购的金额从 30 亿美元增长到 82.5 亿美元,而与此同时中国金融业对外直接投资流量从不到 2.7 亿美元增长到 35.3 亿美元(见图 2-3)。2007 年,中国银行和金融机构也开始了自身的金融类海外并购,但是规模仍然很小。例如,2006 年底,中国工商银行收购了印尼 Halim 银行 90%股份,200 年以 5.39 亿美元收购澳门诚兴银行 79.93%股份。

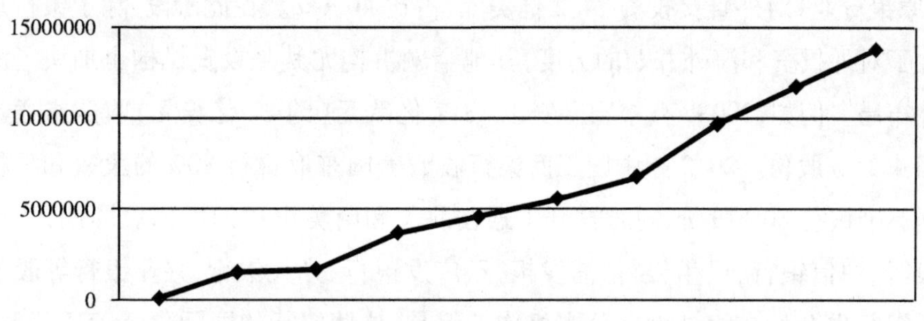

图 2-3　中国金融业对外直接投资,2007—2016 年

数据来源:《2016 年度中国对外直接投资统计公报》,中国统计出版社 2017 年版。

此外,随着“走出去”战略的深化,除了银行业,我国证券业也开始了对外投资,但是目前投资地主要集中在香港。得益于 2006 年生效的《内地与香港关于建立更紧密经贸关系安排》的补充协议,符合条件的内地证券及期货公司获准后可以在香港设立分支机构。这使得 2006 年 3 月就有两家证券公司和 6 家期货公司到香港设立分支机构。2006 年 7 月末,广发证券获准在香港设立广发控股(香港)有限公司。2006 年,QDII 制度(即允许境内机构投资于境外证券市场)的实施更加加快了证券业境外投资的步伐。2007 年 5 月,中信证券对中信证券(香港)有限公司增资 2.8 亿港元,并将该公司更名为"中信证券国际有限公司"。10 月,中信证券与贝尔斯登公司开始全面战略合作。截至 2007 年年底,国泰君安、申银万国、中金公司、中银国际、招商、海通、中信、华泰、广发、国元等 10 家中资券商在香港设立了分支机构。关于中国保险业的对外投资,尽管国务院于 2006 年颁布保险"国十条",并于 2014 年又实施了"新国十条",大力鼓励保险公司"走出去",但是由于多种因素制约,保险企业对"走出去"持观望态度,鲜有企业进行对外投资。

2008 年,中国金融业对外直接投资进入了快速成长阶段。2007 年,中国金融业对外直接投资流量只有 16.7 亿美元,而到 2008 年和 2009 年,则迅猛增长到 140.5 亿和 87.3 亿美元。2011 年,中国金融类对外直接投资有所下降,但是流量仍达到了 60.7 亿美元,其中银行业金融类对外直接投资 34 亿美元,占 56%。此后几年中国金融业对外直接投资则是稳步上升。2014 年,对外金融类直接投资流量 159.2 亿美元,同比增长 5.4%,其中货币金融服务类(原银行业)对外直接投资 74.2 亿美元,占比 46.6%。在此阶段,除了银行加大了对外投资和海外并购的力度,其他金融机构尤其是投资机构也加快了海外布局。例如,2008 年,中国平安以 18.1 亿欧元(约 27 亿美元)收购富通集团 4.18%股份。2012 年中国工商银行收购美国东亚银行 80%的股权和阿根廷标准银行 80%股份,同时打开了通往北美和南美市场的大门。同期,招商银行、中信银行、民生银行、浦发银行、广发银行、光大银行、兴业银行等股份制银行也开始在海外设立分支机构。但是,这些银行的国际化经营还很低,海外机构数量较少,且直接投资的目的地多为港澳台地区,采取的形式主要为办事处。

表 2-15　中资银行首次设立海外分支机构的时间

银行名称	首家境外分支机构设立时间	境外机构数目(个)	银行名称	首家境外分支机构设立时间	境外机构数目(个)
中国银行	1929	102	光大银行	2000	2
工商银行	1992	59	兴业银行	2014	1

续表

银行名称	首家境外分支机构设立时间	境外机构数目(个)	银行名称	首家境外分支机构设立时间	境外机构数目(个)
建设银行	1995	21	国家开发银行	2006	2
农业银行	1995	10	中国进出口银行	1999	3
交通银行	1934	12	北京银行	2010	1
招商银行	2002	9	东莞银行	2013	1
中信银行	2009	1	平安银行	2013	1
民生银行	2007	1	富滇银行	2013	1
浦发银行	2002	2	中国银联	2005	7
广发银行	1993	2			

数据来源:各银行年报,中国银监会网站。

表 2-15 统计了截止到 2015 年底,中资银行首次设立海外分支机构的时间和海外分支机构的数量。从该表中可以看到,中国银行业的对外投资开始呈现了多形式的投资主体结构,“走出去”不再局限于大型国有商业银行,股份制商业银行和地区性商业银行业开始了全球布局。但是,以今为止,中国银行业对外投资的主体仍然还是大型国有商业银行。从境外设立分支机构的情况来看,中国银行已有 102 个,工商银行也有 59 个境外机构,相比之下,像光大银行这些股份制银行在境外才设立了一两个分支机构。

此外,除了银行,中国券商也在加紧“走出去”。2010 年,中国证监会先后批准银河证券、中国建银投资证券、光大证券、长江证券 4 家证券公司设立香港子公司。截至 2012 年,我国共有 21 家证券公司在香港设立了公司或分公司。2013 年证监会放宽了证券公司赴港设立分支机构主体资质条件的限制,如证券公司分类级别、净资产等硬性要求。我国证券公司的国际化步伐显著加快,希望借道香港迈向全球。到 2013 年,在港设立子公司的国内证券公司已达23家。2014年,为了支持内地企业赴港及境外上市,和开展人民币资产管理业务,中国证监会正式批复开展互联互通机制点(即沪港通),从体制上消除国内券商在香港设立分支机构的障碍,这导致了22家基金管理公司和6家期货公司在香港设立分支机构,但是中国券商的"走出去"仍然还是集中在香港,并没有像银行一样走向世界。

总的来说,造成中国金融业对外直接投资在2008年以后迅速上升的主要原因有三个方面:一是中国非金融业对外直接投资引致需求。中国金融业对外直接投资与非金融业对外直接投资几乎是同步的,为了满足非金融企业"走出去"产生的信贷及其他金融产品需求,中国的商业银行和金融机构加快了海外布局的步伐。二是中国投资公司的成立。在成立之初,由于国际金危机的影响,中国投资公司并没有在海外进行大规模的投资,只进行了黑石和摩根士丹利两笔投资。2009年,中国际金融危机的后续影响基本清晰之后,中国投资公司加快了海外投资的步伐。据不完全统计,仅2009年一年,中国投资公司就在海外投资了65.38亿美元。三是国际金融危机对许多金融机构造成了较大的冲击在这种情况下,金融机构的资产价格处于低谷,尤其是一些金融机构为了补充资本,选择性地出售了亚洲资产。国金融机构借此机会出手,一来可以"抄底",二来也是借国际金融危机的机遇进行全球布局,其中就包括中国建设银行收购美国国际信贷(香港)有限公司的交易。

小　　结

关于中国的金融发展与金融业对外直接投资是近期的一个研究热点,也是我国政府非常关注的一个重要方面。为了使本书后面章节关于金融发展、金融业对外投资与经济增长之间关系的研究有一个更深的了解,本章先就金融发展和金融业对外投资的历史历程和特点进行了一个概括性的描述与分析。

从金融发展的历程来看,从改革开放至今,中国的金融发展大致经历了三个阶段。第一个阶段为80年代的引进市场经济体制阶段,这个阶段的主要任务是引进市场经济的概念,逐步建立符合市场经济规律的金融体系基本框架,而这主要是围绕着银行业展开的。随着金融体制的框架逐步建立,中国的金融发展进入了第二阶段,即90年代的发展多形式的金融机构和金融市场,这个时期的目标就是逐步建立符合市场经济的金融体系,包括对国有银行持续改制、建立多层次多模式的金融服务系统和开始金融管理体系法治化这三方面的金融改革。新世纪的到来使得中国的金融发展进入到第三个阶段,即金融规范化和国际化的发展阶段。在规范化建设方面,中国强调机制改革与法制建设同步进行的方法,而在国际化发展方面,中国一方面扩大了金融业对外商开放的力度,另外一方面也积极推动本国的金融机构"走出去"和利用金融业对外投资加强人民币的"走出去"。

虽然改革开放30多年来,中国金融发展已经取得了喜人的进步,金融系统对于整个国民经济发展起到了重要的支持与引领作用,但是相对于发达国家,我国金融业的发展程度还是不足。本章的分析发现目前我国的金融业还存在融资模式与资金来源单一、国有大型银行的垄断程度过高、不良贷款额和不良贷款率都偏高、地区金融发展不平衡、公用与科技服务行业的金融支持不足、和金融机构盈利能力不强等问题。此外,采用经济货币化程度、经济金融化程度和经济证券化程度这三个指标来衡量我国的金融发展程度之后,我们也发现我国金融发展还存在金融资产品种之间有限替代性、潜在通货膨胀的巨大压力、直接融资渠道狭窄等问题。

最后,本章回顾与分析了我国金融业对外直接投资的发展历程。其发展大致可以分为三个阶段,并且每个阶段具有较明显的特点。2000年以前为中国金融业对外直接投资的萌芽阶段,投资程度极低,只有中国银行在少数发达国家设立网络。2001年随着中国加入WTO为金融机构"走出去"打开了一扇门,中国金融业对外投资进入到第二个发展阶段,开始成长阶段。这个时期,除了银行业,我国证券业也开始了对外投资,但是目前投资地主要集中在香港。2008年开始,中国金融业对外直接投资进入了快速成长阶段。除了大型国有商业银行加大了对外投资和全球布局的力度,像兴业银行这些股份制银行业开始"走出去"了,虽然目的地目前还是局限于香港。此外,中国券商也在加紧"走出去",但还是集中在香港,并没有像银行一样走向世界。

附录 2-1(A)　银行业金融机构存贷款情况表/与 GDP 之比,2011—2015 年

	2011	2012	2013	2014	2015
各项存款	826701	943102	1070588	1173735	1397752
其中:储蓄存款	347401	403704	451827	489798	487209
各项贷款	581893	672875	766327	867868	993460
其中:短期贷款	217480	268152	311773	336371	359191
中长期贷款	333747	363894	410346	471818	537833
票据融资	15154	20447	19616	29233	45838
GDP	489300. 6	540367. 4	595244. 4	643974	689052. 1
存款占 GDP	1. 69	1. 75	1. 80	1. 82	2. 03
贷款占 GDP	1. 19	1. 25	1. 29	1. 35	1. 44

数据来源:《中国金融年鉴(2012—2016 年)》,《中国金融年鉴》编辑部编印。

附录 2-1(B)　银行业金融机构总资产统计,2011—2015 年

	2011	2012	2013	2014	2015
银行业金融机构	1132873	1336224	1513547	1723355	1993454
政策性银行及国家开发银行	93133	112174	125278	156140	192847
大型商业银行	536336	600401	656005	710141	781630
股份制商业银行	183794	235271	269361	313801	369880
城市商业银行	99845	123469	151778	180842	226802
农村商业银行	42527	62751	85218	115273	152342
农村合作银行	14025	12835	12322	9570	7625
城市信用社	30	—	—	—	—
农村信用社	72047	79535	85951	88312	86541
非银行金融机构	26067	32299	39681	50123	64883
外资银行	21535	23804	25628	27921	26808
新型农村金融机构和邮政储蓄银行	43536	53511	62110	70981	83024

数据来源:《中国金融年鉴(2012—2016 年)》,《中国金融年鉴》编辑部编印。

附录 2-1(C)　金融机构人员、机构统计

	人员总数(人)		机构总数(个)	
机构名称	2015	2014	2015	2014
中国人民银行	131002	128323	2181	2182
中国外汇管理局	610	593	36	864
中国银监会	23750	23683	2079	2076
中国证监会	3167	3097	38	38
中国保监会	2835	2804	41	49
国家开发银行	8723	8838	44	48
中国进出口银行	2546	3993	24	24
中国农业发展银行	51251	51309	2177	2187
中国工商银行	445614	466346	17460	17498
中国农业银行	510386	505533	23612	23670
中国银行	308128	310042	11514	11633
中国建设银行	372321	369183	14880	14945
交通银行	91641	89269	2785	3141
中国邮政储蓄银行	185833	185983	9962	8604
中信银行	50735	53136	1230	1353
中国民生银行	59659	59510	2121	2806
华夏银行	27657	34023	590	790
中国光大银行	39015	40319	951	1048
招商银行	57133	62913	1431	1717
广发银行	24485	32564	700	759
平安银行	35069	37937	790	747
兴业银行	49388	50472	1435	1787
上海浦东发展银行	43654	47159	1295	1700
恒丰银行	7469	9550	181	256
浙商银行	6495	8360	129	147
渤海银行	6586	7579	120	150

数据来源:《中国金融年鉴(2016 年)》,《中国金融年鉴》编辑部编印。

附录 2-2(A)　股票市场发展,2001—2015 年

年份	股票只数	上司公司家数	上市公司股本（亿股）	流通股本（亿股）	股票市值（亿元）	流通市值（亿元）	成交量（亿股）	成交金额（亿元）	印花税（亿元）	印花税占比[1]（%）	市盈率（倍）	换手率（%）	股票账户数（万户）
2001	1248	1160	4851. 88	1487. 66	43582. 9	14488. 8	3155. 93	38325. 4	291. 44	3. 4	81. 92	227. 1	6898. 68
2002	1311	1224	5464. 19	1680. 26	38338. 8	12487. 2	3017. 14	27993. 9	111. 95	1. 02	62. 51	195. 9	6841. 84
2003	1374	1287	6003. 34	1899. 05	42477. 6	13185. 1	4163. 08	32115. 3	128. 35	1. 08	45. 89	237. 0	6961. 02
2004	1463	1377	6714. 74	2194. 15	37080. 9	11701. 2	5827. 73	42333. 9	169. 08	1. 17	32. 16	303. 5	7106. 11
2005	1467	1381	7163. 54	2498. 89	32446. 0	10638. 0	6623. 73	31664. 8	66. 35	0. 4	28. 59	295. 1	7189. 44
2006	1520	1434	12683. 99	3444. 5	89441. 4	25021. 1	16145. 2	90468. 9	180. 94	1. 05	29. 72	547. 4	7482. 11
2007	1636	1550	17000. 45	4933. 64	327291	93140. 7	36403. 8	460556	2062	7. 43	44. 13	817. 9	9279. 07
2008	1711	1625	18900. 13	6964. 97	121541.	45303. 0	24131. 4	267112	927. 68	2. 84	19. 29	402. 3	10449. 7
2009	1804	1718	20606. 26	14200. 2	244104	151342	51107	535987	510. 38	1. 42	29. 78	582. 9	12037. 7
2010	2149	2063	26984. 49	19442. 2	265423	193110	42151. 9	545633	545. 65	1. 28	20. 32	344. 3	13391. 0
2011	2428	2342	29745. 11	22499. 9	241758	164921	33956. 6	421645	421. 66	0. 82	14. 18	214. 2	14050. 4
2012	2579	2494	31833. 62	24778. 2	230358	181658	32860. 5	341583	314. 59	0. 56	15. 04	180. 6	14045. 9
2013	2574	2489	33822. 04	29997. 1	239077	199579	48372. 7	468728	468. 27	0. 78	15. 53	242. 9	13247. 2
2014	2696	2613	36795. 1	32289. 3	372547	315624	73383. 1	742385	742. 38	1. 15	20. 83	315. 9	14214. 7
2015	2909	2827	43024. 14	37043. 4	531463	417881	171039	2550541	695	1	18. 94	320. 3	21477. 4

注:[1]:印花税占比指的是在中央财政收入中的比重。

数据来源:《中国金融年鉴(2002—2016 年)》,《中国金融年鉴》编辑部编印。

附录 2-2(B)　债券、基金和期货市场发展概览，2001—2015 年

年份	债券				基金					期货			
	发行额（亿元）	兑付金额（亿元）	成交金额（亿元）	年末托管额（亿元）	基金只数	份额（亿份）	资产规模（亿元）	成交金额（亿元）	账户数（万户）	品种数量	持仓（亿元）	成交金额（亿元）	账户数（万户）
2001	5848. 53	1859. 97	41030. 69	19727. 9	51	804. 23	809. 24	2561. 88	—	9	175. 75	15071. 76	—
2002	9943. 9	2841. 35	106321. 7	25610. 5	71	1318. 9	1185. 6	1166. 62	—	10	277. 43	19745. 3	—
2003	17647. 2	7886. 44	151368. 5	37636. 4	95	1614. 7	1699. 2	682. 65	—	10	423. 66	54194. 67	—
2004	27295. 7	12548. 6	127849. 0	52046. 9	161	3308. 8	3246. 3	479. 47	—	12	388. 77	73465. 27	—
2005	42182. 1	22531. 3	228456. 9	73402. 2	218	4714. 2	4691. 4	773. 15	—	11	350. 71	67224. 19	—
2006	57096. 1	38597. 8	382839. 2	92346. 9	307	6220. 7	8565. 1	2002. 65	—	14	564. 05	105023. 2	27. 74
2007	80163. 4	49931. 9	628787. 9	123485	346	22340	32762	8620. 09	—	18	990. 31	204861. 2	44. 77
2008	71732. 2	48265. 3	956855. 2	152554	439	25742	19403	5831. 05	16846	19	740. 9	359570. 9	71. 28
2009	87286. 2	67282. 3	1180369	177383	547	23519	26025	10340. 0	17480	23	2775. 5	652553. 8	110. 6
2010	96408. 6	73205. 9	1522585	205108	704	23955	25041	8996. 44	19672	24	3069. 2	1545584	150. 6
2011	77231. 5	64819. 8	1642721	222572	914	26510	21919	6365. 81	22987	27	2974. 6	1375176	179. 3
2012	80245. 9	47625	2201121	261988	1173	31708	28662	8123. 86	22948	32	3831. 8	1711224	89. 69
2013	89202. 9	63427. 5	2742532	299153	1552	31177	30022	14786. 2	28773	40	6744. 9	2674762	97. 72
2014	119286	72850. 5	3583149	352840	1899	42032.	45374	13814. 9	46409	46	5556. 3	2919882	99. 35
2015	232558	104982	1347814	479274	2723	76674	83972	44251. 9	67918	51	6185. 8	5542347	126. 9

数据来源：《中国金融年鉴（2002—2016 年）》，《中国金融年鉴》编辑部编印。

附录 2-2(B)　债券、基金和期货市场发展概览,2001—2015 年

年份	债券				基金					期货			
	发行额（亿元）	兑付金额（亿元）	成交金额（亿元）	年末托管额(亿元)	基金只数	份额（亿份）	资产规模（亿元）	成交金额（亿元）	账户数（万户）	品种数量	持仓（亿元）	成交金额（亿元）	账户数（万户）
2001	5848. 53	1859. 97	41030. 69	19727. 9	51	804. 23	809. 24	2561. 88	—	9	175. 75	15071. 76	—
2002	9943. 9	2841. 35	106321. 7	25610. 5	71	1318. 9	1185. 6	1166. 62	—	10	277. 43	19745. 3	—
2003	17647. 2	7886. 44	151368. 5	37636. 4	95	1614. 7	1699. 2	682. 65	—	10	423. 66	54194. 67	—
2004	27295. 7	12548. 6	127849. 0	52046. 9	161	3308. 8	3246. 3	479. 47	—	12	388. 77	73465. 27	—
2005	42182. 1	22531. 3	228456. 9	73402. 2	218	4714. 2	4691. 4	773. 15	—	11	350. 71	67224. 19	—
2006	57096. 1	38597. 8	382839. 2	92346. 9	307	6220. 7	8565. 1	2002. 65	—	14	564. 05	105023. 2	27. 74
2007	80163. 4	49931. 9	628787. 9	123485	346	22340	32762	8620. 09	—	18	990. 31	204861. 2	44. 77
2008	71732. 2	48265. 3	956855. 2	152554	439	25742	19403	5831. 05	16846	19	740. 9	359570. 9	71. 28
2009	87286. 2	67282. 3	1180369	177383	547	23519	26025	10340. 0	17480	23	2775. 5	652553. 8	110. 6
2010	96408. 6	73205. 9	1522585	205108	704	23955	25041	8996. 44	19672	24	3069. 2	1545584	150. 6
2011	77231. 5	64819. 8	1642721	222572	914	26510	21919	6365. 81	22987	27	2974. 6	1375176	179. 3
2012	80245. 9	47625	2201121	261988	1173	31708	28662	8123. 86	22948	32	3831. 8	1711224	89. 69
2013	89202. 9	63427. 5	2742532	299153	1552	31177	30022	14786. 2	28773	40	6744. 9	2674762	97. 72
2014	119286	72850. 5	3583149	352840	1899	42032.	45374	13814. 9	46409	46	5556. 3	2919882	99. 35
2015	232558	104982	1347814	479274	2723	76674	83972	44251. 9	67918	51	6185. 8	5542347	126. 9

数据来源:《中国金融年鉴(2002—2016 年)》,《中国金融年鉴》编辑部编印。

附录 2-3(A)　中国国际收支概览,2015 年　　(单位:亿美元)

<table>
<tr><th colspan="3">项　目</th><th>金　额</th><th>其中:贷方</th><th>借　方</th></tr>
<tr><td colspan="3">一、经常账户</td><td>3306</td><td>26930</td><td>-23624</td></tr>
<tr><td colspan="3">1. 货物和服务</td><td>3846</td><td>24293</td><td>-20447</td></tr>
<tr><td colspan="3">货物</td><td>5670</td><td>21428</td><td>-15758</td></tr>
<tr><td colspan="3">服务</td><td>-1824</td><td>2865</td><td>-4689</td></tr>
<tr><td colspan="3">加工服务</td><td>203</td><td>204</td><td>-2</td></tr>
<tr><td colspan="3">2. 维护和维修服务</td><td>23</td><td>36</td><td>-13</td></tr>
<tr><td colspan="3">运输</td><td>-370</td><td>386</td><td>-756</td></tr>
<tr><td colspan="3">旅行</td><td>-1781</td><td>1141</td><td>-2292</td></tr>
<tr><td colspan="3">建设</td><td>65</td><td>167</td><td>-102</td></tr>
<tr><td colspan="3">保险和养老金服务</td><td>-44</td><td>50</td><td>-93</td></tr>
<tr><td colspan="3">3. 二次收入</td><td>-87</td><td>359</td><td>-446</td></tr>
<tr><td colspan="3">二、资本和金融账户</td><td>-1424</td><td></td><td></td></tr>
<tr><td colspan="3">1. 资本账户</td><td>3</td><td>5</td><td>-2</td></tr>
<tr><td colspan="3">2. 金融账户</td><td>-1427</td><td>-491</td><td>-936</td></tr>
<tr><td colspan="3">非储备性质的金融账户</td><td>-4856</td><td>-3920</td><td>-936</td></tr>
<tr><td colspan="3">直接投资</td><td>621</td><td>-1878</td><td>-1452</td></tr>
<tr><td colspan="3">关联企业债务</td><td>-426</td><td>2499</td><td>2196</td></tr>
<tr><td colspan="3">金融服务</td><td>-3</td><td>23</td><td>-26</td></tr>
<tr><td colspan="3">知识产权使用费</td><td>-209</td><td>11</td><td>-220</td></tr>
<tr><td colspan="3">电信、计算机和信息服务</td><td>131</td><td>245</td><td>-114</td></tr>
<tr><td colspan="3">其他商业服务</td><td>189</td><td>584</td><td>-395</td></tr>
<tr><td colspan="3">个人、文化和娱乐服务</td><td>-12</td><td>7</td><td>-19</td></tr>
<tr><td colspan="3">别处未提及的政府服务</td><td>-15</td><td>11</td><td>-26</td></tr>
<tr><td colspan="3">3. 初次收入</td><td>-454</td><td>2278</td><td>-2732</td></tr>
<tr><td colspan="3">雇员报酬</td><td>274</td><td>331</td><td>-57</td></tr>
<tr><td colspan="3">投资收益</td><td>-734</td><td>1939</td><td>-2673</td></tr>
<tr><td colspan="3">其他初次收入</td><td>7</td><td>8</td><td>-2</td></tr>
<tr><td colspan="3">金融衍生工具</td><td>-21</td><td>-34</td><td>13</td></tr>
<tr><td colspan="3">其他投资</td><td>-4791</td><td>-1276</td><td>—</td></tr>
<tr><td>货币和存数</td><td>-1001</td><td>特别提款权</td><td>3429</td><td>货币黄金</td><td>-3</td></tr>
<tr><td colspan="3">在国际货币基金组织的储备头寸</td><td>9</td><td>外汇储备</td><td>3423</td></tr>
<tr><td colspan="3">三、净误差与遗漏</td><td colspan="3">-1882</td></tr>
</table>

数据来源:《中国金融年鉴(2016 年)》,《中国金融年鉴》编辑部编印。

附录 2-3(B)　各层次货币供应量,1995—2015 年　（单位:亿元）

年份	货币和准货币（M2）	货币（M1）	流通中的货币（M0）	单位活期存款数	准货币	单位定期存款	个人存款	其他存款
1995	67051	23987	7885	16102	36763	3324.2	29662	3777
1996	76095	28514	8802	19713	47580	5041.9	38520	4017
1997	90995	34826	10178	24649	56169	6738.5	46279	3150
1998	104499	38954	11204	27749	65545	8301.9	53407	3835
1999	119898	45837	13456	32382	74061	9476.8	59622	4962
2000	134610	53147	14653	38495	61463	11261	64332	5869
2001	158302	59871	15689	44183	93017	14180	73762	10488
2002	185007	70882	17278	53604	114125	16434	86911	10781
2003	221523	84118	19746	64373	137104	20940	103618	12546
2004	254107	95969	21468	74501	158137	25382	119555	13199
2005	298756	107279	24032	83247	191477	33100	141051	17326
2006	345604	126035	27073	98963	219568	38732	161587	19249
2007	403442	152560	30375	122185	250882	46932	172534	31415
2008	475167	166217	34219	131998	308949	60103	217885	30961
2009	606225	220001	38246	181756	386223	82285	260773	43167
2010	725852	266621	44628	221993	459230	105857	303025	50069
2011	851591	289848	50749	239099	561743	166616	352797	42329
2012	974149	308664	54660	254004	665484	195940	411362	58182
2013	1106525	337291	58574	278717	769234	232696	467031	69506
2014	1228374	348056	60260	287797	880318	264055	508878	107384
2015	1392278	400953	63217	337737	991334	288240	552073	151010

数据来源:《中国金融年鉴(1996—2016 年)》,《中国金融年鉴》编辑部编印。

附录 2-3(C)　金融机构本外币信贷收支表,2015 年　(单位:亿元)

来源方项目	余　额	运用方项目	余　额
一、各项存款	1397752.11	一、各项贷款	993459.69
(一)境内存款	1379957.97	(一)境内贷款	966625.36
1. 住户存款	551928.92	1. 住户贷款	270312.98
(1)活期存款	206146.28	(1)短期贷款	89084.86
(2)定期及其他存款	345782.64	消费贷款	41084.89
2. 非金融企业存款	455208.83	经营贷款	47999.97
(1)活期存款	183229.28	(2)中长期贷款	181228.12
(2)定期及其他存款	271979.55	消费贷款	148532.42
3. 政府存款	242545.8	经营贷款	32695.7
(1)财政性存款	34453.34	2. 非金融企业及机关团体贷款	687727.69
(2)籍贯团体存款	208092.47	(1)短期贷款	270105.8
4. 非银行业金融机构存款	130274.41	(2)中长期贷款	356604.43
(二)境外存款	17794.14	(3)票据融资	45838.17
二、金融债券	10479.29	(4)融资租赁	13104.04
三、对国际金融机构负债	823.16	(5)各项垫款	2075.26
四、其他	-76015.89	3. 非银行业金融机构存款	8584.69
		(二)境外贷款	26834.33
		二、债券投资	201208.77
		三、股权及其他投资	136856.75
		四、国际金融机构资产	1513.46

数据来源:《中国金融年鉴(2016 年)》,《中国金融年鉴》编辑部编印。

附录 2-4(A)　银行业金融机构法人机构和从业人员情况表,2015 年

机　构	从业人员数	法人机构数
大型商业银行	1730291	5
政策性银行及国家开发银行	67947	3
股份制商业银行	402432	12
城市商业银行	370124	133
民营银行	1562	5
农村信用社	369369	1373
农村商业银行	464055	859
农村合作银行	25824	71
企业集团财务公司	10955	224
信托公司	18268	68
金融租赁公司	3958	47
汽车金融公司	6464	25
货币经纪公司	755	5
消费金融公司	28493	12
资产管理公司	8083	4
外资金融机构	46730	40
其他机构	253160	1375
银行业金融机构合计	3803470	4261

数据来源:《中国金融年鉴(2016 年)》,《中国金融年鉴》编辑部编印。

附录 2-4(B)　中资大型银行资产负债表，2011—2015 年

资产

年份	国外资产	储备	准备金	库存现金	对政府债权	中央银行债权	其他公司债权	金融性公司债	非金融性公司债	其他资产
2011	17394	102284	99372	2912	33518	19510	79117	20577	266750	34048
2012	20196	111465	108019	3446	38754	11467	102248	24669	297057	39975
2013	19356	114779	111158	3621	40884	9906	112958	22269	328233	59570
2014	23268	122515	189638	3877	43799	6230	119072	36984	359189	53023
2015	24885	111191	107457	3734	70540	5908	131167	47455	416235	38640

负债

年份	(1)	(2)	(3)	(4)	(5)	(6)	(7)	(8)	(9)	(10)	(11)	(12)	(13)	(14)	(15)
2011	458964	445941	134650	76395	234896	9357	3636	5721	3666	27971	29338	24375	2718	50957	58795
2012	508790	491048	139933	84401	266714	13488	4071	9417	4254	30250	33286	31754	4203	60293	75746
2013	559213	540342	148850	98546	292946	13077	3587	9490	5793	21960	35826	34118	8669	65949	101781
2014	588823	567167	149263	107492	310412	14089	3732	10357	7566	21852	53509	52783	11930	71222	108270
2015	661772	612007	169087	112676	330244	17738	5022	12716	32028	30885	61407	60136	5467	80907	107957

注：1）非金融机构及住户负债；2）广义货币存款；3）单位活期存款；4）单位定期存款；5）个人存款；6）不纳入广义货币存款；7）可转让存款；8）其他存款；9）其他负债；10）对其他存款性公司负债；11）金融公司债；12）广义货币的存款；13）国外负债；14）债券发行；15）其他负债。

数据来源：《中国金融年鉴（2012—2016 年）》，《中国金融年鉴》编辑部编印。

附录 2-4(C)　中资小型银行资产负债表,2011—2015 年

资产

年份	国外资产	储备	准备金	库存现金	对政府债权	中央银行债权	其他公司债权	金融性公司债	非金融性公司债	其他资产
2011	317	24966	24087	879	6234	715	33407	5126	56894	6003
2012	220	32034	30951	1083	6785	393	45554	9917	72245	7251
2013	274	38957	37712	1245	8322	88	55187	19856	88879	8734
2014	575	45603	44155	1448	9805	83	59784	28641	109411	10458
2015	693	47047	45474	1573	14705	88	75065	50200	139039	13155

负债

年份	(1)	(2)	(3)	(4)	(5)	(6)	(7)	(8)	(9)	(10)	(11)	(12)	(13)	(14)	(15)	(16)
2011	109209	108396	37003	26082	45311	499	263	235	314	22157	2066	1563	174	703	4903	11723
2012	137713	136461	41319	33892	61249	785	345	440	467	30553	2743	2517	312	1320	5981	15759
2013	173424	171626	48776	43004	79846	1100	359	741	699	39675	5429	4876	633	1745	7266	20127
2014	205272	202803	51315	52304	99183	1536	357	1179	934	42096	11288	10547	753	4977	8559	26708
2015	251931	248664	62771	62884	123009	2208	389	1819	1058	47395	24055	22821	850	14438	10641	34646

注:1)非金融机构及住户负债;2)广义货币存款;3)单位活期存款;4)单位定期存款;5)个人存款;6)不纳入广义货币存款;7)可转让存款;8)其他存款;9)其他负债;10)对其他存款性公司负债;11)金融公司债;12)广义货币的存款;13)国外负债;14)债券发行;15)实收资本;16)其他负债。

数据来源:《中国金融年鉴(2012—2016 年)》,《中国金融年鉴》编辑部编印。

附录 2-4(D)　商业银行不良贷款分行业统计，2015 年

行　业	不良贷款余额（亿元）	不良贷款比率（%）
农林牧渔业	636.5	3.54
采矿业	438.6	2.33
制造业	4298.2	3.35
电力、热力、燃气及水生产和制造业	117.2	0.37
建筑业	458.5	1.39
批发和零售业	3997.7	4.25
交通运输、仓储和邮政业	335.1	0.58
住宿和餐饮业	169.6	2.26
信息传输、软件和信息技术服务业	41.8	1.06
金融业	13.2	0.19
房地产业	455.9	0.81
租赁和商务服务业	212.1	0.53
社会研究和技术服务	12.6	0.8
水利、环境和公共设施管理业	30.9	0.12
居民服务、修理和其他服务业	78.2	2.07
教　育	14.6	0.46
卫生和社会工作	4	0.12
文化、体育和娱乐业	22.1	0.82
公共管理、社会保障和社会组织	5.6	0.2
国际组织	0	0
个人贷款（不含个人经营性贷款）	1372.2	0.79
信用卡	583	1.84
汽　车	29.4	2.15
住房按揭租赁	482	0.39
其　他	277	1.59

数据来源：《中国金融年鉴（2016 年）》，《中国金融年鉴》编辑部编印。

附录 2-4(E)　商业银行不良贷款分地区统计,2015 年

(单位:亿元、%)

地　区	不良贷款余额	不良贷款比	地　区	不良贷款余额	不良贷款比
东部地区	746.3	1.63	西部地区	2485.5	1.87
北京	366.3	0.84	重庆	180.3	0.9
天津	304	1.6	四川	573.4	2
河北	272.3	1.18	贵州	165.5	1.6
辽宁	444.3	1.64	云南	223.5	2.18
上海	397.3	1.01	西藏	4.5	0.23
江苏	1104.4	1.55	山西	119.7	1.99
浙江	1600.7	2.5	甘肃	85.8	1.13
福建	719.2	2.77	青海	90.4	1.9
山东	1081.1	2.52	宁夏	54.5	1.58
广东	1151.5	1.43	新疆	83	1
海南	21.9	0.69	广西	246.9	2.18
中部地区	2170	1.75	内蒙古	40.1	3.97
山西	351.1	2.34	总行	605.9	1.83
吉林	140.2	1.47	境内小计	1272.4	1.74
黑龙江	138.5	1.72	境外分行	19.7	0.02
安徽	362.3	1.86			
江西	268.3	2.08			
河南	315.8	1.48			
湖北	341.2	1.58			
湖南	287.6	1.67			

数据来源:《中国金融年鉴(2016 年)》,《中国金融年鉴》编辑部编印。

附录 2-5(A)　分地区金融机构本外币涉农贷款统计,2015 年

(单位:亿元)

	农林牧渔业贷款		县及县以下贷款		农户贷款		涉农贷款	
	余额	增长(%)	余额	增长(%)	余额	增长(%)	余额	增长(%)
全国	35137	5.2	216055	11.2	61488	14.8	263522	11.7
总行	25	25.9	65	48	0	0	3028	-2.7
北京	365	21.9	1036	11.4	139	18.9	2659	2.5
天津	165	20.4	1167	9.7	156	20.7	2913	14.1
河北	1110	11	12411	13.9	2948	22.77	13383	13.8
山西	829	2.1	7353	10.4	1473	6.2	8244	11.4
内蒙古	1779	13.6	5173	14.7	1371	138	6559	17.6
辽宁	1643	5.9	5730	8.7	1268	11.7	7396	11.4
吉林	772	-10.8	4258	25	723	0	5334	25.3
黑龙江	1505	0.6	4999	28.8	1257	-0.8	7314	27.8
上海	104	-1.5	1089	21.4	111	-7.3	2189	10.9
江苏	2005	1.7	22954	7.3	4176	19.1	26127	8
浙江	1347	8.9	28029	4.4	8006	14.2	30374	5.1
安徽	850	4.4	6386	11.1	2503	16.3	8521	14.9
福建	970	8.1	10285	10.4	2790	16.7	11313	11.6
江西	1917	13.9	6162	17.1	2689	20.6	7387	17.2
山东	1989	-13.3	20480	6.1	3837	4	23373	8
河南	3331	-2.7	11715	13.5	3552	15.6	13506	15.3
湖北	1153	6.6	5427	15	1608	20.2	7705	17.2
湖南	1505	-2.4	6642	15.4	3231	17.4	7886	17.4
广东	888	-0.6	7240	13	2589	28.6	9239	3.2
广西	1376	14.8	3972	12.6	1751	18.2	6005	9.6
海南	210	19.4	1156	17.3	140	36	1476	15.2
重庆	319	-8.8	3091	6.7	1188	11.6	4377	11.1
四川	1857	3.1	11136	10.4	3822	9.1	13809	11.6
贵州	803	20.6	5166	23.8	2038	20.8	6003	23.8
云娜	1039	7.5	5747	15.3	1734	14.3	7134	14.5
西藏	88	70.7	214	21.6	15	23.5	413	39
陕西	1072	6.4	4548	15.1	2075	9.2	5456	15.6
甘肃	2097	30.5	4443	25.4	2283	22.8	5275	27.4
青海	122	4.9	1186	11.5	133	31.8	1825	18.3
宁夏	324	21.3	1409	3	513	6.1	1685	3.7
新疆	1580	5.6	5388	8.1	1229	10.3	5821	6.8

数据来源:《中国金融年鉴(2016 年)》,《中国金融年鉴》编辑部编印。

附录 2-5(B)　小额贷款公司基本情况,2015 年

(单位:家、人、亿元)

	机构数量	从业人员数	注册资本金	实收资本	贷款余额
全国	3910	115188	8449.53	8459.29	9411.51
北京	85	1040	116.68	133.99	134.8
天津	110	1445	126.76	130.07	135.63
河北	430	64200	271.62	2713.62	281.47
山西	327	3545	188.03	205.26	199.07
内蒙古	428	4383	312.2	303.75	312.65
辽宁	597	6014	396.2	384.31	335.49
吉林	442	3629	112.05	108.89	78.93
黑龙江	261	2592	132.74	132.74	120.82
上海	121	1880	188.6	182.1	217.24
江苏	636	6253	997.39	896.23	1060.75
浙江	336	3905	666.92	660.84	791.63
安徽	458	5468	348.57	376.35	424.75
福建	120	1956	264.05	264.05	300.3
江西	220	2859	232.13	232.94	263.94
山东	339	4714	432.76	435.41	481.62
河南	316	4625	218.51	218.52	228.49
湖北	283	4399	319.22	328.76	147.28
湖南	128	1624	87.99	101.22	102.65
广东	427	9976	618.64	616.92	640.21
广西	318	4705	255	254.6	417.5
海南	46	612	42.2	47.1	51.43
重庆	253	6041	554.89	598.4	842.34
四川	352	7746	601.46	585.91	663.22

续表

	机构数量	从业人员数	注册资本金	实收资本	贷款余额
贵州	289	3304	89.04	89.04	84.68
云娜	390	3816	172.78	186.76	189.79
西藏	12	115	8.11	8.1	6.58
陕西	272	3047	247.31	24231	245.28
甘肃	350	3745	147.83	147.83	122.96
青海	76	871	46.87	48.67	48.67
宁夏	160	2023	78.59	81.52	77.58
新疆	278	2436	174.4	180.12	198.97

数据来源:《中国金融年鉴(2016年)》,《中国金融年鉴》编辑部编印。

附录2-5(C)　银行业金融机构税后利润表,2011—2015年(单位:亿元)

	2011	2012	2013	2014	2015
银行业金融机构	12518.7	15115.5	17444.6	19277.4	19738.1
政策性银行及国家开发银行	536.7	736.3	922.1	1079.6	1162
大型商业银行	6646.6	7545.8	8382.3	8897.5	8925.4
股份制商业银行	2005	2526.3	2945.4	3211.1	3373.2
城市商业银行	1080.9	1367.6	1641.4	1859.5	1993.6
农村商业银行	512.2	782.8	1070.1	1383	1487.4
农村合作银行	181.9	172.2	162.1	125.5	82.4
城市信用社	0.2	—	—	—	—
农村信用社	531.2	654	729.2	829.8	663.7
非银行金融机构	598.8	825.5	1059.7	1265.2	1437
外资银行	167.3	163.4	140.3	197.2	152.9
新型农村金融机构和邮政储蓄银行	257.9	340.7	390.3	427.3	465.3

数据来源:《中国金融年鉴(2012—2016年)》,《中国金融年鉴》编辑部编印。

附录 2-5(D)　金融机构理财产品发行额,2014—2015 年 (单位:亿元)

单位名称	项　目	2014 年	2015 年
中国工商银行	保本理财产品	16080.33	12790.7
	非保本理财产品	40635.66	33580.12
中国农业银行	保本理财产品	25826.36	23616.25
	非保本理财产品	28458.8	30518.22
中国建设银行	保本理财产品	22889.89	8337.24
	非保本理财产品	47216.84	54567.09
交通银行	保本理财产品	94726.08	108830.91
	非保本理财产品	59385.95	105895.44
中信银行	保本理财产品	11258.29	13811.31
	非保本理财产品	12826.47	25129.67
光大银行	保本理财产品	3459.72	6700.69
	非保本理财产品	17791.41	24143.86
华夏银行	保本理财产品	1573.01	3512.44
	非保本理财产品	12396.97	13003.9
中国民生银行	保本理财产品	3999.39	6854.25
	非保本理财产品	2264.77	38354.4
广发银行	保本理财产品	10524	15431
	非保本理财产品	2219	3170
平安银行	保本理财产品	157800	239900
	非保本理财产品	165300	501900
招商银行	保本理财产品	73.73	665518
	非保本理财产品	56399.27	124130.98
兴业银行	保本理财产品	18351.07	51322.93
	非保本理财产品	43146.08	65583.69
浙商银行	保本理财产品	184.63	98.1
	非保本理财产品	1125.34	3363.2
渤海银行	保本理财产品	1461.91	1609.7
	非保本理财产品	1033.41	2010.17

数据来源:《中国金融年鉴(2015—2016 年)》,《中国金融年鉴》编辑部编印。

第三章　金融发展对经济增长的影响：基于面板数据的实证分析

2008 年金融危机导致了欧美"再工业化"政策的实施和全球产业的重新布局,同时也加剧了国际经济的动荡同时也出现了新的发展趋势。一方面欧美日等发达国家加强了金融业的管理以及其对核心制造业的支持,促使生产逐渐回流到本土,以增强国内经济增长的动力;另外一方面,以金砖五国为代表的新兴发展中国家加强了金融的创新与发展,以求打破发达国家对全球金融产业尤其是高端金融服务业的垄断。面对国家间日益加剧的金融业的竞争与博弈,从 2008 年到十八大,我国一直把推进金融发展、完善金融市场体系、提升金融业服务国家对内对外经济活动的能力作为经济发展战略的主要目标之一,以适应我国新常态下的经济发展模型,推动经济的可持续性增长。例如,2008 年中共中央国务院颁布了《国务院办公厅关于当前金融促进经济发展的若干意见》(国办发〔2008〕126 号),强调了增强金融业促进经济发展的能力。党的十八大报告中更是明确提出了要深化金融体制改革,健全促进宏观经济稳定、支持实体经济发展的现代金融体系。为了响应中央的号召,各级地方政府也纷纷出台政策和采取措施加快金融发展与改革。比如,江苏省颁布实施的《关于进一步完善促进金融业创新发展若干意见相关政策的通知》(苏财金〔2016〕19 号),以及 2015 年广东省在做政府工作报告时明确表示将深入推进金融科技产业融合发展,落实总书记关于"围绕产业链部署创新链、围绕创新链完善资金链"要求,推出"1+9"政策体系,着力打造金融发展促进经济增长的新高地。

如何在当前国际与国内经济发展出现新的形势下把握住历史的潮流,如何利用金融发展的各方资源和各类金融杠杆作用促使社会资金与需求的无缝链接,加强金融体制的创新来服务和加速经济增长与产业融合发展,是落在我国研究人员身上的一副重担,也是不可推卸的光荣使命,这也给予了本次研究的基本定调,也说明了本章研究的重要性。关于金融发展与经济增长之间的关系是一个比较热门的研究,学者们从金融结构、影响渠道、发展方向、要素流动等方面分析了金融发展对于经济增长的作用。然而,在中国的例子上,如何控制国家内地区、行业甚至时间段之间的差异性,分析金融发展对于经济增长的作用,仍然是需要进一步研究的方向,尤其是关于在不同的发展时期各地资源禀赋差别而导致金融发展的差异性,进而影响其对经济增长的促进模式的不同,更是需要深入研究的。鉴于此,本章的研究决定从各地金融资源与金融工具结合问题入手,以利用各种金融发展模式来提速我国经济增长为切点,把金融服务融入科技、经济和资本的国际化发展的潮流中,综合利用各种金融创新服务功能和方式,以期为我国促进经济可持续性增长提供战略发展建议,为我国长久的金融与经济融合发展出谋划策。

本章余下的部分安排如下:第一节是相关实证文献的综述,了解在实证分析中如何定义与理解金融发展对经济增长的影响与衡量模式;第二和第三节将基于内生增长理论,构建分析金融发展影响我国各省经济增长的实证模型,定义变量、数据来源与计量分析方式,并对数据的特性进行检测;第四节将根据实证研究结果,探讨金融发展在哪些方面促进了经济增长,影响程度如何,同时也将分析为什么不同的金融发展模式会对促进经济增长产生差异性的结果;最后,将对本次研究的发现进行一个小结,并探讨研究发现的政策含义。

第一节　实证文献简述

从目前的文献来看,绝大多数实证研究都表明了作为担当了储蓄投资过程中的媒介,金融发展是能促使经济增长的(Levine,2005)。而且,从第二章第四节对金融发展理论的探讨可以得知,金融发展至少可以通过减少信息不对称、风险管理、鼓励创新和资金融通这四个方面对经济增长产生促进作用。

因此,本节就不再赘述相关的理论文献,而是就实证文献中如何分析金融发展影响经济增长的渠道与模式进行探讨。

尽管金融发展是能够促进经济增长在学术界是一个共识,但是哪种金融发展模式能够更好地促使经济发展却是长期以来的一个激烈争论的话题,而且实证研究的结果也不能得到一个统一的答案。其中,一个主要争论的方面是哪种金融结构能更好地促进经济增长。早期的研究主要集中在以英美(市场主导型)和日德(银行主导型)的金融结构为原型对其他国家的金融发展和经济发展的关系进行了对比(例如 Goldsmith,1969;Weinstein and Yafeh,1998;Morck and Nakkamura,1999;Allen and Gale,2000)。对选自 5 个发达国家的时间序列数据进行研究后,Arestis 等(2001)对比了银行体系与股票市场发展对经济增长的影响,并认为尽管两种金融结构都可能有利于经济增长,但前者的促进效应更大。Levine and Zervos(1996)采用了 47 个国家 1976 — 1993 年的数据对金融发展的经济增长促进效应进行了实证测试,得到的研究结果显示,银行和股票市场发展不仅是经济增长促进因素,而且还可以作为资本积累率和生产率增长率的预测指标,揭示经济增长的发展趋势。Demirguc—Kunt and Levin(2001)分析了在不同时间段金融发展和经济发展的关系,并得出结论——没有一种最优的金融结构适合一个国家经济发展的所有时间段。对比之下,Sahoo(2013)的研究专注于印度一个国家,发现不管是银行主导型还是市场主导型金融结构的发展对于经济增长都有极大的促进作用。此外,Levine(1997)认为银行中介和金融市场之间存在相互补充关系,都为促进经济增长提供不同作用的金融功能,包括风险分散、资源配置、、风险管理、储蓄引导、以及加快资源交换等。此后,Levine(2002)进一步提出了金融服务的观点,认为在金融发展对于经济增长影响过程中,市场主导还是银行主导都不是关键问题,关键是如何能提供促进经济增长的金融服务,而这其中的关键是金融规模与质量,不是单纯的金融体系的组织形式。

国内对于金融结构与经济增长之间的关系的研究起步较晚,兴起于 20 世纪末。几个具有代表性的文献包括于长秋(2001)、赵振全、薛丰慧(2004)、赵振全等(2006)、林毅夫等(2006)、王馨等(2011)、张建波等(2012)等。在其《中国金融结构论》一书中,王兆星(1991)指出在现代高度发达的资金分配与流动环境下，金融发展变成了经济增长的先决条件之一，一定结构的金融发展模式决定了与之相对应结构的经济增长模式。谢平（1992）、张军洲（1995）、易纲（1996）、张杰（1998）、赵志君（2000）、林毅夫等（2006）在对我国金融结构与发展问题进行了实证定量研究后，也得出了金融结构对经济增长的影响的结论，并发现了影响模式与作用方式的差异性与局限性。

作为研究递进的一个方向，这些后来的学者更加注重了区域的差异性对分析金融发展与经济增长之间关系的重要性。张军洲（1995）和殷德生、肖顺喜（2000）分析了在区域金融结构差异的情况下，金融发展对经济增长影响模式与作用程度的不同。张军洲（1995）强调，由于中国在经济发展模式与经济促进要素等方面存在很大的地区差异性，实证研究需要认真考虑我国各区域间的金融结构额不同，以及这种差异性给经济增长带来什么样的影响。殷德生、肖顺喜（2000）从区域金融主体行为特征的不同来区分差异性，并分析了区域金融结构、区域货币资金流动与区域资源配置等的不同对区域经济增长的作用。韩廷春（2002）运用多元回归模型，以及周立（2004）采用 1978—2000 年的数据，也实证研究了区域金融发展对经济增长的促进作用，得到了和之前一样的研究结论。冉光和等（2006）利用中国东部和西部的省级数据检验了金融发展对经济增长的长期与短期作用，并进行了对比。他们发现东部和西部的金融发展对区域的经济增长产生了具有明显差异的作用。西部地区被发现金融发展对经济增长具有长期的促进作用，但短期作用却不明显；而在东部地区，金融发展不管是在长期还是在短期都对经济增长产生明显的促进效应。

另外一个主要争论的方面是如何衡量金融发展，以便更好地反映金融发展促进经济增长的本质与方方面面。在运用金融发展与经济增长关联模型进行计量回归分析时，韩廷春（2002）采用了金融深化、资本市场发育程度和实际利率等多个指标分别衡量金融发展水平、资金分配效率和金融工具作用，并得到实证结果显示通过对资本积累与技术创新产生作用，金融深化与发展对经济增长有显著的促进作用。同时，他发现运用不同的指标对金融发展进行衡量可以检测出不同方面的金融深化对经济增长的作用具有极大的差异性，例如在我国资本市场对经济增长作用有限，而且金融深化可能还会对经济增长带来负面效应，但是金融系统的效率和质量的提升对经济增长的促进最为显著。杨琳(2002)采用了不同变量分别衡量了金融规模、金融结构与金融比例，对检验了这些方面之间的联动作用对实体经济的增长的影响，作者得出的结论是金融发展需要不同方面的均衡发展，并与经济增速之间保持合适比例，确保经济与金融结构间协调发展才能最大限度地促进经济的可持续性增长。基于信息不对称理论，杨咸月(2002)区分了金融深化各方面的微观主体特征，并且发现由于金融对经济增长支持的非对称性、金融机构资金分配的不对称，以及不同地方与主体的金融发展本身的不对称性等因素，金融深化和金融发展对不同的经济主体产生的作用截然不同。

此外，还有一个研究的主要方向就是关于金融发展与经济增长之间是线性还是非线性关系。早期的研究主要是集中分析两者之间的线性关系，例如Goldsmith(1969)，Weinstein and Yafeh(1998)，Morck and Nakkamura(1999)，于长秋(2001)、赵振全、薛丰慧(2004)、赵振全等(2006)。King and Levine(1993)是较早针对金融发展与经济增长之间非线性关系进行分析的研究，并发现信息不对称等问题，金融发展促进的资源优化配置、资本积累和最终的经济增长可能不是随着时间变化逐步作用的关系，而是可能存在跳跃点，即金融发展对经济增长的促进作用可能存在非线性关系。此后，越来越多的学者开始关注金融发展与经济增长间的非线性关系。Rioja and Valev(2004a，2004b)发现随着一国或地区的经济发达程度发生改变，金融发展对于经济增长的促进也在变化，经济发展到一定程度之后，金融发展的促进效应会提速。金融发展对经济增长的促进作用在经济较为发达的国家和地区会非常明显，然而到了经济欠发达的国家和地区，这种促进作用就越来越不显著了。采用通货膨胀率作为门限值，Huang 等(2010)检验了 70 个国家 1960—1995 年间的金融发展与经济增长之间的非线性关系，黄智淋、董志勇(2013)检验了我国 31 个省市 1979—2008 年间的年度面板数据，他们都发现如果通货膨胀率低于某个特定值，金融发展对经济增长有显著的促进作用，但是当通货膨胀率高于这个门限时，前者对后面的促进作用就不见了。Huang 等(2010)发现通货膨胀率门限值在 7.31—7.69%之间，而黄智淋、董志勇(2013)则检测到这个门限值在 5.05%。赵振全等(2007)和马铁群、史安娜(2012)分别以金融发展指标和金融稳定水平作为门限变量，也都得到了金融发展对经济增长的影响具有显著的非线性特征的结论。刘金全、龙威(2016)认为对于经济增长的影响,我国的金融发展存在显著的门限效应,即当金融发展水平低时,加快金融发展可以很显著的推动经济增长,但是当金融发展已经到一个高位时,金融发展的促进效应不明显了。

纵观上述文献,我们发现尽管这些专注于中国的研究控制了国家间的差异性,但是他们仍然沿用国外早期的研究方法,并没有在金融发展与经济结构之间的联系进行细分,尤其是缺乏在不同时间段,它们之间的联系的动态变化。正如 Beck and Levine(2002)和 Levine(2002)指出了早期研究的一个缺陷,实证上评估金融发展的影响应该考虑到国家的特征以及经历。因此,近期国外的研究更注重了国家和地区、行业甚至时间段之间的差异性在分析中的作用。例如,Beck and Levine(2002)和 Levine(2002)的研究控制了国家和行业特点,并采用了不同的计量方法。此外,上述关于中国的研究对于衡量金融结构和金融发展的指标过于从单方面考虑。例如,张建波等(2012)专注研究山东省金融结构和经济增长的关系,发现山东省经济增长与融资结构演进之间不存在因果关系,银行集中度的变化也不是经济增长的原因。但是,张建波等的研究没有考虑金融市场发展和银行业发展之间的互补性(Levine,2005);而且对于衡量金融结构和金融发展的指标过于单方面从银行角度考虑。对比下,国外研究近期朝着更细致化的方向发展,像 Zhang 等(2012)和 Bittencourt(2012)采用了五种衡量指标综合构建了金融发展变量。

综合分析,以往国内外研究结果表明,金融发展要是能最大限度地促进一个经济体的经济发展就是要找到在某个时期段最适合这个经济体经济结构特点的金融结构。自改革开放以来,伴随着经济结构转型过程中,我国的金融结构也在从少数几家国有银行占绝对支配地位的单一金融机构体系向以国有银行为主导,其他多种金融结构和金融证据市场为辅助的多元化金融体系调整,金融工具也以银行贷款和财政拨款为主的单一方式向以贷款、财政拨款、国内金融市场融资、海外借贷和融资等多种工具相结合的方向发展。但是,在我国金融改革过程中,金融发展导致的结构调整与金融工具的创新是在人们的摸索中进行的,不管是在业界还是学术界没有人有经验并清晰地知道哪种金融发展模式是最适合当时的经济结构调整和可持续经济增长的。而且,亦今为止,关于中国的金融发展对经济结构发展的适用性和匹配性,理论上的和实证上的国内外研究也是寥寥无几,关于哪种金融发展模式更适合各时期的经济增长的实证检验也是不能得到一个清晰的答案。鉴于此,接下来的一节决定尝试从理论上构建分析金融发展对经济增长影响的理论框架,并且从实证上细分不同方面的金融发展对于生产要素及最终经济增长的影响,努力进行研究探索。

第二节　模型构建

本次实证分析金融发展对中国经济增长的影响将基于 Pagano(1993)的内生增长模型进行模型构建。为了捕捉金融发展对经济增长的潜在影响,Pagano(1993)考虑最简单的内生增长模型—AK 模型,其中总产出是总资本存量的线性函数:

$$Y_t = A K_t \qquad \text{公式(3-1)}$$

这种生产函数可以看作是由两个基本框架简化为一个“简化形式”的模型。一个基本框架指的是 Romer(1986)模型中描述的具有外部经济效应的经济竞争力,其中每个企业面临相同的规模报酬不变的技术,生产力是随着总资本 K_t增长而增长的函数。例如,考虑一个有 n 个相同公司的经济体,每一个公司生产的产量为 $y_t = B k_t^{\alpha}$,以及其资本存量为 K_t。假设 B 被视为个别公司一个参数,但是实际上根据公式 $B = A k_t^{1-\alpha}$ 对平均资本存量的响应。这样,经济体总产量如公式(3-1)所示为 $Y_t = N y_t$。另外,AK 模型也可以这样推导出来,假定 K_t是 Lucas(1988)模型中解释的物质资本和人力资本的复合物,而且采用相同的技术可以对这两类资本进行复制。

为了简单起见,假设人口是固定的,而经济体生产可用于投资或消费的单一商品,如果用于投资,则每一期的折旧率为 δ。这样,总投资将等于:

$$I_t = K_{t+1} - (1 - \delta) K_t \qquad \text{公式(3-2)}$$

假设在没有政府的封闭经济中,资本市场均衡需要总储蓄 S_t等于总投资 I_t。出于某种原因,假定储蓄是在金融中介分配过程中以 $1 - \varphi$ 的比例流失,则可以得到：

$$\phi S_t = I_t \qquad \text{公式(3-3)}$$

对于公式(3-1)，经济增长率在时间 t+1 时将是：$g_{t+1} = Y_{t+1}/Y_t - 1 = K_{t+1}/K_t - 1$。合并公式(3-2)并去掉时间下标，则稳定的经济增长率可以写为：

$$g = A\frac{I}{Y} - \delta = A\phi s - \delta \qquad \text{公式(3-4)}$$

其中在第二步，我们使用了公式(3-3)表示的资本市场均衡条件以及用 s 表示总储蓄率 S/Y。

公式(3-4)清楚地揭示了金融发展如何能影响经济增长：1)可以减少储蓄分配过程中的流失 φ，增加储蓄流向投资的比例；2)还可以对社会资本的边际生产率 A 产生促进作用；3)可以影响私人储蓄率 s①。

此外，根据内生增长理论，除了物质资本，还有人力资本也是影响经济增长的重要因素。而且，人力资本和物质资本的使用效率还受到国内知识库发展水平的影响(Romer，1990)。同时，通过带来资本商品的品种和外国的技术，对外直接投资的流出和外商直接投资的流入都可以促进中国的经济增长。FDI 流入与流出可以作为一个导体，传导外国研发技术影响到国内创新(Lai 等，2006；Liu and Agbola，2014)。因此，中国的科技创新与技术发明同时受到国内外知识发展的影响。国际贸易也是影响国内生产和经济增长的另一个因素，通过出口可以扩大国内生产规模，提升规模经济效应，而进口可以带来技术和国外生产的关键零部件，从而帮助解决影响国内经济增长的生产制约因素。

因此，把公式(3-4)两边取对数，并综合上述的讨论，我们得到了本章实证检验金融发展对中国经济增长影响的内生增长模型如下：

$$g_{i,t} = \beta_0 + \beta_1 FD_{ki,t} + \beta_2 HC_{i,t} + \beta_3 FC_{i,t} + \beta_4 DK_{i,t} + \beta_5 IFDI_{i,t} + \beta_6 OFDI_{i,t} + \beta_7 EX_{i,t} + \beta_8 IM_{i,t} + \varepsilon_{i,t} \qquad \text{公式(3-5)}$$

其中：

---

① 关于金融发展通过这三个方面对经济增长的影响的讨论，见 Pagano(1993)，在此就不重复了。

i 表示横截面,而 t 表示时间。g 代表经济增长率。FD 代表金融发展(financial development,FD),k=1,2,3 衡量了公式(3-4)所指的金融发展影响经济增长的三种渠道。HC 表示人力资本(human capital,HC),而 FC 表示物质资本(physical capital,FC)。DK 表示国内知识(或科技)发展水平(domestic knowledge,DK)。IFDI 为外商直接投资,而 OFDI 表示对外直接投资。EX 表示出口,而 IM 表示进口,ε 表示误差项,β 为解释变量的弹性。

第三节　变量衡量与数据检验

本次实证分析金融发展对我国经济增长的影响将采用年度省级面板数据,时间跨度为 26 年——1990 至 2015 年,共 29 个省自治区直辖市,但是由于数据来源的限制,这些省份不包括西藏和青海省。具体来说,各个变量的衡量与数据来源解释如下:

1)因变量:经济增长率。我们将采用 GDP 增长率来衡量经济增长率,并运用 Pagano(1993)的方式计算 GDP 增长率。首先,利用国际货币基金组织提供的 GDP 平减指数(国际货币基金组织,2016)对各省的 GDP(Gross domestic product)剔除通货膨胀因素获得实际 GDP 值;然后根据公式 $g_{t+1} = Y_{t+1}/Y_t - 1$ 计算各省的 GDP 增长率。各省 GDP 的数据来源于各年的《中国统计年鉴》。

2)解释变量:本次研究的解释变量分为三大部分,第一部分为影响经济增长的基本要素,即物质资本与人力资本;第二部分为本次研究的核心变量,即金融发展;第三部分为本次研究的控制变量,包括国内科技发展水平、对外与外商直接投资、以及进出口。

物质资本:关于各省的物质资本的变化,本次研究采用年度固定资产投资与 GDP 之比来进行衡量(见 Wang and Yao,2003)。一般来说,固定资产投资与 GDP 之比越高,对当地生产环境改善越有利,也越容易帮助当地进行物质资本积累,对资本密集型产业增长作用越大,也越容易实现规模经济,最终对经济增长将产生促进作用。固定资产投资的数据来源于各年的《中国统计年鉴》。

人力资本：本次研究将采用各省大学毕业生占当地劳动人口（16 至 64 岁）的比例来衡量（见 Banga，2003）。各省大学毕业生数包括获得本科或专科文凭的人数。大学生毕业人数占比越高，说明当地的文化水平越高，也越就容易帮助当地经济进行人力资本积累，也越能促进经济增长。本科、专科毕业生数和当地劳动人口数都来源于《中国统计年鉴》。

金融发展：Pagano（1993）模型推导最后指出，金融发展会通过至少三种渠道影响经济增长，一是增加储蓄流向投资的比例，二是储蓄率，三是社会资本的边际生产率。因此，本次研究将采用三个变量衡量金融发展，即采用贷款与 GDP 之比、存款与 GDP 之比、以及不良贷款占总贷款之比，来分别衡量这三个方面的金融发展的影响。其他条件不变，贷款与 GDP 之比越高说明金融业对于经济发展的资金提供越充足；而存款与 GDP 之比越高，说明资金来源越充足。与之相反，不良贷款占总贷款之比越高，说明金融业的效率就越低，社会资本的边际效率也越低，金融发展对于经济增长促进作用就越差。各省各年的贷款、存款与不良贷款数据都来源于《中国金融年鉴》。

科技发展：各省科技投资占 GDP 之比用来衡量当地的科技发展水平。其他条件不变，科技投入占 GDP 之比越高，说明对于科技发展的重视程度越高，也越容易推动当地的科技发展和运用科研成果于生产中，助推经济增长。科技投资的数据来自各年的《中国科技统计年鉴》。

进出口：我们采用进口和出口与 GDP 之比来衡量开放度，即出口和进口对当地经济的影响程度。一般来说，进口和出口与 GDP 之间的比值越高，说明此地开放度越高，国际贸易对于当地经济的重要程度越高。在进行数据归类时，中国大陆的企业把商品买到香港、澳门和台湾或者这些地方的企业把商品买到中国大陆分别被划分为出口和进口。此外，由于进出口数据是以美元计价，而 GDP 数据以人民币计价，因此我们先采用当年的年均汇率对进出口数据转换成以人民币计价，再进行计算比值。进出口总额的数据来自《中国外经统计年鉴》，各年汇率的数据来自《中国金融年鉴》。

外商直接投资：我们采用外商注册资本与当地总注册资本（包括中外所有企业的注册资本）之比来衡量外商直接投资对当地经济的影响程度。一般来说,该比值越高,说明外商对当地的投资程度越高,对于当地经济的影响程度也越大。在进行数据归类时,香港、澳门和台湾企业对中国大陆的投资也被划分为外商直接投资。此外,与国际贸易的数据相似,由于外商直接投资的数据也是以美元计价,而总注册资本以人民币计价,因此我们也先采用当年的年均汇率对数据转换成以人民币计价,再进行计算比值。外商注册资本和当地注册总资本的数据都来自《中国外经统计年鉴》。

对外直接投资:我们采用各年各省的非金融类对外直接投资流量与各地GDP之比来衡量对外投资对国内经济发展的影响程度。一般来说,该比值越高,说明该地区对于对外直接投资的重视程度也越大,也抱有更大的利用对外发展的机会推动当地经济增长的希望。在进行数据统计时,对中国大陆企业对香港、澳门和台湾的投资也被划分为对外直接投资。此外,与上面的处理方式相似,由于对外直接投资的数据也是以美元计价,因此我们也对数据进行了处理后,再进行计算比值。由于《中国对外直接投资统计公报》关于各省非金融类对外投资的数据最早只能找到2003年,而我们的分析是从1990年开始的,因此我们寻找了各省每年的统计年鉴,共查找了找到了29×26=754本统计年鉴,终于找到了相关的数据。

在进行回归分析之前,我们对数据序列的平稳性进行了检验,以确保回归检验结果的可靠性。本次研究采用了Fisher-ADF(Fisher-augmented Dickey-Fuller)和Breitung(Breitung,2000)两种单位根检验模式。Fisher-ADF测试为检验随机趋势是否导致数据产生波动提供了一个基本的模型和可靠的参考(Stock and Watson,2003)。对比之下,在考虑单个趋势时,Breitung(2000)从转化和去趋势数据的汇集回归中得到t值测试,来构想出一个面板单位根检验。也就是说,Breitung检测将测试变量滞后一年进行转换和采用一阶差分来去趋势。通过对去趋势的滞后一期的变量进行回归计算Britung测试统计值,可以去除掉不确定性成分的影响而得到单位根检验中趋势平稳的变量(Hill等,2011)。此外,Moon等(2006)和Kiran等(2009)认为,作为更强大的面板单位根检验,Breitung检测对t-统计值的微小变化非常敏感,而且具有在一个小样本情况下的工作优势(Moon等,2006)。然而,Moon等(2006)也批评道,当测试数据系列的截面太大但时间段较短时,Breitung试验将会极大地失去其优势。

考虑到单位根检验对于滞后阶选择的敏感性问题,我们参照了 Hsiao and Hsiao(2006)、Kiran 等(2009)等人的研究,采用了 Schwarz 信息准则(Schwarz Information Criterion,SIC)法自动选择滞后长度,即当 SIC 值最小时的滞后阶数。此外,在单位根检验时,也沿用了之前的研究运用 Newey-West 法自动选择带宽(Bandwidth Selection),并同时控制了单个趋势和截距。表 3-1 归纳了单位根检验的测试结果,并显示当我们把数据转换为一阶差分时,所有数据都是平稳的,即 I(0),显著性都在 1%;但是在水平时,并不是所有数据系列的时间序列特性显示是平稳的,即 I(1),显著性也是低于 10%的。

表 3-1 单位根和协整检验结果

(金融发展对经济增长的影响)

<table>
<tr><th colspan="2" rowspan="2">变量(t-值)</th><th colspan="2">水平时</th><th colspan="2">一阶差分</th></tr>
<tr><th>ADF</th><th>Breitung</th><th>ADF</th><th>Breitung</th></tr>
<tr><td colspan="2">经济增长率</td><td>280.2***</td><td>-3.348***</td><td>413.1**</td><td>-13.8***</td></tr>
<tr><td colspan="2">固定资产投资</td><td>43.58</td><td>-1.23</td><td>229***</td><td>-11.1***</td></tr>
<tr><td colspan="2">人力资本</td><td>92.21***</td><td>1.198</td><td>428.3***</td><td>-4.10***</td></tr>
<tr><td rowspan="3">金融发展</td><td>贷款与 GDP 之比</td><td>70.36</td><td>3.42</td><td>320.3***</td><td>-6.83***</td></tr>
<tr><td>存款与 GDP 之比</td><td>82.24**</td><td>-1.511*</td><td>279.9***</td><td>-3.39***</td></tr>
<tr><td>不良贷款率</td><td>108.8***</td><td>-12.12***</td><td>510.9***</td><td>-31.8***</td></tr>
<tr><td colspan="2">科技发展</td><td>79.18**</td><td>-10.36***</td><td>461.7***</td><td>-18.2***</td></tr>
<tr><td colspan="2">进口</td><td>63.11</td><td>4.242</td><td>281.6***</td><td>-4.90***</td></tr>
<tr><td colspan="2">出口</td><td>124.3***</td><td>-0.744</td><td>320.4**</td><td>-10.3***</td></tr>
<tr><td colspan="2">外商直接投资</td><td>197.6***</td><td>-2.092**</td><td>444.1***</td><td>-6.07***</td></tr>
<tr><td colspan="2">对外直接投资</td><td>69.58</td><td>-1.312</td><td>509.0***</td><td>-6.64***</td></tr>
<tr><td colspan="6">约翰森协整检验(Johansen cointegration test)</td></tr>
</table>

<table>
<tr><th rowspan="2">ADF</th><th colspan="3">金融发展</th></tr>
<tr><th>贷款/GDP 模型</th><th>存款/GDP 模型</th><th>不良贷款模型</th></tr>
<tr><td>t 值(t-statistics)</td><td>-11.86***</td><td>-11.89***</td><td>-11.77***</td></tr>
</table>

注:***,**,*分别表示在 1%,5%和 10%的显著水平上平稳。

因此,我们接下来进行协整检验。如果变量之间存在协整关系,意味着被估算模型的残差仍然稳定地朝着零阶模式收敛(Christopoulos and Tsionas,2004)。这也就是说,变量之间仍然可以在水平情况进行估算与回归,而不用担心遇到虚假参数或残差值的问题(Hill 等,2011)。我们采用了 Kao(1999)面板协整检验法,这主要是因为其通过调整协整系数截距的差距,即可以测试变量之间的长期关系,也能考虑短期的动态调整(Morshed,2010)。我们还是采用 SIC 法对协整检验的滞后长度的选择,并也是把测试结果汇总于表 3-1。表 3-1 显示,本章所要分析的几个经济增长模型,从整体来讲,变量之间的协整关系在水平上可以趋于平稳,且显著性在 1%,这表示由于变量之间的长期均衡关系,模型的残差值是趋于收敛的。这样,接下来我们可以放心地仍然在水平阶段对公式(3-5)进行回归测试,分析金融发展对经济增长的影响关系。

第四节　实证结果讨论

在计量分析公式(3-5)详述的经济增长模型时,我们使用了两种估算方法,即面板最小二乘法(Panel Least Square,PLS)和两阶段最小二乘法(Two-stage LeastSquare,TSLS)。Baltagi(2001)和 Greene(2008a)指出这两种计量方法在估算小样本数据模型时都具显著的优势。此外,由于不需要测量规范变量之间的相关性,PLS 特别适合估算时序不变的变量(Stock and Watson,2003)。与之不同,TSLS 估算法更适合控制经济增长模型中潜在的内生性问题,尤其是对小样本模型。通过对异方差的修正,TSLS 估算法是一种有效的工具变量模型(Greene,2008b)。此外,我们参照以往的研究,把所有解释变量滞后 1 年作为工具变量(讨论见 Wooldridge,2003,2004;Greene,2008b;Aggarwal 等,2011)。并且,采用怀特对角线法(White diagonal method)对估算模型的潜在异方差(heteroscedasticity)进行纠正(关于此方法优点的讨论见 Baltagi,2001;Hill 等,2011)。

表 3-2 归纳了本章计量回归分析的结果。在此表中,列(1)—(6)分别显示了衡量金融发展不同方面的变量对我国经济增长的影响,以及采用了不同

的估算技术的实证结果。在进行最后确定回归分析结果之前，我们还运用了似然比检验（likelihood ratio test）、赫斯曼检验（Hausman test）和冗余变量检验（redundant variable test）对模型的功能形式进行了选择。似然比检验和赫斯曼检验的测试结果显示，控制固定效应的模型即要优于控制随机效应的模型，也要优于不进行任何控制的模型，同时，冗余变量检验的测试结果建议我们选择对时间序列进行固定效应控制。显著性在1%的F统计值（F-statistics）进一步表明模型整体上是可靠的。最后，模型中估算的解释变量对经济增长产生的作用与理论上的解释是相一致的，说明模型变量的设置是正确的。这样，我们将继续讨论实证分析所包含的经济意义与暗示。

表3-2　金融发展对中国经济增长影响的实证分析结果

变　量	（1）PLS	（2）TSLS	（3）PLS	（4）TSLS	（5）PLS	（6）TSLS
常数	8.071*** （0.000）	1.513 （0.607）	7.301*** （0.000）	2.369 （0.352）	1.639 （0.344）	−3.432 （0.268）
固定资产投资	8.870*** （0.000）	13.2*** （0.000）	8.091*** （0.000）	14.1*** （0.000）	6.33*** （0.000）	12.9*** （0.000）
人力资本	3.518 （0.828）	7.785 （0.201）	6.936 （0.675）	7.836 （0.213）	0.856 （0.959）	4.65*** （0.419）
贷款与GDP之比	2.123*** （0.008）	0.725 （0.577）				
存款与GDP之比			−0.867 （0.232）	−0.606 （0.468）		
不良贷款率					−4.8*** （0.001）	−4.59** （0.024）
科技发展	−3.02 （0.167）	7.917* （0.074）	−3.937 （0.169）	−6.36 （0.115）	3.673* （0.075）	6.987* （0.080）
出口	0.041** （0.040）	0.027* （0.097）	0.043* （0.095）	0.022* （0.086）	0.016** （0.031）	0.006 （0.756）
进口	0.047*** （0.003）	0.077** （0.016）	0.049*** （0.008）	0.092** （0.012）	0.030** （0.049）	0.076** （0.025）
外商直接投资	−0.61*** （0.000）	−3.56* （0.079）	−0.66*** （0.000）	−3.337* （0.072）	−0.8*** （0.000）	−3.773* （0.058）
对外直接投资	8.481** （0.012）	4.631 （0.619）	7.38* （0.063）	9.39 （0.289）	5.74* （0.087）	9.14 （0.246）

续表

变　量	(1)PLS	(2)TSLS	(3)PLS	(4)TSLS	(5)PLS	(6)TSLS
调整后的 R^2	0.398	0.123	0.392	0.154	0.407	0.139
F-值	16.09*** (0.000)	12.8*** (0.000)	15.75*** (0.000)	12.9*** (0.000)	16.7*** (0.000)	13.4*** (0.000)
X^2(豪斯曼测试)	41.18***		39.49***		16.12**	
F(似然比测试)	19.10***		19.19***		20.4***	
F(冗余变量测试)	8.717***		2.183		19.8***	

注:括号内表示 p-值。星号*,**和***分别表示显著性为10%,5%和1%。

表3-2的结果显示,固定资产投资与GDP之比的增加对各省的经济增长具有很强的促进作用,显著性在1%。这表明增加固定资产投资可以改善当地生产环境,从而提高生产率和经济增长。固定资产投资与经济增长的正相关性与Wang and Yao(2003)的研究结果类似。他们认为,通过固定资产投资这一重要手段,中国的经济改革能有效地刺激经济增长。本章的发现很重要,因为它表明具有国内固定资产赋予的吸收能力,可以使各地经济受益于国内外技术的发展,提高生产能力(见 Mullen and Williams,2005;Todo and Miyamoto,2006)。这也对过去几十年中国的经济增长靠投资拉动的说法能到了证据的支持。此外,近年来中国政府大幅增加固定资产投资到中部省份,培养他们在物流方面的经济能力(见 Liu and Zhao,2011),这是因为比在西部地区或沿海发达地区,固定资产投资在欠发达中部地区将对经济增长产生了更为积极的影响。通过固定资产投资发展基础设施,可以促进不发达地区的生产能力的迅速提升,刺激经济更快的增长(Gramlich,1994;Holtz-Eakin and Schwartz,1995)。

一个有趣的发现关于人力资本对中国经济增长的影响。表3-2报道的结果表明,人力资本变量与经济增长之间无相关,显著性要低于10%。这无法支持之前研究(例如 Wang and Yao,2003 在中国;Chi,2008 和 Fleisher 等,2010 在中国各省)发现人力资本与经济增长的正相关关系,他们认为经济开放政策下的中国经济体制改革导致了人力资本的发展,而人力资本反过来又作为一个关键因素驱动中国的持续经济增长。之所以无法发现人力资本对经济增长的促进作用,我们认为其中一个最主要的原因是衡量变量的数据选择。我们选用大学毕业生数与各省劳动力人口之比来衡量人力资本,然而相对于中国的劳动力人口数量和庞大的经济体,大学毕业生的人数还是显得很少,也使得这些人力资本对于整体的经济增长的作用还达不到非常显著的影响。此外,本次研究发现的人力资本对经济增长没有显著作用也可能表明了过去几十年我国的经济发展总体上来说还是处于一个低水平的位置,这也会导致高层次的人力资本对于经济增长的贡献作用不是很明显。

本次研究采用了三个变量来衡量金融发展对于经济增长的影响。表 3-2 的实证结果表明,金融发展可以通过不同的方面对中国的经济增长产生具有差异性的影响。贷款与 GDP 之比的增加被发现对各省的经济增长有显著的正面影响作用,显著性在 1%,但是当解释变量滞后一年,这种促进作用就不显著了。表明在短期而不是在长期,这方面的金融发展是能够促进中国经济增长的,但是过了一年之后,贷款对于经济增长的促进作用就消失了。考虑到贷款包括中长期贷款,即贷款期限在一年之上的,和短期贷款,期限在一年以内的,本次研究的结果暗示中国的中长期贷款对于经济增长的促进作用并不明显,至少不能促进经济的长期增长。这其中的一个主要原因就是中国的贷款模式,即短期的政策导向型贷款模式。为了拉动 GDP 的迅速增长,很多地方政府都喜欢在短期内上一批大项目,导致不管是中长期还是短期贷款都去支持这类项目,而那些需要长期发展的项目,尤其是一些科技创新项目(加上缺乏足够的贷款抵押品),则很难获取贷款的支持,这些严重制约了贷款对经济增长的长期促进作用。相比之下,存款与 GDP 之比的增加与经济增长的关系不大,影响并不显著,不管是在当期还是滞后一期。这些结果表明,虽然中国是储蓄大国,能保障经济发展有充足的资金来源,但是影响经济增长的却是资金的使用的方式,而不是来源问题,这对于我国金融部分如何发展以支持经济增长提出了一些思考。此外,研究结果显示不良贷款率与经济增长之间存在负相关关系,表明资金使用效率的下降会制约经济增长。随着不良贷款率的提升,将会使越来越多的呆账和坏账出现,更多的资金沉淀不能运用到生产部门,也不能流向生产效率高的企业,这将使得金融部门对于经济发展的促进作用的降低。因此,在 20 世纪 90 年代,随着不良贷款率的攀升和呆账坏账总体规模的迅速增加,中国专门成立了四大资产管理公司进行处理,并颁布了一系列的法律法规遏制这种势头和规范银行的贷款发放。

本次研究还检验了科技发展对经济增长的影响,但是令人惊讶的是回归结果显示科技投资对于各省的经济增长没有显著性的相关关系,这说明在过去 26 年科技投资没有显著地促进各地的经济发展,也表明了科技投资在某个环节出现了问题。造成这样的结果一个主要原因就是我国的科技投资体制问题。当前我国科研投资大都是通过各种科技计划实施的,不管是国家投资还是地方的投资。虽然对于科技项目的支持强度还是不错,但是科技投资的模式大多数仍然是采用简单地从计划到项目,在按指令到政府拨款,这一过程缺乏市场机制的监督与约束,资金运作机制不透明,往往导致资金难以及时有效地支持科技发明到创新产品生产,最后到产业化这一系列过程,中间形成了断点、盲点和弱点。其次,我国没有形成为科技创新服务的市场,难以通过科技投资有效地促使新产品、新概念走向市场,还加上体制与机制的约束,致使资金投入见效不明显甚至是浪费。这种在技术创新链条、投融资链条、支撑服务链条,三个链条各有缺陷,且相互隔离,导致科技创新产业化不能形成,科技产品不能走向市场,大量的科技投资呆滞在创新途中(邓天佐,2011)。最终,这也就是本章所发现的即使科技投资与 GDP 之比在增加,但是对于经济增长的促进效应却是不显著。

表 3-2 显示的出口变量与中国经济增长呈正相关关系,显著性至少为 10%。出口与经济增长之间的正相关关系与越来越多的研究结果类似。Yao (2006)和 Liu and Buck(2007)在中国,Ullah 等(2009)在巴基斯坦,Zang and Baimbridge(2012)在日本,他们都发现出口扩张引发了国内企业的规模经济,促进他们与外国企业的直接竞争,进而提高国内企业的资源配置和生产能力,这最终加速了国内经济的增长,在本章的研究即各省的经济增长。出口和经济增长之间存在显著的正相关关系,可以归因于中国政府自 1978 年起进行的体制改革后所采取的以出口为导向的经济增长政策,而且这一政策开始从中国沿海地区向其他地区蔓延,实证研究结果表明,出口对该地区的经济增长的贡献程度很显著。

此外,我们还检验了国际贸易的另外一个方面,即进口对经济增长的影响。实证分析结果显示,随着进口与GDP的比值增加,经济增长将加快速度,说明了进口对经济发展的拉动作用。朱春兰(2005)、熊启泉和杨十二(2005))和周春应(2007)解释道,通过增加要素供给、带来新技术促进技术进步、以及加快人力资本积累等途径,进口能有效地促进国内经济增长。尤其是,关键零部件和技术的进口可以有效突破国内供给对经济发展的制约瓶颈,还能产生技术溢出,这一方面能拓展消费者的选择空间,增加国内相关产业的供给,直接促进经济发展;另外一方面还能帮助国内企业发现新的海外市场,解决进入海外市场的技术与信息问题,推动出口发展,对经济增长产生间接作用。此外,进口带来的市场冲击能促进国内政府和企业建立起有效率的制度,从制度建设上产生间接作用促进经济增长。这也就是为什么我国自新世纪以来开始积极地推行平衡国际贸易政策,在执行传统的出口导向型经济政策的同时也强有力地推动进口贸易的发展,而本章的实证分析证据支持了这一政策的实施。

考虑到自改革开放以来我国政府一直大力推行吸引外资的政策,一个意料之外的实证分析结果是外商直接投资被发现与经济增长呈负相关关系。表3-2显示,外商资本占总资本的比例越高,对于经济增长的副作用就大。以往的国内外研究提醒我们,外商直接投资不仅给东道国带来好处,也会给当地经济带来负面影响。首先,外资公司可以凭借其资本与技术优势在东道国经济建立垄断地位,随后把当地公司挤出市场,产生挤出效应(crowding-out effects),或者直接从当地公司手上抢走顾客与需求,迫使他们减产,产生市场重新分配效应(market-reallocation effect)(Aitken and Harrison,1999;Tian等,2011)。此外,当生产某个环节的本地供应商被外资企业所取代,会使当地现有的整条商业链面临断裂的危险,产生商业连锁联系破坏效应(linkage-disruption effect)(Castellani and Zanfei,2003)。还有,外资企业可以凭借其福利、资本等优势,与当地企业争夺生产资源,甚至直接把资源给吸引走,尤其是技术工人,产生资源从新分配效应或者技能窃取效应(resource-reallocation or skill-stealing effect)(Smeets,2008;Hale and Long,2011;Tomohara and Takii,2011)。鉴于本次研究采用的是外商注册资本占当地总资本之比来衡量外商直接投资的影响,实证结果显示的外资负效应说明这一比值的提高也就意味着当地其他所有制形式的企业的资本在总资本的比重在下降,包括国有企业和非国有企业。国有企业凭借其政治上的地位和垄断优势,通常一是可以阻制外商进入其经营的行业,例如石油和电信,二是可以获取不受影响的资源分配,例如贷款。而非国有企业,尤其是小型的民营或集体改制企业,则没有这种地位与优势,也就是说主要是这类企业受到外商进入的影响。众所周知,由于体制问题,我国的国有企业生产效率较低,而过去几十年经济高速增长的一个主要推动力是非国有民营经济的发展,这也导致了外商进入对他们的负面影响最终产生的效应是本次研究发现的对经济增长的负效应。

表 3-2 显示,对外投资变量与经济增长之间存在正相关关系,说明随着每年的对外直接投资流量与 GDP 之比的增加,通过对外发展可以积极地促进国内经济增长。本章的发现与之前的许多实证研究结果相似,例如 Mutinelli and Piscitello(1998)在意大利,Delios and Beamish(1999)、Tadesse and Ryan(2002)在日本,宋弘威和李平(2008)、肖黎明(2009)、崔日明等(2011)、于超和葛和平(2011)、Yang 等(2011)、李梅和柳士昌(2012)在中国,毛其淋和许家云(2014)分析 1472 家中国企业后,他们都发现对外投资对母国的经济增长、生产率提高等有较显著的促进效应。这些说明,通过获取海外投资目的地特有的资源、资金或技术(Dunning,2002;李梅和柳士昌,2012),通过扩展海外市场,带动国内相关产品的零部件生产(Beugelsdijk 等,2008;Jordaan,2011;盛思鑫,2016),通过继续利用国内已成熟但相对过时的技术以获取更多的剩余价值(Driffield and Love,2008),通过促进或者替换母国的国际贸易和影响其国际收支平衡(Ozawa,1979;Renard,2011;Liu and Agbola,2014,Liu 等,2016),以及加上对于国内生产的互补或者转移(Farla 等,2016),对外直接投资可以是一条有效地发展途径加快国内经济增长。这也就是为什么近十几年以来,我国政府全力推动企业“走出去”的主要原因之一,而本章的实证分析证据支持了以对外投资方式进行经济发展这一战略的实施。

小　　结

关于金融发展对经济增长的影响一直是一个重要的研究领域。采用时间跨度为1990—2015年和覆盖中国29个省份的面板数据,本章研究了金融发展对我国各省经济增长的影响。本次研究采用了三个变量衡量金融发展对经济增长的影响。实证结果表明,以贷款与GDP之比衡量的资金供给方面的金融发展与中国经济增长呈正相关关系,而以存款与GDP之比衡量的资金来源充足率的金融发展对经济增长没有显著影响。相比之下,以不良贷款率衡量的资金分配效率的金融发展对经济增长产生了负面效应。

本章还研究了其他因素对我国经济增长的影响。我们发现物质资本的固定资产投资能改善企业的生产环境,促进经济增长。以大学毕业生人数衡量的人力资本与我国经济增长无显著的相关关系,说明过去几十年高层次人力资本的提升难以起到显著地推动经济增长的作用,也说明我国产业发展水平还是较低,难以用好大学毕业生。以各地科技投入衡量的科技水平发展也被发现与我国经济增长无显著的相关关系,说明科技投入机制方面可能仍然存在问题。研究还发现,出口和进口对经济增长有显著的促进作用,这意味着改革开放以来中国政府积极推动的出口拉动经济增长战略的正确性,也表明了近年来我国提出的平衡贸易战略、加强进口对经济发展的推动力的重要性。最后,我们检验了双向投资与经济增长之间的关系。令人意想不到的是,外商直接投资被发现对经济增长产生了负面效应,这提醒我国各级政府在积极引进外资的同时也要注意控制和消除外商投资带来的负面效应。与之对比,对外直接投资被发现对经济增长有显著的促进作用,这表明通过对外投资带来的资源、技术、市场、以及知识溢出效应,可以带动国内企业的生产,最终促进了经济增长。

本次研究的结果暗示我们,中国有必要进一步加快金融发展,强化贷款对各层次经济发展的支持作用,有效利用我们大量的存款,及时有效地分配资金,并强化对于资金的管理,提升资金分配效率,减少不良贷款到账的呆账坏账。在加强固定资本对于拉动经济增长的同时,也要提高科技投资对于经济发展的促进作用,尤其是加强科技服务与资金支持的融合。鉴于人力资本对经济增长的重要性,我国应更加关注人力资本的培养与运用,加快人力资源储备,积极发展高科技行业与企业,有效使用高层次人力资本。我国在继续推行出口拉动经济增长的政策的同时,各级政府应更加积极地执行平衡贸易政策,发挥进口对经济发展的作用,尤其是强化进出口之间的融合作用对经济增长的推动。最后,本次研究建议,在利用双向投资方面,我国应坚定不移地执行“走出去”的经济发展战略,以对外投资推动中国企业在全球的战略布局,充分利用全球化带来的好处。更重要的是,我国政府应当改变一下改革开放以来一直执行的吸引外资策略,不要盲目地不管地区、不管方式、不管行业都极力地吸引外商,而应是对外资进行有引导式的吸引与管理,在获取外资带来的溢出效应的同时,也要考虑如何消除或降低外商进入带来的负面效应。

第四章　金融结构调整与经济转型升级：因果关系分析

面对我国经济发展进入新常态，由高速增长转入中高速增长，以及外贸市场增长乏力的严峻形势，党中央和政府及时调整了经济发展战略，其中把转换增长动力和结构调整作为加快转变经济发展方式的主攻方向之一。在党的十八届五中全会通过的《中共中央关于制定国民经济和社会发展第十三个五年规划的建议》就明确提出了，一方面要有效发挥投资和贸易的协调拉动作用，特别是增强金融发展对投资和贸易的促进作用，使二者相互支撑、相互推动。另一方面，优化经济结构，尤其是各地区的产业转型升级，进一步优化要素配置，加大严重过剩产能调整力度，向高端高效发展，构建产业新体系。本章的研究即在这样的背景下展开，旨在通过对金融发展与产业转型升级的不同方面进行衡量和区别分，探索如何能更加有效地增强金融发展（financial development）和经济转型升级（Economic transformation and updating）之间的相互促进作用。

经济转型升级包括多方面的内容和要求，其中至关重要的是经济体中生产技术的提升，这涉及产业创新能力的提升、区域经济内生增长的加速、贸易产品的升级、国际投资流动的增长等等方面。与之对应，金融发展也是包括多方面的要求，涉及银行业的发展、金融市场的发展、金融工具的发展等方方面面。从以往的研究中，我们可以得知金融发展与经济转型升级是相互作用的。通过资源匹配、信息传递、风险管理等方式，金融发展是可以促进经济转型升级的。此外，经济转型升级往往伴随着技术创新，而不管是新产品开发和生产工艺的创新导致的经济转型升级都需要大量资本来推动，所以金融发展水平会影响到一国对资本的分配模式和使用效率,从而影响其经济转型升级。金融发展作用于经济的过程可简述为:金融通过影响储蓄与投资,金融发展会影响到资金的流量结构,从而影响生产要素分配方式和流向,进而影响生产中的资金存量和各方面的升级所需的资本,最终影响经济转型升级。从另外一个角度来看,经济转型升级促进的一国经济蓬勃、健康的发展,也能为金融机构带来丰厚的资本回报,同时促进金融机构和金融工具对资本的分配效率,和提升他们的管理模式,加速金融发展。总而言之,经济活动的调整和金融活动是相互联系、相互促进的,金融发展可以通过资本分配模式和金融工具来调节资金流向,以使高收益生产部门获取更多的资本,这一方面支持了经济的转型升级,另一方面也能促进金融业自身的发展。同时,经济转型升级和金融发展的多方面性也提醒我们,它们两者之间的相互影响模式也是多样性的,这也增加了研究的复杂性。

在研究关于金融发展与经济转型升级之间关系的实证领域,本章的研究具有几点鲜明的特点。首先,我们将从理论上理清经济转型升级和金融发展之间多层次影响的渠道差异性。同时我们将综合分析衡量经济转型升级和金融发展的实证研究,探索从多方面研究两者之间的在哪些方面会相互作用。其次,鉴于在我国经济发展过程中银行金融机构和银行业金融工具对在我国金融发展的重要影响,我们将采用多变量的模式细分银行业发展的不同方面,即人均银行资产来衡量银行业整体发展状况,本外币所有贷款、人民币贷款和外币贷款分别衡量不同的银行金融工具对对我国经济转型升级的不同影响。第三,本章分别考察了金融发展对我国经济转型升级不同方面的影响。近年来,中国一直承担着其金融业全面开放和发展的国际压力下,这意味着中国的金融发展必须承担能促进贸易投资增长的短期任务和科技发展与经济增长的长期发展目标。通过研究金融发展对我国每年的贸易投资额和科技发展存量与 GDP 增长的影响,对比金融发展影响的差异性作用,将提供更全面的分析,从而提出政策建议。最后,为了研究经济转型升级和金融发展之间的长期关系,我们采用了面板格兰杰因果检验法(Panel Granger Causality Test)。该种计量模式最大的优点是在检验两个变量之间的因果关系时,能控制不受其他的因素的影响,从而准确说明前者是后者发生的主要原因之一,而且在数据的时间序列趋于平稳的状态下,格兰杰检验法能清晰地说明金融发展与经济转型升级之间的长期关系。

本章的余下章节安排如下:第一节是相关文献的综述,明晰如何定义与理解经济转型升级,而第二节将接着梳理研究经济转型升级和金融发展之间关系的理论和实证文献,讨论它们之间相互作用的内在机理;第三节将以金融发展理论与经济增长理论为基础构建分析经济转型升级和金融发展相互影响的实证分析模型;第四节将从经济增长、贸易投资和科技投入三个角度出发,阐述金融发展是否是促进经济结构转型升级的因素,同时也将讨论经济转型升级对金融发展的哪个方面有促进作用;最后,将对本次研究的发现进行一个小结。

第一节　经济转型升级:定义与理解

要想实证分析金融发展与经济转型升级是否具有相互作用关系,以及在哪些方面能相互促进,必须要具备 3 个方面的知识,即:如何衡量经济转型升级,金融发展对经济转型升级会产生哪些影响,以及后者会对前者产生哪些反作用。接下来,本节先将对第一个方面的理论和实证文献进行回顾,理清如何理解经济转型升级的内涵。

由于经济转型升级涉及的范围很宽,也是方方面面,因此如何定义和衡量经济转型升级也是总说纷纭。20 世纪七八十年代,许多学者根据新古典经济学理论的基本原则,认为经济转型主要是指经济体制的转变,尤其提倡向市场经济体制转变,即价格完全放开由市场决定、全面快速地实现私有化、消除财政赤字维持宏观稳定等(Sachs and Lipton,1990;Blanchard 等,1993;Boycko 等,1995)。其中,比较有代表性是“休克疗法”的推行,例如当时的波兰、苏联等国家就是按此激进方法来推进计划经济向市场经济的转型。还有一种有代表性的经济转型升级是我国采用的“渐进式双轨制”转型,即一方面放宽政府对资源的严格控制,允许新企业进入具有比较优势的部门,提升资源配置效率;另一方面,继续给予传统部门企业的必要保护与扶持,创造条件解决企业自生能力。这在某种程度上可以说是一种较理想的方式,既可以维持经济社会的稳定,又保持较高的增速。

随着学科的发展与世界经济形式的变化,学者们对于经济转型的含义也逐步拓宽到"经济发展方式转变"、"经济结构调整优化"、"经济发展战略转变"、"经济促进模式调整"等方面,因此对于经济转型升级的衡量也更加宽泛和更加复杂。这其中包括从产业结构调整方面衡量经济转型升级的方向,尤其是结合产业结构理论分析经济转型升级。例如,Clark(1957)认为当一个经济体朝着第三产业发展就是在进行转型升级,他通过对多个国家不同时期的三次产业的劳动投入与总产出进行比较研究,发现随着人均国民收入的提高,劳动力由第一次产业转移到第二次产业,再逐渐转移到第三产业,并提出经济发展的三个阶段。克拉克的观点被之后的学者称为"配第一克拉克定理",即"随着经济的发展,即随着人均国民收入水平的提高,劳动力首先由第一次产业向第二次产业移动。当人均国民收入水平进一步提高时,劳动力便向第三次产业移动。劳动力在产业间的分布状况,第一次产业将减少,第二次、第三次产业将增加"。在 Clark 的研究基础上,西蒙·库兹涅茨(2005)进一步集中从三次产业占国民收入比重变化的角度来揭示经济转型升级时产业结构变化的规律,尤其是经济发展与工业化进程之间的演变关系。他认为在工业发展的初期阶段,占主导地位的是第一产业,而第二产业比重较低;随着经济发展推动工业化的进程,第一产业对经济的影响程度持续下降,第二产业的比重得到大幅提升,而这时第三产业开始成长;随着经济进一步发展到了工业化后期,第一产业已经降到了一个稳定的比重,而这时第二产业对经济的影响程度也开始下降并逐渐退出主导地位,而此时第三产业的作用则稳步上升并渐渐成为经济体发展的主体。

基于 Clark 和西蒙·库兹涅茨的理论基础,学者们也从产业结构变化的角度分析和衡量了经济转型升级,并且实证研究表明衡量一个经济体的产业结构变迁导致的经济转型升级需要多维度思考的,既要考虑生产过程,又要考虑产业动态发展过程。从生产过程的角度看,一个经济体产业结构转变和转型升级即可以从生产投入端,也可以从产出端去测量。孔爱国(1997)运用分行业的增加值占比构建了测度工业结构内部升级的系数。赵彤和丁萍

(2008)对三次产业进行细分研究了区域产业结构转变和升级,而 Dong 等(2011),Li 等(2014),沈永昌和余华银(2015)则用工业增加值占地区生产总值的比重表示区域产业升级和经济转型程度。对比下,Sochirca 等(2013)使用了公司数、产值和劳动要素的变化来衡量欧洲各国的产业结构调整和经济升级。Drucker(2015)和 Ju 等(2015)采用了细分行业雇佣人数占比来测量美国的产业结构变迁导致的转型升级。Deng(2004)从中小企业的数目和产品附加值的变化来衡量韩国和中国台湾的经济转型升级。从动态的角度看,经济转型升级也是需要从多维度去衡量的,例如,干春晖和郑若谷(2009),姚明明和陈丹(2013)采用了三次产业的生产要素构成和产值的变化来衡量产业升级和经济转型随时间的变动度,而 Yao(2015)则用产生要素的构成衡量了中国各地区经济转型升级的程度。吴敬琏(2008),干春晖等(2011),朱晓华和邓宝义(2013),Tian 等(2014),范亚琦(2015)利用了三次产业的产值和就业占比数据度量产业结构的合理化和高级化对经济转型升级的影响。

随着世界各国之间的经济联系越来越紧密,任何一个国家的经济发展都离不开与他国之间的经贸往来。就是在这种全球化发展的趋势下,学者们开始把国际因素也考虑到衡量一国的经济转型升级,即其开放度的研究,也就是国际贸易和投资占其经济的重要程度,开放与发展成为了密不可分的经济转型升级要素。正如 Lin(2016)阐述,过去三十年中国的快速增长和成功的转型升级要归功于中国知道世界的需求并生产出世界所需的产品。这清晰地解释道,开放是中国经济转型升级的必须要素,因此衡量经济转型升级也需要检验一国的国际贸易投资的提升程度。经济转型升级与国际贸易投资之间的紧密联系是学术界普遍认同的观点。崔炳强(2006)认为经济转型升级与国际贸易存在两方面的联系,即经济的多层次化决定了贸易产品的多层次,以及经济发展的高级化决定贸易商品结构的档次和优化的能力。文东伟等(2009)把我国经济发展和贸易商品的联动演进大体分为三个阶段:改革初期的加工型经济发展模式与资源密集型的贸易产品,90 年代的工业发展型经济与工业制成品贸易,新世纪的服务型经济发展模式与技术型产品贸易。他们认同经济转型升级预示着中国贸易竞争力的演变趋势,即经济的转型升级与贸易产品的升级是联动的。王冬和孔庆峰(2009)也赞成文东伟等(2009)的观点,认为商品升级换代是摆脱金融危机后中国贸易困境的一种重要方法。除了在中国,Šuštar(2004)在斯洛文尼亚,Sharma and Dietrich(2007)和 Sahoo 等(2014)在印度,Rocha 等(2009)在巴西,Belso-Martínez(2006)在西班牙,Conconi 等(2016)在欧洲,都得出了经济转型升级与贸易产品升级的研究结论。Rocha 等(2009)和 Brambilla 和 Porto(2016)认为经济的转型升级能促使贸易产品标准的提升,反过来,贸易的提升也加速了信息流通,带动生产要素的分配效率,最终促进了经济的转型升级,这是一个良性循环的过程。

除了国际贸易,一国开放度的另一方面国际投资,尤其是对外投资,与其经济转型升级也是密不可分的。霍忻(2014)的研究发现中国三次产业对外直接投资对国内经济转型尤其是产业升级存在着显著的影响,并且在技术密集型和劳动密集型行业这种效应表现得尤为明显。潘颖和刘辉煌(2010)、冯春晓(2009)和刘冬和古广东(2010)认为通过获得高新技术、转移过剩产能、获取海外丰富资源、市场信息及先进的管理经验等方式,对外投资能促进国内经济转型升级;但是对外投资不是短期内而是长期来看可以促进产业结构升级。王英和周蕾(2013)和陈琳和朱明瑞(2015)分别检验了对外投资对我国经济转型过程中的产业升级的作用。王英和周蕾(2013)分析市场导向型和资源获取型的投资具有显著促进作用。陈琳和朱明瑞(2015),卜伟和易倩(2015)认为对外投资与经济转型升级之间的联动是通过三大作用机理,即:边际产业转移、产业关联和反向技术外溢效应。袁明兰(2015)补充到六种机制:市场供需作用、自然资源供给、技术水平优化、投资收益增加、产业关联效应、转移边际产业。Cozza 等(2015)则认为对外投资促进中国产业升级主要是通过带动国内企业生产率提升来达到的。正如田尧和杨坚争(2012)、Sauvant and Chen(2014)辩解道,中国对外投资的目的之一就是促使国内产业的转型,而这也正好符合了 Mani(2013)和 Pradhan(2004)在印度发现的实证证据。基于对瑞典的实证分析,Braunerhjelm 等(2005)强调了通过改善国内投资效率,对外投资与经济转型升级之间的联动关系。基于 2000—2010 年间 1084 家台湾企业的数据,Liu 等(2015)的研究结果表明垂直投资(vertical FDI)能产生积极的经济升级作用,然而横向投资(horizontal FDI)则会产生负面的产业挖空效果。对上述的文献归纳来说,国际直接投资与国内经济转型升级之间具有密不可分的联动关系，对外投资可以带来经济转型升级所需的资源、技术和市场，而经济转型升级可以提供更多的动力和增强企业的所有权优势，促使他们“走出去”。

还有一个要素也是衡量经济转型升级程度的，那就是一国的科技发展水平。Lewis（1954）的研究很早地就暗示了经济转型升级的本质就是一国的生产从科技发展水平低的部门转向科技发展水平高的部门，或者是自我的技术提升变为科研发展水平高的部门。他进一步解释了发展中国家经济转型升级之路，即，当一国以传统生产方式为主的传统部门和以制造业为主的现代部门并存时，现代部门的劳动边际生产率和工资水平比传统部门高，劳动力将会从传统部门向现代部门转移，直至两个部门的边际生产率一降一升达到相等。关于技术发展与经济转型升级之间的密切关系，内生增长理论做了进一步的详细分析，并认为技术进步是经济升级的核心，为此我们在第二章第三节进行了详细的讨论，在此就不重复了。总而言之，上面的讨论可以得出这样一个结论，那就是对一国经济转型升级的定义至少可以从三个方面进行：其经济内部的结构问题或者增长情况、其对外开放程度和科技发展水平。正如对我国十八大报告进行解读后，可以得到我国未来经济转型升级的方向，即以“创新驱动”为引擎，以“扩大投资、消费（包括贸易）”为战略基点、以新型工业化和信息化为两翼，发展新兴产业和先进服务业，建立现代经济体系。这段定义也清楚地表明了我国的经济转型升级的定位也是从刚讨论的三个方面来确定的。

第二节　金融发展与经济转型升级：相互作用的联动关系

金融发展与经济转型升级是相互作用的，这在学术界是众所周知的。金融发展对经济转型升级也有着导向作用，同时经济转型升级也会敦促金融业在功能、交易方式、资金融通等方面进行变革，以便金融业调整其规模、结构与运作方式支持经济转型升级。此外，经济转型升级推动的经济发展，也为金融业的快速发展带来了机遇。接下来，我们就刚讨论的经济转型升级的三个方面谈下与金融发展之间的关系。

金融发展与经济结构优化之间的关系,实质上就是金融资源分配效率的提升与各产业间合理配置资源之间的联动。简单来说,金融发展可以通过影响储蓄与投资来影响经济结构优化所需资金的流量模式,进而影响生产要素的分配和生产中的资金存量结构,最终促使某些产业淘汰或者升级来影响经济的转型升级。金融发展对经济转型升级的影响,渗透于经济发展的全过程(例如存量和增量结构调整),通过资金形成、资金导向、信用扩张、产融结合和风险管理等机制,引导经济转型向产业合理化、高度化方向发展。在这一过程中,有发展前景的朝阳产业或者盈利的企业才能不断获得金融支持,而夕阳产业及经营不善、信誉不佳的企业则很难获得金融支持,这种金融机构对资金流向的控制一方面可以控制经济风险,另一面也促成了产业的优胜劣汰,推动了经济的转型升级。国家产业政策对新兴产业、优势产业的支持,对传统产业的升级改造和对劣势产业的淘汰,都需要通过金融机构发展不同的金融工具来支持。在这种金融发展对经济转型升级的影响过程中,金融化程度越高,金融工具越丰富,也就是说金融越发展,金融体系对经济发展的支持就越明显、有效。

从另外一个角度来看,经济转型升级的过程其实也就是金融发展的过程,即前者也在促进后者的发展。在降低优势产业融资成本以支持其加速发展,以及提高衰退产业的资金成本甚至使其得不到发展资金而退出市场的过程中,金融业自身也需要发展和开发有效的金融工具,以提升促进经济转型升级的金融效率。例如,通过更新贷款条件,运用新的金融杠杆对企业生产资金来源进行调节,以影响资金在产业之间的流向;或者,开发新的金融工具鼓励跨时消费而扩大对优势产业产品的现时消费,推动相关产业的快速发展,达到促进产业转型升级的目的。这也就是说,经济结构调整的程度越复杂、时效性越强,对金融创新的要求也越高,也越能推动金融发展。而且,经济转型的过程中也会促进金融业朝着国家的战略需求方向发展,即在国家政策调控经济发展方向的时候,也会调控银行和证券市场的发展方向,使之符合国家政策对关键经济领域和金融发展模式的支持。此外,经济转型升级也能促进金融机构在资金分配渠道上的创新与发展。一般来说,目前金融支持的渠道可以分为两大类，一是间接融资如从银行获得贷款等，二是直接融资如发行证券等。前者的主要优势是金融机构能够对风险进行比较容易的控制，相比之下，资本市场的间接融资具有资金量大、不用按时偿还等优点。经济转型升级的难度越高，对两种资金分配渠道的融合发展要求也越高，也即是金融（银行业与金融市场）越发达。在为企业筹集所需资金时，需要银行贷款、一级市场的证券发行和二级市场的证券交易融合合理地使用。例如，贷款提供给保障性高的项目，配合一级市场的证券发行为企业筹集资金，促成增量资本流向有发展潜力的企业和行业，同时强化二级市场发展，促进股权转让实现企业的购并和重组，优化资源配置，从而使得经济转型升级与金融发展同步进行。如果是在市场化高度发达的金融体系中，间接与直接资金分配渠道将高度融合，资金将自动流向高利润率的行业和高投资回报率的企业，这就是指的金融业的内生增长，即支持经济升级的同时自身也得到了发展。换句话来说，经济结构转型升级中遇到的问题也能制约金融发展，例如固有的国有体制垄断问题会同时妨碍经济结构转型和金融分配渠道的多层次发展。正如 Huang and Zhong（2000）、林毅夫和李志赟（2005）和李思伟和胡艺伟（2017）的研究发现，如何破除国有体制的弊端对中国经济结构转型升级和金融业的垄断影响，尤其是国有银行的垄断地位，是国家经济改革面临的最大挑战之一。由于这种弊端的存在，通过银行贷款市场获取资金成为我国企业目前融资的最主要渠道，而在资本市场发行证券或股票，证券市场发展的极不完善致使只有少数部分企业可以上市，这即严重影响了证券市场的融资功能，也严重制约了我国的金融发展和其与经济结构转型升级之间的联动效应。

一国的对外开放程度①也是与其金融发展相互促进的。在当前中国调整外贸战略与贸易结构，实施贸易战略转型的关键时期，了解金融支持对外贸战略转变的影响，以及国际贸易转型升级对金融发展的作用，则显得尤为重要了。金融发展可以促进国际贸易的发展，这是学术界的共识。金融发展能帮助改善和优化贸易结构，提高出口竞争力，稳定进口贸易市场，同时，对外贸易

---

① 由于接下来的两章将要分析金融发展对“走出去”的影响以及金融业对外投资对金融发展的作用，因此本章在此就集中分析国际贸易与金融发展的联动关系，而金融发展与国际投资之间的关系就不赘诉了。

的发展也能促进金融发展,推动金融业朝快速、稳定、高效的方向发展。可以说金融发展促进了对外贸易结构的优化,而后者又反过来推动了金融发展。具体来说,金融发展可以帮企业以多样化方式来应付对外贸易经营中的风险,尤其是避免在全球经济风险带来的贸易损失。此外,金融发展带来的机遇可以支持企业进行产品创新,增加一国贸易商品的技术含量,形成贸易发展的新格局和升级换代,促进建立长期的有活性的国际贸易结构内生优化体系。杜思正等(2016)的实证研究支持了这一观点。他发现,金融发展能够显著提高中国的对外贸易水平,可以帮助企业以多样化方式来应付对外贸易经营中的风险、为企业的产品创新产生激励作用,增加中国贸易商品的技术含量,促进形成中国贸易发展的新格局。沈能(2006)、曲建忠、张战梅(2008)和俞立平(2011)的研究进一步支持了这一观点,认为金融发展显著地促进了中国的国际贸易发展。Kim 等(2012)在 63 个国家,Niroomand 等(2014)在 18 个新兴经济体,Rahman 等(2015)在澳大利亚,也都发现了相同的实证证据支持。

金融发展与贸易发展之间的作用并不是单方向的,它们相互发展的同时,也能相互促进,相互完善,对外贸易促进了金融发展,优化和完善贸易结构可以减低金融风险,而金融发展也为对外贸易结构优化提供有力的保障和基础。从本质上来说,国际贸易与国际金融是密不可分的一个整体,贸易中进行的商品和服务交换是不可能离开通过金融服务机构进行的货币资金周转和运动,而后者进行的国际金融服务的结算、汇兑、融资等行为也是为了支持前者的行动。因此,一国国际贸易的发展实质上是和其金融发展同步进行的。随着国际贸易发展的进程与复杂性,对于金融业在资金分配、金融工具提供、服务方式创新、工作绩效、在进行货币兑换和资金保值的利率、汇率方面的风险管理能力、甚至在金融服务应对国际贸易摩擦等方面,都提出了严格的要求和不断更新的标准。在这跟随客户国际发展的步伐过程中,金融业也自然而然地得到了快速发展。举例来说,国内企业要扩展国际贸易,其对于金融的要求则会从早期的支付功能递进到更关注资金的使用效率、保值增值以及风险防范,这种跨国界对于金融服务要求的提升会督促金融机构进行改革、创新,提升国际化金融服务的水平和风险控制能力。此外,由于国际贸易可以影响一国的收支平衡、外汇盈余、国内生产部门的劳动生产率和金融部门的利率,而且国际贸易中的摩擦问题还会影响其外交和国际地位,因此,各国都把贸易政策的调整作为国家经济发展的主要战略手段之一,这也会影响其金融政策的改变,尤其是当国际贸易急剧波动时,一国政府则会同时调整贸易与金融政策,以确保其国内经济稳定。正如曲建忠、张战梅(2008)解释道,通过国际贸易把产品交易从国内市场扩展到国外市场,企业对于金融服务的要求会有极大的提高,这将敦促金融机构不断开发新的金融工具,提升其国际化服务水平和风险管理能力。正是在过去几十年国际贸易快速发展的过程中形成的巨大助推力加速了金融体制的改革与创新,推动了我国金融国际化的发展。

经济转型升级的本质在某种程度上实际就是技术进步,而科技发展又是与金融发展息息相关的。在当前以智力要素投入为发展动力的内涵式发展的今天,企业的发展必须依赖其研发设计能力与科技创新。然而,以智力为本的科技创新企业往往属于轻资产类型,在传统的抵押贷款模式的金融体系,这类企业往往很难获取金融资金的投入与支持。因此,这类企业的支持需要新的金融产品和新型金融机构的出现。此外,科技创新在产出上具有极大的时间与收益的不确定性,由此引起了流动性风险和收益率风险的增加。前者的增加会导致企业的资产被交换的难度增加,而后者的增加会引起投资收益不确定性的增大,这些最终都会阻碍投资者对科技创新企业的投资兴趣。Saint-Paul(1992)认为,技术专业化的虽然与生产率呈正比,但是也会增大收益的波动性,而通常情况下,人们会选择技术专业化程度较低的企业进行投资,以降低收益率波动的风险,这最终会导致企业不愿意投资高专业化的技术。在这样的情形下,金融发展可以很好地解决流动性风险和收益率风险的问题。通过把创新企业的资产转换为金融资产,金融体系的流动性创造功能可以帮助投资者把投资项目迅速变现,以减少对流动性风险的担忧。同时,通过开发不同的资产组合来分散收益率风险,金融市场的发展还可以促进企业投资更加专业化的技术。King and Levine(1993c)解释道,通过把技术创新项目转换为股票向全社会发现,可以有效地分散投资风险,促进对创新活动的投资。

金融发展与科技发展之间并不是单向的作用关系,后者也能促进前者。众所周知,金融活动中难度和成本最高的之一是对项目的评估和风险管理。一方面金融机构可能缺乏足够的时间、精力和能力去关注、收集和整理每一个项目的所有信息,另一方面对将要投资或贷款的项目的信息准确性进行确认也是高成本和耗时长的。这样的结果之一就是金融机构可能不会对一些高收益但信息收集与确认难度大的项目进行投资和贷款,从而减少了金融机构的收益率,阻碍了金融发展。而科技发展可以促进金融中介增强信息生产的优势,高科技产品的开放可以帮助金融机构快速与低成本的判定哪些项目具有高收益,以及如何有效地控制金融风险,从而强化金融市场的有效性把资金投向高技术、高回报的产业,加快金融业的自身发展。正如罗纳德·麦金农(1997)在《经济发展中的货币与资本》一书中论述到,投资和技术创新的不可分割性正好说明了金融体系发展与企业的科技创新之间相互推动的重要作用。他指出,缺乏金融体系的帮助会使孤立无援的企业家很容易限制在一个低水平的科技创新的境地,正是金融体系创造出的股票、债券、存单、保单等各种金融与投资工具的存在,将社会分散的资金汇聚起来,并有效分配给需求资金进行科技创新的企业,从而改善了社会的资源配置,推动一国的科技发展。他接着指出,当一国的科技水平发展后,企业的创新成果反过来又会帮助金融机构提高信息收集能力、风险管理水平和资金分配效率,增强其盈利能力以开发更多更新的金融工具,促进了金融体系的发展。采用2000—2008年的面板数据进行实证检验,钱水土、周永涛(2011)也证实了金融发展与技术进步和产业升级之间的双向促进作用。一方面,金融体系的发展可以动员储蓄,改善资源配置,促进资本与技术的有机结合,加速技术创新,而技术创新反过来也会影响金融体系的风险管理功能、信息处理功能,促进金融发展。

第三节　模型构建:格兰杰因果关系

上一节我们从理论上理清了金融发展可以与经济转型升级的至少三个方面产生联动关系,因此,本节采用格兰杰因果关系分析法(Granger Causality Test)(Engel and Granger,1987)进行实证分析我国金融发展与经济转型升级之间的联动关系。之所以选择格兰杰因果关系分析法主要是因为,如果若两个数据序列是时间上平稳的,该种方法即是在小样本的情况下,也能有效地分析两者之间的因果关系。而且,随着样本的容量逐渐增大,格兰杰检验能准确判断两个平稳序列间的因果关系的概率将迅速增加(周建、李子奈,2004)。此外,随着数据序列的时间跨度延长,格兰杰检验则将更加准确地测量出两个序列之间的长期关系(Lee and Chang,2005)。基于本章的实证分析将采用的是面板数据,因此我们将对 Engel and Granger(1978)提出的分析法进行扩展,采用面板格兰杰因果检验法。实证分析模型详述如下:

$$\Delta Y_{it} = \alpha_{1i} + \lambda_{1i}\varepsilon_{1it-1} + \sum_{K}\beta_{1ik}\Delta X_{it-k} + \sum_{K}\varphi_{1ik}\Delta Y_{it-k} + \mu_{1it} \quad 公式(4-1)$$

$$\Delta X_{it} = \alpha_{2i} + \lambda_{2i}\varepsilon_{2it-1} + \sum_{K}\beta_{2ik}\Delta Y_{it-k} + \sum_{K}\varphi_{2ik}\Delta X_{it-k} + \mu_{2it} \quad 公式(4-2)$$

其中 Y 和 X 分别表示衡量经济转型升级和金融发展的变量。Δ 标记指的是变量的一阶差分,通常被用来衡量变化率,而更重要的是所有变量采用一阶差分可以消除误差项与滞后的因变量之间的共线性问题(详细讨论参见 Kang,1989;Lee and Chang,2005;Diks and Panchenko,2006;Lee and Chang,2008)。t 表示时间,而 i 则表示横截面。k 指的是滞后阶数。ε_{1it} 和 ε_{2it} 指的是误差修正项,而 $\mu_{i,t}$ 则指的是本次检验的误差项。格兰杰因果关系分析法的基本假设是:如果金融发展与经济转型升级之间无因果联动关系,则系数 β1(β2)趋向于零而系数 φ 不为零。因此,如果检验得出的系数 β1(β2)不为零,则说明假设是不成立的,这就是说金融发展(经济转型升级)是促进经济转型升级(金融发展)的原因之一,两者之间可能存在某种因果关系。鉴于格兰杰因果检验的结果对于变量的滞后长度是非常敏感的,因此本次研究将遵循实证分析中普遍采用的方法(参见 Kang,1989;Aaltonen and stermark,1997;Balaguer and Cantavella-Jordá,2004;Al-Iriani,2006),即当 Akaike 信息准则(Akaike Information Criterion)最小时选择最优滞后长度的方法。

在第一节中我们讨论过,经济转型升级至少涉及三个方面,即经济结构调整、开放度和科技发展,因此,本节的实证分析也将从这三个方面进行分析。我们将分别采用第二产业和第三产业占国内生产总值(gross domestic product,GDP)之比来衡量向工业还是服务业转型升级(参见:干春晖等,2011;朱晓华、邓宝义,2013;Tian 等,2014;范亚琦,2015);跟随传统的衡量方法(参见:曲建忠、张战梅,2008;钱水土、周永涛,2011;俞立平,2011;Liu and

Agbola,2014;Niroomand 等,2014),国际贸易(进出口总额)用来衡量开放度,以及科技投资用来衡量科技发展。

以往的研究提醒我们(Giocanni,2005;Agbloyor 等,2012;张建波等,2012),金融发展也是设计许多方面,例如银行体系和金融市场的发展、金融工具的创新等等,因此,我们借鉴 Goldsmith(1969)对金融发展的定义来考虑衡量变量的选择,即一国金融发展的实质就是金融结构的变化,而其金融结构的调整指的就是金融工具和金融机构的调整。这样最终选择了 Zhang 等(2012)的方法来分别衡量金融工具(金融机构)主要在三方面的调整与变化,即银行业资产(银行类金融机构)、债券(证券类金融机构)和股票(金融市场发展)。具体来说,我们用人均银行业资产的增长来衡量银行业的发展,用每年的债券发行量来衡量证券业的发展,用股票价值的增量来衡量金融市场的发展。

由于我们采用多变量来衡量金融发展的不同方面,而这限制了我们实证分析所用的数据来源,使得我们无法获取计算所有变量 2003 年之前的统计数据,而必须采用 2003 至 2015 年间的数据,最后这 13 年间的年度省级面板数据被用于实证分析。此外,本次研究的样本被分为 29 个省,不包括西藏和青海省,因为也无法获取这两个省的所有数据。在进行数据归类时,中国大陆的企业把商品买到香港、澳门和台湾或者这些地方的企业把商品买到中国大陆分别被划分为出口和进口。第二、第三产业的产值、GDP 和各省人口的数据来自中国统计年鉴,进出口总额的数据来自中国外经统计年鉴,科技投资的数据来自中国科技统计年鉴,银行业资产数据来自中国地区金融发展报告,债券发行量和股票价值增量的数据来中国金融年鉴。此外,我们还采用了 GDP 平减指数法(数据来源为国际货币基金组织:IMF,2016)对数值进行剔除通货膨胀调整,以便得到数据的实际价值。最后,把上述 6 个变量所用的数据系列转化为对数形式用于金融发展与经济转型升级之间的格兰杰因果关系检验。

在进行最终的实证分析之前,还有一件重要的事就是检验数据的平稳性,以确保格兰杰检验结果的可靠性。本次研究采用了两种单位根检验模式,即 Fisher-PP(Phillips and Perron,1988)和 LLC(Levine,Lin and Chu,2002)测试。

之所以选择这两种检验方式，主要是因为以下几点优点。由于 Fisher-PP 测试忽略了统计与估算一致时回归中的序列相关性问题（Hamilton，1994），致使该测试具有连续检测时间序列数据的能力，并且当单个趋势被控制在单位根检验中时，其对自相关问题具有很强的控制性。此外，因为其强大的纠正错误项的异方差问题，Fisher-PP 检验也优于 Fisher ADF 检验（Aggarwal and Kyaw，2005；Francq 等，2008）。通过平均误差项的方法计算偏差项，Fisher-PP 测试可以得到方差参数一致的估计。Fisher-PP 检验的另一个优势是其不需要一个平衡的数据集和一个特点的滞后长度进行测试回归（Schwert，1989）。相比之下，在保留共同的自回归参数假设的同时，通过允许个体截距异质性的存在，LLC 检验在纠正时间序列数据序列相关性问题方面具有很强的优势（详细讨论参见：Wachter 等，2007；Ma and Oxley，2011）。

鉴于单位根检验对于滞后阶选择的敏感性，我们将遵照以往的研究（参见 Hsiao and Hsiao，2006；Kiran 等，2009），以 Schwarz 信息准则（Schwarz Information Criterion，SIC）最小值的时候自动选择滞后长度，而以 Newey-West 法自动选择带宽（Bandwidth Selection），同时在测试中控制了单个趋势和截距。单位根检验的测试结果归纳于表 4-1。结果表明，在水平时，所有数据系列的时间序列特性是平稳的，即 I(0)，显著性至少在 5%水平之上。此外，我们把数据转换为一阶差分进行检验，结果显示所有数据都是平稳的，即 I(0)，而且显著性都在 1%。因此，我们可以在水平阶段，对这些平稳的数据进行格兰杰检验，分析金融发展与经济转型升级之间的联动关系，而不用担心分析结果的虚假性。

表 4-1　单位根检验结果

（金融结构调整与经济转型升级）

变量（t-值）		水平时		一阶分差	
		Fisher-PP	LLC	Fisher-PP	LLC
金融发展	人均银行资产	109.1***	-13.43***	271.1***	-15.5***
	债券发行量	165.5***	-57.34***	433.5***	-33.9***
	股票价值增量	145.1***	-12.91***	386.5***	-24.7***

续表

变量(t-值)		水平时		一阶分差	
		Fisher-PP	LLC	Fisher-PP	LLC
经济转型升级	第二产业	95.03**	-3.45***	123.7***	-7.96***
	第三产业	102.25**	-3.61***	213.1***	-36.2***
	开放度	128.3**	-6.467***	316.4***	-17.6***
	科技发展	102.3***	-7.841***	273.5***	-16.6***

注:星号**和***分别表示显著性在5% 和1%。

第四节 实证结果讨论

表4-2报告了格兰杰检验金融发展与经济转型升级之间因果关系的结果。正如为了检测不同类型的金融发展和经济转型升级的不同方面之间具有差异性的关系,本次研究采用了4个变量衡量经济转型升级和3个变量衡量金融发展,因此实证研究也能清楚看到这些衡量变量之间的联动关系具有极大的差异性。由表4-2可见,衡量金融发展的三个变量对第二产业占地区GDP之比的提高不具有因果关系,表明我国金融发展的三种方式,即银行业、债券业和股票市场发展对工业发展的促进作用不是很明显。反过来,研究结果表明第二产业的占比增加对金融发展有显著的因果关系,表明了工业发展能支持银行业的资产的增加、债券发行量的增长和股票市场的发展,支持了我国政府一直提倡的以工业发展转型升级推动金融发展的政策,这对于像我国这样一个制造业大国来说是具有很强的政策含义的。

表4-2 金融发展与经济转型升级之间的因果关系

	F统计值	概率	F统计值	概率	
第三产业→第二产业	5.646***	0.004	第二产业→第三产业	0.296	0.744
开放度→第二产业	7.072***	0.000	第二产业→开放度	8.853***	0.000

续表

	F统计值	概率		F统计值	概率
科技发展→第二产业	4.518***	0.012	第二产业→科技发展	6.667***	0.002
人均银行资产→第二产业	0.285	0.752	第二产业→人均银行资产	3.775**	0.024
债券发行量→第二产业	0.461	0.631	第二产业→债券发行量	10.314***	0.000
股票价值增量→第二产业	0.563	0.570	第二产业→股票价值增量	18.774***	0.000
开放度→第三产业	1.046	0.353	第三产业→开放度	3.625**	0.028
科技发展→第三产业	1.304	0.273	第三产业→科技发展	5.950***	0.003
人均银行资产→第三产业	5.589***	0.004	第三产业→人均银行资产	2.317	0.100
债券发行量→第三产业	5.054***	0.007	第三产业→债券发行量	6.539***	0.002
股票价值增量→第三产业	5.650***	0.004	第三产业→股票价值增量	17.551***	0.000
科技发展→开放度	75.446***	0.000	开放度→科技发展	4.731***	0.010
人均银行资产→开放度	0.118	0.889	开放度→人均银行资产	1.463	0.233
债券发行量→开放度	2.191	0.114	开放度→债券发行量	9.584***	0.000
股票价值增量→开放度	5.420***	0.005	开放度→股票价值增量	20.712***	0.000
人均银行资产→科技发展	18.033***	0.000	科技发展→人均银行资产	39.598***	0.000
债券发行量→科技发展	4.689***	0.010	科技发展→债券发行量	10.833***	0.000
股票价值增量→科技发展	8.229***	0.000	科技发展→股票价值增量	14.566***	0.000
债券发行量→人均银行资产	13.643***	0.000	人均银行资产→债券发行量	18.249***	0.000
股票价值增量→人均银行资产	6.952***	0.001	人均银行资产→股票价值增量	28.627***	0.000
股票价值增量→债券发行量	7.049***	0.001	债券发行量→股票价值增量	33.654***	0.000

注：***，**，*分别表示在1%，5%和10%的显著水平上平稳。→表示因果关系的方向。

表4-2还显示，衡量金融发展的三个变量对第三产业占地区GDP之比的提高具有显著的因果关系，表明银行业、债券业和股票市场发展都对服务业的发展具有明显的促进作用，这支持了我国政府利用金融发展推动我国经济向服务业转型升级的想法。同时，研究结果表明第三产业的占比增加对金融发展在债券发行和股票市值增加方面有显著的因果关系，但是对人均银行资产的增加没有显著的因果关系。表明了服务业的发展能支持债券发行量的增长和股票市场的发展，支持了我国政府积极推行的以服务型经济推动非银行类金融市场发展的政策，这说明了服务型经济与新型金融市场和金融工具之间

的联动发展作用,然而与传统的银行金融机构缺乏必要的联动机制。此外,本次研究结果还暗示,金融业对第二产业和第三产业的因果作用截然不同,尽管支持了前人的研究说明金融发展是可以支持经济转型升级,但是在中国的例子上,金融发展更多的是加快第三产业在国内生产总值中占比的增长,推动我国向服务型经济转型升级,这也说明我国的经济政策导向其实是在逐渐降低过去工业在经济发展中绝对统治的地位。

本次研究还分析了金融发展与经济转型升级的另外两个方面,即与开放度和科技发展之间的联动关系。表 4-2 显示,股票价值增量与开放度之间存在双向的因果关系,开放度与债券发行量之间存在单向的因果关系,然而与人均银行资产之间没有显著的联动关系。这说明股票市场的发展与我国的进出口增长之间是相互促进的,前者可以给后者带来贸易融资便利,而贸易的增长增强了企业的盈利能力,进而促进了股票市场的发展,同时也推动了企业寻求发行债券增加其他融资渠道,推进了债券市场的繁荣。与之对比,由于过去十几年我国银行金融机构与银行金融工具过于集中关注国内的资金分配,例如房贷,从而忽视了与国际贸易之间的联动发展,这也使得本次研究没有发展两者之间的联动作用。

研究结果显示,金融发展与科技发展之间具有相互的因果的关系,表明了金融发展增加了融资渠道与资金来源,从而推动一国的科技投入的增加和科学水平的增长,促进经济转型升级,反过来科技发展了也能促使金融业采取更多先进的技术,提升金融服务水平,推动金融发展,两者是相辅相成的。本次研究表明金融发展可以通过至少三种渠道,即银行业的发展、债券发行和股票市场,与科技投入与发展之间产生联动促进关系。

本次研究还分析了经济转型升级各方面之间是否存在联动关系。第三产业占地区生产总值的比例的增加对第二产业在该地区 GDP 占比的提高具有因果关系,然而后者对前者没有显著性的因果联系。这表明了服务业的发展能支持工业增长,支持了我国政府近年来积极倡导的发展生产性服务业以促进工业尤其是制造业升级的战略,但是,这种支持作用却是单方面的,工业增长难以起到推动服务业发展的关键作用,暗示了中间的联动作用在某个环节出现了问题。

开放度发现与第二产业占比增长之间存在双向的因果作用,但是与第三产业之间只有单向的因果关系,即第三产业发展促进了开放度的增加。这说明了国际贸易的发展对于工业增长的作用要比对服务业的作用更加明显,这主要是因为中国的进出口主要来自于制造业,导致了工业发展与进出口增长之间的相互促进作用;相反,我国基本是纯服务业进口国,而且大多数是消费性服务,这使得服务业增长越快,进口越多,而进口对于促进服务业的作用却不明显。与此结果相似,科技发展也是与第二产业之间有双向因果关系,而与第三产业之间只有后者对前者的因果作用,这暗示了科技发展、投资和工业增长之间会相互促进,科技投入越多促进了工业产品升级所需的技术发展,而工业增长后可以给科技发展带来更多的投入。不同的是,我国服务业的发展,尤其是金融、财务管理这类与资金分配效率有关的服务业,可以增强社会资金分配到科技发展的投入;但是,我国的科技投入大多数是投资于与工业有关的项目,进而导致与服务业发展之间相关的联系不同。

三个用来衡量金融发展的变量,人均银行资产、债券发行量和股票价值增量之间被发现具有相互的因果关系,更加直接地表明了多方面的金融发展的必要性,以及金融发展的不同方面相互促进共同发展的特性。鉴于金融在服务业甚至在整个国民经济发展中的重要地位,本次研究结果对于促进金融发展及利用金融业促进经济转型升级具有意义深远的政策含义。

小　　结

本章从理论和实证上分析了金融发展和经济转型升级之间的关系。理论上,本章先清晰了如何定义经济转型升级,讨论了经济转型升级涉及的经济结构调整、开放度发展和科技发展三个方面。然后,本章就这三个方面探讨了与金融发展之间的关系。从理论上的梳理可以得知,不管是在促进经济结构调整方面还是在提升开放度和科技发展方面,通过降低信息不对称、资源分配效应和风险管理功能,金融发展对于经济转型升级都是具有促进作用的;反过来,经济转型升级过程中对于金融服务和金融创新要求的提高也在不断地促进金融发展。因此,本章以内生增长理论和金融发展理论为基础,借用“金融发展就是金融机构和金融工具的发展”的思路,构建了分析金融发展与经济转型升级的理论框架,并运用格兰杰因果分析法进行分析。

在理论分析与探讨后,本次研究采用了2003—2015年间的省级面板数据进行了实证分析。除了采用4个变量来衡量经济转型升级的多方面变化,即第二和第三产业占地区GDP之比、开放度和科技发展,本次研究采用了三个变量,即人均银行资产、债券发行量和股票价值增量,来衡量金融发展的多层次变化。实证结果表明,金融发展与经济转型升级之间具有相互的联动关系,但是在不同的经济转型升级方面与不同的金融发展工具之间产生的因果关系却具有极大的差异性。这说明了金融发展多层次变化与经济转型升级多方面之间的相互作用具有极大的差异性,暗示了在推动第二和第三产业发展、国际贸易增长和科技进步方面,金融发展需要融合银行、债券和股票市场等多种金融工具提供有针对性的支持,从而能更好地利用不同的政策组合加快金融发展和经济转型升级之间的联动作用,推动我国在经济新常态下保持稳定的发展增速。

第五章　金融发展对促进“走出去”的影响分析

本章的目的是实证研究金融发展是否能够提升跨国企业的所有权优势，促进中国的对外直接投资（outward foreign direct investment，OFDI）发展。过去的几十年见证了一个以国际资本流动大幅增长为特征的加速的全球化过程，尤其是在新兴市场（Buckley 等，2007b；Kose 等，2009）。在这加快的全球化进程中，作为跨境资本和知识流动的渠道，跨国企业（multinational enterprises，MNEs）的发展被人们看作是主要的促进力量（Narula and Zanfei，2003；Singh，2005）。1990 年至 2016 年期间，来自发达国家的对外直接投资增加了 7 倍，而来自发展中国家的 OFDI 增加了 12 倍（UNCTAD，2017）。

为了加快对外开放和发展的步伐，像欧美、日本等国家的发展路径相似，新世纪以来中国也积极推动对外投资的进程。在过去的十几年，在中国政府推出的“走出去”战略，我国对外直接投资得到了快速增长。2016 年，中国是世界第二大外商直接投资来源国，仅次于美国（中国对外直接投资统计公报，2016），这自然地引起了学者们的兴趣，是什么因素推动了来自中国的对外直接投资的快速增长。关于母国方面的驱动因素，Liu 等（2005）和 Wang 等（2012）认为，国内经济发展程度是中国对外直接投资的基础。Giner and Giner（2004）强调了政府政策在促进中国企业到海外投资的重要性。Renard（2011）认为对外贸易是诱导中国企业采取 OFDI 国际扩张的关键。Wang 等（2012）认为生产要素和成本因素影响到了中国企业是决定留在家里还是将工厂转移到海外。

在以往的实证研究中,有一种国内因素,其促进中国对外直接投资的重要性目前还较少受到关注,这个因素就是母国的金融发展水平。根据国际直接投资理论(Dunning,1980,2002;Mariam and Cecilio,2004),母国区位优势的增强对一国企业的所有权优势的增强是有帮助的,也能有助于国内企业对国际生产的扩张,尤其是这一区位优势能帮助一国的跨国企业从国内资本市场获利。这说明,本国金融发展可以促进跨国企业所有权优势与资本融资效率,这也意味着对 FDI 流出的激励效应。

金融发展理论对母国金融体系的对外投资促进作用做了进一步的解释(Allen and Santomero,1998)。认为,母国的金融发展不仅可以降低国际运作的融资成本,而且可以帮助减少投资者与资本接收方之间的信息不对称。甚至在有些时候,来自国内金融机构的援助是许多小公司进行对外直接投资决策的先决条件,这是因为它们可能缺乏必要的在国际上收集足够的投资信息的能力。跨国企业还可以从规范的国内银行的财务管理中获益,这是因为后者能不断提醒注意国际扩张过程中的风险控制(Levine,1997;Giocanni,2005)。此外,母国金融发展可以通过提供风险资本来鼓励企业的技术更新和企业家精神,这增加了国内企业在海外进行技术开发的所有权优势,从而影响到公司的海外经营(Alfaro 等,2009)和促进了一国对外投资的发展。Giocanni(2005)和 Jongwanich 等(2013)的实证证据进一步支持了上述的理论解释。他们发现,国内金融发展与企业海外并购的增长之间有着很强的正相关关系,这意味着国内金融机构在提供融资来源、信息和风险管理服务等方面的重要性。他们认为,当跨国公司想收购或兼并分布在发达国家的企业的时候,来自于母国市场的融资来源将变得更加重要。

本章将提供母国金融发展是否促进了中国对外投资的新证据。本次研究将对现有的实证研究产生几点贡献。首先,我们将以开拓性的研究分析金融发展对中国的资本流出(以 FDI 的形式)的影响。其次,鉴于银行业在中国金融发展的主导地位,我们将细分银行业的发展为四个变量,即人均银行资产、本外币所有贷款、人民币贷款和外币贷款,测量其对我国对外投资的影响。第三,本章分别考察了金融发展对我国对外直接投资的长期和短期的影响。近年来,中国一直承担着其金融业全面开放和发展的国际压力下,这意味着中国的金融发展必须承担能促进对外投资的短期增长任务和长期发展目标。通过研究金融发展对我国对外投资每年的流出额和投资的存量的影响,对比金融发展影响的短期与长期作用,将提供更全面的分析,从而提出政策建议。最后,为了增加我们的实证结果的稳健性,本次研究采用了两种面板的估计法,即两阶段最小二乘(Two-Stage Least Square,TSLS)和动态广义方法矩阵法(dynamic Generalized-Method-of-Moments,dynamic GMM)。虽然这两种计量模式都是擅长于控制潜在的内生性问题,但是相对于TSLS,动态广义方法矩阵法则更集中于研究金融发展的长期影响。

本章余下的安排如下:第一节在回顾了主要变量的理论解释之后将构建本次分析的框架与模型。第二节将主要对各变量进行定义,明确衡量方法和所采用的数据,并确定实证模型的估计方法。第三节将讨论实证结果,并于第四节对实证分析进行总结和提出本次研究发现的政策含义。

第一节　分析框架与模型构建

在本次研究中,用来分析金融发展对中国对外直接投资影响的实证模型的理论框架是基于国际直接投资理论的跨国公司交易成本模型(Williamson,1985;Hennart,1994)和金融发展理论的金融媒介模型(Allen and Santomero,1998;Levine and Zervos,1998)。

从20世纪60年代开始,学者们就企业为什么在外国建立生产设施以及促使对外直接投资的原因进行了研究。其中,由Williamson(1985)和Hennart(1994)发展的国际直接投资理论的交易成本模型被众多的实证研究用作理论框架来解释国际直接投资的产生原因。根据该模型的解释,影响企业对外直接投资决策的关键因素之一是对海外投资和运营的成本考虑。那什么是交易成本呢?它可以大致划分为事前和事后成本。前者包括起草的成本、谈判和维护协议成本,后者涉及适应不良情况的成本、讨价还价成本、安装和运行成本(Williamson,1985)。Hennart(1994)认为,企业是否在国外的环境中运作成功是基于他们的对交易成本控制的能力,因为这将会极大地影响他们是选择国内或海外市场以减少交易费用而利润最大化的决定。哪些因素影响了企业的交易成本呢？市场规模，通过用 GDP 增长率和人均 GDP 来衡量（见 Gastanaga 等，1998；Asiedu，2002；Bilgili 等，2012），是一个被广泛认可的对国际投资成本有重要影响的因素。Bilgili 等（2012）解释说，市场规模的增加能导致规模经济的产生，从而促进潜在需求的增长和降低生产成本。然而，一个国家的市场规模可能会对其资本流入和流出产生不同的影响。东道国的市场增长对外商直接投资具有吸引力，因为它们可以找到更多的机会扩大业务，以覆盖投资成本和实现更大的利润。实证研究肯定了市场规模与 FDI 流入之间的正相关关系，尤其是对发展中国家而言（见 Grosse and Trevino，2005；Buckley 等，2007b）。相反，国内市场规模的增加可能会引诱企业不去海外投资，这是因为他们认为国内生产扩张将是更有利可图和成本更低的（Hennart，1994）。这也就是说，东道国的市场规模增加会吸引中国的对外投资，而我国国内的 GDP 增长则会引诱企业不愿意“走出去”。

人力资本也是决定国际资本流动成本的一个重要因素，并可以从人力资本质量和价格两方面同时影响一国的对外投资。一方面，母国丰富的人力资本将使国内企业积累一批有才能的雇员来更新技术，这增强了企业特定的所有权优势，也可以弥补在外国市场竞争时额外的成本（Dunning，1998，2002；Wang 等，2012）。另外一方面，劳动力成本也是影响对外直接投资流动成本的一个主要因素。Ozawa（1979）认为，由于国内工资水平上升而导致运营成本的急剧上升，迫使日本公司将工厂迁到了工资相对较低的亚洲国家。二十年后，Banga（2003）和 Bilgili 等（2012）从另一个角度重申了这一观点，并声称寻找低工资劳动力以降低企业经营成本是外国直接投资流入发展中国家的主要动机之一。这意味着一国劳动力成本的上升可能会阻止外国投资者的进入，同时促使国内企业将生产设施转移到海外，以避免交易成本的增加。

科技发展和国家开放程度也是影响对外直接投资的其他关键因素。为了保持超过国外市场的竞争对手的成本或技术优势，公司应该进行持续的生产工艺创新或新产品开发，而国内科技发展对于增强公司的高科技研发方面的所有权优势是非常有利的（Dunning，1998，2002；Wang 等，2012）。Fung and

Siu(2003)认为，通过探索新产品开发的先进技术来补充其传统的成本优势，发展中国家的企业可以大大增强其国际市场的竞争力。最后，开放程度，通常用一国的出口和进口与 GDP 之比来衡量(见 Asiedu，2002；Bevan and Estrin，2004)，也是一种传统的用来检验分析 FDI 流动交易成本的主要因素。目前，许多国家都采取优惠政策鼓励出口，导致了大量出口导向(也可称为出口辅助型)的对外投资。相比之下，自 20 世纪 80 年代以来随着贸易保护主义的抬头，越来越多的国家采取了进口限制政策，这导致了出口的交易成本迅速提升，最终迫使一国企业利用对外直接投资进入海外市场(Asiedu，2002)。值得注意的是，贸易保护主义同时也可能会阻碍一国对外投资的发展，引诱国内企业留在家里而不是往海外寻求发展，因为进口竞争的压力变小，而在国外的经营运作则要经历较高的投资成本和运行费用(Renard，2011)。

近年来，越来越多的研究强调金融发展在影响对外直接投资流动时的重要性(见 Alfaro 等，2004；Lee and Chang，2009；Jongwanich 等，2013)。大量的理论文献表明，通过金融机构的存贷款来加强资源转移和承担信贷风险，以及金融中介的降低信息获取成本和鼓励高回报的投资活动，金融发展有利于资源的有效配置，也有助于物质资本的形成(Allen and Santomero，1998；Levine and Zervos，1998；Beck 等，2000)。把金融发展理论运用到分析国际资本流动，越来越多的文献发现，发达的金融体系不仅可以帮助企业降低融资成本，也可以在很大程度上减少了企业在国外市场的交易成本。这也就是说，根据理论上的推测，金融发展可以促进一国的对外投资发展。一般来说，金融发展可以通过减少信息不对称、控制投资风险、鼓励技术创新和提供低融资成本来影响一国的企业“走出去”(详细讨论见第一章第三节的关于金融发展对一国经济的影响模式的分析)。

根据上述对理论文献的讨论，我们可以得出基于母国角度分析金融发展对中国对外直接投资发展的所用的实证模型如下：

$$OFDI_{i,t} = \alpha + \beta FD_{i,t} + \gamma X_{i,t} + \mu_{i,t} \quad \text{公式(5-1)}$$

其中，i 和 t 分别表示横截面和时间。$\mu_{i,t}$ 是误差项，OFDI 表示对外直接投资，FD 代表金融发展水平，X 表示一系列的控制变量。

第二节　变量定义、数据和计量方法

上一节的理论分析最终导出了本章将要使用的实证分析模型(公式 5-1),本节将要对模型中的变量进行衡量,分析所用的数据和采用的计量方法。在该公式(5-1)中,OFDI 衡量的是中国的对外投资发展水平,这里指的是中国非金融类对外直接投资。在目前的实证文献中,存量和流量是通常用来衡量对外直接投资的两种最普遍的方法。对外直接投资存量衡量从一个地点到另外一个地方在某一时间点的净对外投资的价值,而对外直接投资流量指的是一段时间内对外投资流入到一个地点的投资额,例如一年内。这意味着,存量检查了在某个时间点之前对外直接投资的累积效应,而流量检验了在一段时间内对外直接投资的影响。与现存的文献一致,我们研究金融发展与 FDI 之间的关系时利用对外直接投资存量捕捉长期影响(见 Jansen and Stokman, 2014;Wacker,2016)和对外直接投资流量检验短期维度(参见 Bevan 等, 2004)。

根据金融发展理论的金融媒介模型的解释,金融发展对经济的影响能涉及多个方面(Allen and Santomero,1998)。因此,我们采用六个变量来衡量金融发展对我国 FDI 流出的不同影响,即:人均银行资产(Bank asset per capita)用来衡量金融发展的总体水平(Choong,2012);Tloan,Debenture 和 Share 分别表示三种企业的融资方式,即检验商业贷款、企业债券和股票发行对我国对外投资的影响(Giovanni,2005;Choong,2012;Jongwanich 等,2013)。此外,商业贷款又进一步细分为人民币贷款和外币贷款,以说明不同类型贷款对中国企业投资决策的影响。

表 5-1　实证分析变量

变　量		定　义	数据来源
对外直接投资	流量	对外直接投资每年的投资额	SBCOFDI
	存量	截止至某年底对外直接投资的存量额	

续表

变　量		定　义	数据来源
金融发展	人均银行资产	年末银行资产总值除以各省人口总数	CRFOR, ACFB and CSY
	贷款总额	每年的商业贷款总额	
	人民币贷款	商业银行的人民币贷款额	
	外币贷款	商业银行以外币形式的贷款额	CRFOR and ACFB
	债券	每年非金融类公司发行债券额	
	股票	每年非金融类公司在国内股票市场发行股票额度	
对外贸易	出口	出口额	CTEESY
	进口	进口额	
GDP		国内生产总值	CSY
人力资源		大学生毕业生数	
科技投资		每年的科技投资额	CSYST
工资		工人的人均工资	CLSY

注：SBCOFDI：中国对外直接投资统计公报（*Statistical Bulletin of China's Outward Foreign Direct Investment*）；

CRFOR：中国区域金融运行报告（*China Regional Financial Operation Report*）；

ACFB：中国金融年鉴（*Almanac of China's Finance and Banking*）；

CSY：中国统计年鉴（*China Statistical Yearbook*）；

CTEESY：中国贸易外经统计年鉴（*China Trade and External Economic Statistical Yearbook*）；

CSYST：中国科技统计年鉴（*China Statistical Yearbook on Science and Technology*）；

CLSY：中国劳动统计年鉴（*China Labour Statistical Yearbook*）。

除了金融发展这一因素，在上一节的理论文献讨论中我们知道还有其他的母国因素也对中国对外直接投资产生影响，因此在实证分析中要控制这些因素，它们包括：衡量市场规模的 GDP 增长程度（Gastanaga 等，1998；Agbloyor 等，2012），衡量人力资源因素的大学毕业生情况（见 Schneider and Frey，1985，引用于 Banga，2003），用来衡量劳动力成本的实际工资率（见 Woodward and Rolfe，1993，引用于 Banga，2003），出口和进口的能力（见 Asiedu，2002）和测量区位科技发展水平的当地科技投入情况（见 Liu and Agbola，2014）。与 Asiedu（2002）采用的方法略有不同，其用国际贸易总值检测一个国家的开放程度，而本研究将进一步把国际贸易细分为进口和出口的价值。这有助于研究贸易政策对不同类型的对外直接投资流动的影响,例如对比市场寻求型与出口导向型的对外直接投资,对比定位母国市场与定位东道国市场之间的对外直接投资的差异。最后,所有变量的衡量方式汇总于表 5-1 中。

我们采用 2003 至 2015 年间的年度的省级面板数据。鉴于中国在改革开放后区域经济增长与金融发展差距大的特点(Lee 等,2012),本次研究的样本被分为 29 个省,但是由于数据的局限性,数据样本不包括西藏和青海省。在进行数据归类时,中国大陆的企业与香港、澳门和台湾的企业进行的投资或交易被对待为对外直接投资或国际贸易。在得出数据的实际值方面,本次研究采用从国际货币基金组织得到的 GDP 平减指数(IMF,2016)对数值进行调整,剔除通货膨胀因素,最后把所有的数据转化为对数形式用于最终的实证分析。衡量各变量的数据来源也汇总于表 5-1 中。

接下来,本次研究将要检测用于实证分析的数据序列的时间序列特性。根据 Christopoulos and Tsionas(2004 年)和 Kiran 等(2009 年)的建议,我们采用面板单位根检验模式,这是因为相对于标准时间序列单位根检验模式,其性能更优,尤其是在小样本的情况下。本次研究采用了三种单位根检验模式,即 Fisher-ADF(Fisher-augmented Dickey-Fuller)、LLC(Levine,Lin and Chu,2002)和 IPS(Im,Pesaran and Shin,1997)测试。Fisher-ADF 测试提供了一个基本的模型来测试随机趋势,也是最可靠的测试之一(Stock and Watson,2003)。相比于 ADF 检验,LLC 检验的优势在于控制数据序列间的相关性问题。在保留共同的自回归参数假设的同时,通过允许个体截距异质性的存在,LLC 检验在纠正时间序列数据序列相关性问题方面具有很强的优势(详细讨论参见:Wachter 等,2007;Ma and Oxley,2011)。对比之下,通过允许单位根回归模型中第一差分项的非齐次系数的存在,IPS 测试的优势在于它对纠正误差项的异方差问题的力量(Choi,2001;Wachter 等,2007)(更详细的讨论,见 Liu and Agbola,2014,Liu 等,2016)。由于单位根检验对于滞后阶的选择非常敏感,本次研究 Hsiao and Hsiao(2006)和 Kiran 等(2009)的建议,滞后长度选择在当 Schwarz 信息准则(Schwarz Information Criterion,SIC)是最小值的时候。表 5-2 汇总了单位根检验的测试结果。

表 5-2　单位根和协整检验结果
（金融发展对促进“走出去”的影响）

t-值		ADF	LLC	IPS
水平时				
对外直接投资	流量	139.7***	-14.54***	-6.753***
	存量	80.28**	-6.347***	-0.979
金融发展	人均银行资产	133.5***	-13.43***	-5.894***
	贷款总额	54.04	-7.379***	-0.313
	人民币贷款	55.55	-7.694***	-0.375
	外币贷款	55.68	-4.354***	-0.532
	债券	170.3***	-57.34***	-22.37***
	股票	131.9***	-12.91***	-5.967***
对外贸易	出口	63.68	-7.367***	-0.963
	进口	36.27	-1.718**	3.413
GDP		38.78	-2.449***	4.500
科技投资		86.60***	-7.841***	-3.148***
人力资源		38.83	-2.609***	2.455
工资		57.10	-4.743***	0.584
一阶差分				
对外直接投资	流量	217.8***	-19.16***	-11.80***
	存量	175.5***	-16.53***	-8.943***
金融发展	人均银行资产	175.4***	-15.49***	-8.851***
	贷款总额	154.4***	-16.99***	-7.757***
	人民币贷款	164.2***	-18.53***	-8.527***
	外币贷款	154.3***	-14.14***	-7.682***
	债券	315.1***	-33.94***	-24.06***
	股票	263.5***	-24.72***	-14.72***
对外贸易	出口	148.6***	-15.07***	-7.038***
	进口	162.2***	-18.71***	-8.450***

续表

t-值	ADF	LLC	IPS
GDP	87.82***	−6.962***	−2.346***
科技投资	164.2***	−16.55***	−8.391***
人力资源	255.4***	−36.22***	−16.78***
工资	112.5***	−9.669***	−4.711***
Kao 面板协整检验结果			
ADF t-值	对外投资流量模型[a] −10.23***	对外投资流量模型[b] −11.51***	对外投资流量模型[c] −11.51***
ADF t-值	对外投资流量模型[d] −11.48***	对外投资流量模型[e] −5.194***	对外投资流量模型[f] −12.04***
ADF t-值	对外投资存量模型[a] −8.599***	对外投资存量模型[b] −8.541***	对外投资存量模型[c] −8.541***
ADF t-值	对外投资存量模型[d] −8.656***	对外投资存量模型[e] −8.657***	对外投资存量模型[f] −9.245***

注：星号 ** 和 *** 分别表示统计显著度在5%和1%。上标 a-f 表示金融发展通过6个渠道分别影响对外投资的流量和存量，即：人均银行资产、贷款总额、人民币贷款、外币贷款、债券和股票。对于单位根检验，个体截距和趋向将进行控制；而对于协整检验来说，仅仅个体截距将被控制。将基于 the Schwarz Information Criterion 准则法自动选择滞后阶数（同见 Liu and Agbola，2014）。

结果表明，在1%的显著性水平，并不是所有数据系列的时间序列特性是平稳的，即I(1)，但是在转换为第一差分项时，都变平稳了，即I(0)。此外，虽然我们进行了单位根检验，但是，在分析中使用的数据序列的时间区间相对短的特点，意味着单位根测试的值有存在一定偏差的可能性。因此，我们接下来将继续谨慎地执行 Kao（1999）面板协整检验。Kao 协整检验的强大性在于其即能测试变量之间的长期关系，同时通过允许协整系数异质性的存在，也进行短期的动态调整（Morshed，2010）。变量之间协整关系的存在意味着估计模型的残差仍然朝着一个稳定的零阶趋势发展（Christopoulos and Tsionas，2004）。在这种情况下，数据序列可以在不遇到虚假问题的情况下进行估算与回归（Hill 等，2011）。在协整关系的检验中，我们仍然采用 SIC 方法来选择滞后长度，表5-2报告了测试结果。结果表明，公式（5-1）推导出来的六个对外直接投资模型的数据系列的整体协整关系在 1%的显著性水平上是平稳的,意味着变量之间的长期均衡关系。因此,我们可以对对外投资模型的水平模式进行估计与回归分析。

在对公式(5-1)所确定的对外投资模型进行估计和回归分析时,本次研究将采用两阶段最小二乘法(TSLS),这是因为这种计量方法对采用小样本数据集的模型具有强大的分析功能(Baltagi,2001,Greene,2008a),而且在控制潜在的内生性和异方差的情况下,可以得到最有效的工具变量估计结果(Greene,2008b)。此外,根据 Beck 等(2000)提出的建议,我们还将使用动态广义矩阵法(dynamic Generalized-Method-of-Moments,dynamic GMM)。采用此技术的主要原因是因其能有效地控制难以观察到的省级特有影响的同时,还能处理潜在的内生性问题。跟随 Beck 等(2000)的方法,我们采用 GMM 估算的五年平均移动法研究金融发展与对外直接投资之间的长期关系,虽然这样可能局限于检验经济周期的关系。这样,最终本章将采用了两种计量估计技术。所有解释变量的滞后一期作为 TSLS 和 GMM 估计的工具变量(参见 Aggarwal 等,2011)。此外,本次研究还遵循 Baltagi(2001)和 Hill 等(2011)的方法,用怀特对角线法(White diagonal method)校正估计模型的潜在的异方差(heteroscedasticity)问题。最后,利用第 7 版 Eviews 计量软件对模型进行估计和回归分析。

第三节　实证结果讨论

把对外直接投资流量作为因变量的计量回归结果都归纳于表 5-3,而把对外投资存量作为因变量的分析结果则归纳于表 5-4。在这两个表中,列(1)至列(6)分别表示不同的衡量金融发展的变量对中国对外直接投资的影响实证结果。此外,我们还进行了涉及功能形式选择的初步分析。我们进行了似然比检验(likelihood ratio test)和赫斯曼检验(Hausman test),两者的测试结果都表明控制固定效应的模型要有利于控制随机效应的模型。接着,我们进行了冗余变量检验(redundant variable test),测试结果建议选择横截面固定效应模型。调整后的拟合度（R^2-Adjusted）结果表明从整体上来看估计的对外投资模型值都在0.73以上，说明在很大程度上中国对外直接投资的变化可以归结为解释变量的变化。同时，F统计值（F-statistics）的显著性在1%，这表明解释变量一起能显著地影响FDI流出中国。解释变量的估计参数的符号与理论上的期望相一致，因此我们继续讨论实证结果的含义。

实证结果表明，金融发展可以通过不同的方面对中国的对外直接投资产生具有差异性的影响。人均银行资产，外币贷款和债券发行的增长对对外直接投资每年的流出和存量的增加有显著的正面影响作用，表明不管是在短期还是在长期，这些方面的金融发展是能够促进中国对外直接投资的增长。相比之下，人民币贷款和股票发行的增长与对外直接投资关系不大，影响并不显著。在对外投资流量模型中，总贷款增长的作用显示是微不足道的，但是到了股存量模型中变成了10%的显著水平。这些结果表明，人均资产增加代表的金融发展能够通过增加资本积累的所有权优势促进中国企业走出国门。此外，以外币和公司债券发行的商业贷款将提供直接融资，以支持海外投资。不同的是，以人民币计价的商业贷款是不能够帮助中国企业进行海外投资。在国内股票市场发行股票也未能为对外直接投资提供融资，这是因为，在本次研究的时间段即2003—2015年间，平均不到5%的地方企业融资是通过股票市场进行的，这说明通过股票市场推动的金融发展对我国企业的'走出去'起不到很好的支持辅助作用。

表5-3和表5-4表明，不管是从短期来看还是从长期来看，进口都与中国对外直接投资的增长正相关，这再次说明了进口能够增强在进行海外生产扩张前的所有权优势（Mariam and Cecilio，2004）。引进技术和关键部件可以提高企业在国外建厂前的生产能力，就算进口制成品也可以帮助国内企业了解国外生产标准和市场信息，从而提高其海外运营能力。在对外投资流量模型中，出口变量的系数无统计的显著意义，但在存量模型中，在5%或1%显著水平上其变成负的。这说明，从长期来看，出口对中国的对外直接投资的增长会产生替代效应，尽管这种替代作用可能不会在短时间内发生，例如一年。

表 5-3　金融发展对中国对外直接投资的影响

（被解释变量:对外直接投资流量）

常数项		-1.520	-2.708	-2.722	-2.321	10.329*	-4.177
金融发展	人均银行资产	0.968***					
	贷款总额		0.088				
	人民币贷款			0.024			
	外币贷款				0.398***		
	债券					0.468**	
	股票						-0.066
对外贸易	出口	0.015	-0.041	-0.035	-0.032	0.041	-0.005
	进口	0.313***	0.519***	0.521***	0.188	0.550***	0.532***
GDP		0.764**	0.440	0.460	0.760**	-0.132	0.373
科技投资		-0.056	0.225	0.236	0.109	0.535**	0.200
人力资源		-0.130	-0.409	-0.405	-0.525*	-0.934**	-0.221
工资		-1.308*	0.217	0.257	-0.030	-2.014*	0.563
调整后的 R^2		0.769	0.738	0.739	0.749	0.679	0.738
F-值		57.12***	54.69***	54.77***	58.12***	54.02***	55.99***
X2(赫斯曼检验)		29.85***	25.32***	26.46***	30.47***	23.27***	22.49***
F(最大似然比检验)		5.216***	4.685***	4.682***	5.167***	4.101***	4.664***
F(冗余变量检验)		17.15***	3.099*	3.531*	13.50***	6.198**	0.213

注:星号*、**和***分别表示统计显著性在10%,5%和1%。

表 5-4　金融发展对中国对外直接投资的影响

（被解释变量:对外直接投资存量）

常数项		-0.846	-1.809	-2.143	-1.601	7.031	-3.925
金融发展	人均银行资产	0.873***					
	贷款总额		0.508*				
	人民币贷款			0.371			
	外币贷款				0.478***		
	债券					0.291*	
	股票						-0.028

续表

对外贸易	出口	-0.191 **	-0.276 ***	-0.269 ***	-0.224 ***	-0.166	-0.227 **
	进口	0.490 ***	0.697 ***	0.708 ***	0.293 ***	0.700 ***	0.690 ***
GDP		1.170 ***	0.547 **	0.618 **	1.094 ***	0.288	0.863 ***
科技投资		-0.056	0.092	0.107	0.037	0.429 *	0.106
人力资源		-0.456 **	-0.575 **	-0.573 **	-0.694 ***	-0.875 **	-0.484
工资		-1.350 **	-0.176	-0.042	-0.227	-1.450	0.426
调整后的 R^2		0.872	0.865	0.864	0.879	0.778	0.862
F-值		131.29 ***	123.87 ***	122.96 ***	137.77 ***	113.22 ***	123.3 ***
X2(赫斯曼检验)		93.70 ***	76.30 ***	74.67 ***	87.21 ***	73.77 ***	69.99 ***
F(最大似然比检验)		8.281 ***	7.451 ***	7.187 ***	8.485 ***	6.977 ***	6.165 ***
F(冗余变量检验)		20.77 ***	6.255 **	3.336 *	48.45 ***	3.068 *	0.111

注:星号*、**和***分别表示统计显著性在10%,5%和1%。

实证结果表明,衡量母国市场规模发展的GDP变量与对外直接投资呈正相关关系。这个发现进一步支持了理论上的解释,国内市场的增长会提升企业的所有权优势,为培育他们海外生产扩张的能力打下基础(Hennart,1994;Dunning,1998)。与理论上的解释相一致(参见Dunning,1998),本次研究的实证证据表明,衡量国内技术发展的科技投资增长可以鼓励中国企业进行海外投资。这表明,国内市场上的技术更新将提高企业在海外业务的竞争力,从而鼓励中国企业走出去到海外市场进行直接投资和生产经营。对比之下,我们检验到人力资本与中国对外直接投资呈现负相关的关系。这一发现表明,国内劳动力不断提高劳动生产率而导致的人力资本的增长会使企业不愿意离开国内市场,尤其是对效率寻求型对外直接投资的跨国企业而言(Dunning,1980;Wang等,2012)。

有趣的是,在十二个估计值中,有三个估计值显示了在5%或10%显著水平上工资变量的系数变成了负号,这说明国内工资率的上升可能对中国对外直接投资没有影响或者也可能产生负面影响。新千年以来,中国工人的工资稳步增长。Zhang and Liu(2013)认为,促进工资增长的主要因素之一是中国工人,特别是技术工人的劳动生产率稳步提高。此外,在工资率上升的同时也会促使成本敏感的外商企业把工厂搬到其他低工资的国家(Dunning,2002;Mariam and Cecilio,2004)。再加上对外国企业的优惠政策的减少和2008年新劳动法实施以来,劳动力成本的急剧上升使得一些跨国企业逐渐离开中国,这让出了一些市场空间给中国的国内企业。我们的研究表明,国内劳动生产率的提升和市场空间的增加可能会降低一些中国企业进行海外直接投资的意愿。此外,如果一家中国企业想在国内生产零部件或最终产品,然后在国外设立组装工厂或销售机构,那么国内工资增长之后而导致的生产成本的增加会削弱其国际扩张的能力(Wang等,2012),而这也会减缓中国对外直接投资的发展步伐。然而,这些类型的企业可能为数不多,从而导致了在本次研究中发现的工资增长对中国对外直接投资的负面影响不是特别明显。

第四节　结论与政策含义

近年来,有关金融发展对国际资本流动影响的研究日益增多。采用时间跨度为2003—2015年和覆盖中国29个省份的面板数据,本章研究了金融发展对我国对外直接投资的每年流量和存量的影响。本次研究采用了六个变量衡量金融发展对中国对外直接投资的影响。实证结果表明,金融发展水平与中国对外直接投资的发展呈正相关关系。更具体地说,以外币形式的商业贷款和企业债券发行能够提供直接融资渠道,支持中国企业向海外扩张。相比之下,以人民币计价的商业贷款和在国内股票市场进行的融资与对外直接投资之间没有显著关系,这表明中国的海外投资的融资来源并不充足。

本章还研究了其他因素对中国对外直接投资的影响。我们发现衡量市场规模的GDP增长能增强国内企业的所有权优势,从而促使他们的“走出去”。以大学毕业生人数衡量的人力资本与我国对外直接投资呈负相关关系,说明国内劳动力质量的提高会促使一些效率寻求型的国内企业不愿意把工厂转移到国外。以各地科技投入衡量的科技水平发展被发现与我国对外直接投资的增长呈正相关关系,说明了母国的科技发展可以增强企业在技术方面的竞争力,从而帮助他们进行海外扩张。研究还发现,进口对对外直接投资有积极的促进作用,这意味着近年来中国政府积极推动的进口增长战略与“走出去”战略之间存在互补关系。不同的是,出口对对外直接投资的长期增长有替代作用,这将对中国新千年以来,一方面希望加快推进“走出去”的战略,同时另外一方面也希望保持出口高速增长,提出了严峻的挑战。最后,我们检验了工资的增长与对外直接投资之间的关系,发现工资的增加会阻碍对外直接投资的发展,尽管影响效果并不是十分显著。这表明由于生产率增长而导致的工资增长,以及由于工资增长促使部分外国企业离开中国从而导致国内市场的腾出,会影响我们部分企业‘走出去’的决心,但是这部分企业的数量却不是很多,也不会对我国对外直接投资整体性的发展产生显著的影响。

从本项研究中我们可以得出若干政策含义。首先,由于直接投资的回报通常需要很长时间,中国的金融机构可能需要提供长期融资模式来支持国内企业在海外投资和经营运作,尤其是采用以当地货币融资的支持模式来促进我国企业的全球布局。这可能促使我国金融机构改革,更新其融资支持和资金管理技能,增强其国际上的竞争力和海外金融布局的能力。此外,实证结果表明,金融发展支持我国对外直接投资的模式单一,通过金融市场进行股票融资的方式没有起到支持作用,因此,发展多种融资渠道、强化股票市场的直接融资模式对于支持我国企业的海外扩张和经营运作是非常必要也是十分迫切的。

其次,人力资本的增长一方面可以提高我国企业的劳动生产率,提升他们的国际竞争力,促进他们走出国门,从而推动对外直接投资的发展;但是,另外一方面,劳动生产率的提高也会促使工资的增长,而使得企业用工成本的增加,加上 2008 年以来新劳动法的实施致使过去那种低用工成本的模式逐渐消失,进而导致外国企业的离开,也使得部分本土企业竞争力下降和更加愿意留在国内去争夺外国企业转移留下的市场。本次研究发现,这即阻碍了我国对外直接投资的发展,也可能会引起国内企业的资本战。为避免这种情况进一步恶化,中国政府应实施政策措施,在提高劳动质量的同时,应减少税负降低企业劳动成本。第三,积极扩大出口的促进政策的使用在中国并不是一个新的概念,而本研究提出采用进口的政策来发展我国经济尤其是促进我国企业的‘走出去’则是一个新的概念。通过进口技术和关键零部件可以增强企业的所有权优势，激发国内企业的海外投资，反过来这些公司可以利用国外低成本的生产资源为国内市场服务。这项建议是有意义的，因为在国际市场贸易保护主义的压力下，中国政府自 2011 以来一直在寻求平衡的贸易政策。最后但并非最不重要，本研究得出的结论支持了中国政府利用科技投资促进经济发展的观点。作为国内科技投入的副产品，科技发展还将提高国内企业的所有权优势，从而刺激其“走出去”到国外生产经营，加速发展我国的对外直接投资。

第六章　金融业对外投资对金融发展和结构调整的影响

从上面几章的分析可以看出，金融发展对于一国经济增长和转型升级升级，甚至是对于推动其对外发展战略，有着极其重要的作用。鉴于金融业对于一国经济的重要性，中国，像世界上其他大多数国家一样，一直积极推动金融发展与改革创新，这可以从过去几十年我国的经济改革总是伴随着金融改革看出金融业的重要地位。1979 年，随着我国从计划经济向市场经济的改革步伐，金融业也开始了其改革历程。这一年，作为经济体制改革的一个主要部分，中国人民银行进行了改革，以分离其监督职能和商业职能。同年，第一家全国性的商业银行中国银行成立，紧接着中国建设银行和中国农业银行也成立了。90 年代，随着中国深化改革的进程，《中国人民银行法》于 1995 年颁布了，标志着中国金融业的规范建设的开始。新世纪，随着中国加入世贸组织，银监会、证监会成立，《银行业监督管理法》等一系列法律法规的实施，促使着中国的金融与经济一起走向国际化与法制化的发展道路。总之，从过去的历史可以看出金融发展历程与中国经济改革发展是息息相关的。

作为金融改革发展一个重要方向，我国一直大力推动金融业的对外直接投资。伴随着我国"走出去"战略的实施与深化，金融业"走出去"的规模也在不断扩大，近年来一直维持着强劲的增速。从 2017 年 10 月颁布的 2016 中国对外直接投资公报的统计数据中，我们可以获知，2007 年我国金融业对外投资的流量仅为 166,780 万美元，而到了 2016 年，这个值变成了 149.2 亿美元，年均增长率超过了 150%。从存量变化来看，2007 年至 2016 年间，金融业对外投资的存量从 1,671,991 增长到 1773.4 亿美元，而且在所有的行业中其存量排名第二,仅次于租赁和商务服务业。不管是对国际直接投资理论还是经济增长理论的探讨,我们可以知道,企业对外投资不单是可以扩展海外市场,促进国内本行业或者带动相关行业的生产,以扩大规模来实现规模经济,还可以从国外带来资源、关键零部件与技术,促进国内产业升级,以及带来推动国内品牌在国际上的名声等一系列积极作用;同时,对外投资也可能产生带走国内资金、出口替代效应和造成国内产业空心化等负面影响。那金融业对外直接投资对于我国的金融发展是带来正面作用还是负面效应更多呢?然而,回顾现有的文献,我们发现关于金融业对外投资对于本国金融发展的影响的文献为数不多,缺乏研究的深度与广度,尤其是关于我国金融对外投资对于本国金融业的发展产生了哪些影响的研究更是寥寥无几,这也就给了本次研究的动力,尝试着填补相关空白。

本章余下的安排如下:第一节将简要回顾关于金融业对外投资,尤其是关于中国金融对外投资的文献。第二节将基于时间序列数据的简单分析金融业对外直接投资对我国金融发展在哪些方面产生什么样的影响。此外,鉴于数据来源的局限性,第三节将进行案例分析补充,研究金融企业"走出去"会给国内金融业的发展带来什么作用。最后是对本章的研究进行一个小结。

第一节　简要文献回顾

关于影响对外直接投资的因素以及对外投资对母国经济的影响,我们在第一章第一节对国际直接投资理论进行探讨时,就已经进行了详述,并在其他章节进行了一些补充分析。这些理论上的分析同样适用于对金融业对外投资的研究,即便金融业是一个特殊的行业,所以我们在此就不再赘述理论文献了,而是简要回顾相关的实证研究,特别是关于中国金融业对外投资的。

关于金融业对外直接投资的实证文献大多数集中在分析是什么原因促使了金融机构的"走出去",而在研究领域方面主要集中分析银行金融机构的对外投资。在调查分析全球商业银行的海外经营后,尤其是检验了日本的商业银行在韩国设立分支机构的情况后,Campbell and Kracaw(1980)发现银行的资产规模与海外设立分支机构的数目呈正比关系,也就是说银行的规模决定了对外直接投资的多少。他们认为随着银行规模的扩大,就会拥有更多的资金和资源进行管理与调整,从而能够找到更多的途径与方法应对对外投资时的不确定性因素,降低与抵抗投资风险,也就会越敢于进行海外直接投资。Tschoegl(1983)分析了全球100家规模最大的银行在外国的设点情况后,他的研究也支持Campbell and Kracaw(1980)的观点,发现随着银行资本规模的扩大,该银行在海外设立分支机构的数量和其在欧洲货币市场上的业务量也会跟着增长,表明了大银行更愿意通过对外直接投资进行海外扩张,这支持了国际直接投资理论垄断模型的解释,即企业的海外扩大本质上是其垄断力量的国际延伸。Terrell(1979)和Sabi(1988)也同意上述的观点,一致认为规模效应可以使得商业银行在海外进行机构网点扩张时建立成本上的优势,并能迅速增强所有权优势使其在东道国与当地银行进行竞争时不落于下风,从而可以延伸后续的生产扩张。此外,Sabi(1988)还发现,一国的金融类对外投资与其非金融类对外直接投资是相互促进增长的,因为为了抓住客户资源和提供便捷式的金融服务,商业银行往往愿意跟随本国的企业到东道国投资和设立分支机构。

关于规模与银行的对外直接投资之间的关系,Grosse and Goldberg(1996)从另外一个角度进行了探讨,而从本质上来说,他们的分析仍然是基于国际直接投资理论垄断模型。在研究在美外资银行的母国银行业的市场规模关系对其国际扩张的影响后,他们发现母国银行业的整体市场规模显著性地影响其海外直接投资动机和模式。在澳大利亚的例子上,Williams(1996)研究了外资银行在澳建立分支机构的分布情况,也得出了同样的结论,即母国的银行业规模影响着商业银行的海外扩张情况。在研究了28个经济合作与发展组织国家的商业银行在海外经营的情况后,Fozcarelli and Pozzolo(2000)也发现了相同的研究结果,即母国银行业的资产规模的增大对本国银行在海外设立分支机构有着显著的促进作用。

除了研究规模效应对商业银行的海外扩张的影响,学者们还研究了其他的影响因素。例如,在分析了1989—1999年间意大利银行业在海外经营的情况后,Mutinelli and Piscitello(2001)认为是否具有丰富的跨国经营与管理的经验是影响意大利银行对外直接投资的主要因素。而且,跨国管理的经验越丰富，商业银行的海外运作效率则越高，就越容易也越倾向不断的海外扩张去寻求大量并且地理分散的客户以降低交易费用和风险（Ursacki and Vertinsky，1992）。这种解释突破了传统的国际直接投资理论的垄断模型，而是基于Williamson（1985）和Hennart（1994）的交易成本模型来分析的。对比之下，Miller and Parkhe（1998）和Yamori（1998）继承了Kojima（1978）和Ozawa（1979）的飞翔大雁模型来分析贸易与银行业的海外扩张之间的关系，并发现双边贸易的增长会促进美国和日本的银行去海外设立分支机构。Miller和Parkhe（1998）的研究显示，在1987—1995年间美国制造业与银行业的对外直接投资两者之间是显著联系的，而且随着母国与东道国之间贸易的增长，美国的商业银行在其设立分支机构的数量也随之增加。这是因为一是商业银行跟随重要客户进行海外扩张，维持稳定的客户关系；二是客户在东道国的前期商业竞争，可以为后来跟进的商业银行增加竞争优势的增添砝码；三是客户在东道国的前期经验与运作，可以帮助后续跟进的银行降低因文化差异而增加的额外经营成本，这对于他们迅速提升效率、培育竞争优势是极为有利的（Guillen and Tschoegl，1999）。在实证检验了1995—2000年间影响美国金融业（以银行为主）在全球各地的对外直接投资的因素后，王燕辉等（2004）也认为起决定影响作用的因素是金融机构之前的投资检验和两国双边贸易往来情况，再加上东道国的经济金融发展水平。

此外，还有为数不多的研究分析了非银行类金融机构的对外直接投资的促进因素与影响。例如，Giocanni（2005）对155个国家（不包括中国），Jongwanich等（2013）对新兴的亚洲国家和Agbloyor等（2012）对非洲的研究结果显示，以股票和债券市场国际一体化为发展标志的金融深化，即是跨国并购的动力，也是受益于跨国并购。

随着中国经济在世界上的重要性越来越突出，关于外国银行来华设立分支机构的分析也是当前的研究热点之一，而且大多数的研究还是沿用上述从母国银行业或银行本身的规模、跨国经营经验、贸易关系以及东道国的区位优势①

① 关于东道国区位优势对于吸引外资银行的作用，由于与吸引非金融类对外直接投资的影响因素是一样的，在此就不赘诉了，详细讨论见第二章第二节关于国际直接投资理论的探讨，或者见Dunning（1995）。

来分析在华的外资银行的情况。例如，我国学者王晞(2005)分析了大型外资银行在华设立分支机构的情况，也得出了母公司的资产规模是影响对外资银行在华设立分行的主要原因。苗启虎、钟根元(2006)则分析了双边贸易额与外资银行在华情况之间的关系。对比上述的文献，Leung 等(2003)则基于 Dunning(1995)的 Dunning 的生产折衷理论，分析了东道国的区位因素对于吸引外国银行的影响。他们发现中国市场的特殊优势是吸引亚洲其他国家的银行来华的最主要原因。在分析了外资银行选择中国不同城市的原因后，张红军、杨朝军(2007)认为中国的高速经济增长带来的巨大市场机会以及服务于来自母国同中国有贸易往来的公司是影响外资银行进入中国市场最根本的因素。

在关于中国金融业对外直接投资方面的研究，目前来说是为数不多，而且大多数研究只是分析了什么原因促使了我国金融类对外投资。例如，李众敏(2011,2013)分析了中国金融业对外投资的现状与面临的挑战。她认为全球金融危机、过去的成功经验和非金融类企业的"走出去"对金融服务要求的提升，都是推动我国金融业对外投资的动力。王胜邦等(2014)则分析了中国银行业海外布局应该采取什么样的策略，以及提出了海外区域布局建议。苗启虎、钟根元(2006)是屈指可数的研究中国金融业对外投资对于国内经济发展某个方面影响的文献，他们发现中国商业银行的对外投资，用国外设立机构数的增减来衡量，对于我国非金融类企业的"走出去"有显著的促进作用。然而，他们却没有分析金融业对外投资对于国内经济发展其他方面有什么样的影响，也没有细分对于非金融类企业的"走出去"的影响在哪些方面，比如不同类型或行业的企业，产生了促进效应。此外，关于我国金融业对外投资对于国内金融业自身的发展会有什么样的影响，更是一项研究空白，这也就激起了本次研究的兴趣，尤其是分析金融业这一特殊的行业，正如 Karlsen 等(2003)和 Braunerhjelm 等(2005)指出一个国家的制度结构、工业和地区特点、空间距离、国家间生产要素流动渠道的选择等都会影响海外金融投资对于母国经济是产生促进还是阻碍作用。

第二节　金融业对外投资对金融发展的影响：基于时间序列数据的简单分析

从第一章第一节的理论探讨可以看出，对外直接投资可以扩展国内市场、获取海外资源和技术、以及带动国内相关行业的生产，对国内的经济发展有着积极的作用，而且能够产生长期的影响。此外，从上几章的分析，我们可以得知，金融发展对于我国经济转型升级和发展有着极其重要的作用，而且金融发展可以从不同的方面促进经济发展。鉴于金融业在一国经济发展中的重要地位以及我国当前正处于金融改革发展的关键时刻，我们不禁要问那金融业对外直接投资对我国金融业自身的发展影响如何，是对金融发展哪个方面带来了促进还是抑制作用？这些就是本节实证研究所要关注的问题。

从理论上来说，目前并没有一个专门的理论或模型用来解释金融业这一特殊行业的对外直接投资对国内金融发展和结构变化产生什么样的影响，因此，本节的实证研究将主要基于国际直接投资理论，结合 Goldsmith(1969)的金融(结构)发展模型来确定变量和进行分析。从上一章的分析我们知道，对外直接投资在短期内和长期内产生的影响是完全不同的，因此，我们将遵循传统的分析方法，采用流量和存量分别衡量了对外投资的短期和长期效应。关于衡量金融发展，我们将采用 Goldsmith(1969)的金融发展就是金融机构和工具变化的思路来分解金融发展的不同方向。那什么是金融结构和工具的变化呢？基于 Goldsmith(1969)的理论分析与定义，张军洲(1997)对一国的金融发展的变化进行了描述，并对金融机构和工具进行了区分。他解释道，一国的金融发展首先可以从其金融资产增长情况看出发展的趋势，金融资产增长越快，尤其是其附加值的增长越快，金融发展的前景就相对越看好，如果金融资产和附加值能保持较长时间的增速，那一国的金融发展可以攀登到一个新的台阶。其次，可以从金融机构的进化来金融发展的方向，例如，是朝着银行主导型还是市场主导型的金融体系发展。还有，可以从金融工具的变化程度和多样性看金融发展的程度，一般来说，金融媒介机构所持有或者所创新的金融工具的种类越多,一国的金融体系对非金融部门提供呢的服务就越丰富,则该国的金融发展越好。因此,我们将采用5个变量来衡量金融发展,即:金融业增加值、银行资产、贷款总额、债券发行量和股票价值增量。第一个变量用来衡量金融发展的整体水平,在正常的情况下,金融业增加值增长的越快,说明金融业的升级越好,我国金融系统的整体水平越有进步。后面四个变量主要是衡量了三大类型的金融机构和工具,传统的商业银行及其金融服务方式、投资类金融机构及其融资模式和股票市场及其融资方式。此外,鉴于银行业及其资金分配模式对于我国金融体系发展和经济发展具有决定性的地位,本次研究采用了两个变量来进行分析,即银行资产的增长来衡量银行业规模的扩大,而贷款的增长来衡量银行业支持经济发展的方式。这样,最后的实证模型如下:

$$FD_{k,t} = \alpha + \beta\, OFDI_{l,t} + \mu_t \qquad \text{公式(6-1)}$$

其中,t 表示时间。μ_t 是误差项。OFDI 表示金融业对外直接投资,而 k = 1,2 表示衡量对外投资的两种方法。FD 代表金融发展水平,l = 1,2,…,5 表示运用的衡量金融发展的5个变量。

由于受到金融业对外直接投资数据来源的限制,本节的实证分析将采用时间序列数据,检验区间则选择在2006—2015年之间,同时为了不减少统计量的自由度,我们只能采用单一自变量和因变量一起进行回归分析,即分别用对外直接投资存量和流量对各金融发展变量进行回归而没有加入其他控制变量。衡量金融业对外直接投资流量和存量的数据来源于《中国对外直接投资统计公报》,而关于衡量金融发展的5个变量,衡量金融业增加值的数据来自于《中国统计年鉴》,衡量银行资产的数据来自于《中国区域金融运行报告》,衡量贷款总额、债券发行量和股票价值增量的数据选自《中国金融年鉴》。在进行数据处理的时候,我们也选择了与第五章第四节同样的方法,即把中国大陆对港、澳、台湾的投资划分为对外投资,而且也采用GDP平减指数法对数值进行调整,以及最后把所用的数据系列转化为对数形式用于回归分析。

在进行回归分析之前,我们采用 Augmented Dickey-Fuller(ADF)和 Phillips-Perron(PP)两种方式进行了单位根测试以检验数据的时间序列特性和平稳性,以免得到虚假回归结果;而且我们仍然沿用上面对滞后长度的处理办法，采用SIC模式选择最优滞后长度，同时控制了趋势与截距。检验结果归纳于表6-1，显示当数据在水平时，不是所有数据序列都是平稳的，而进行一阶差分后，所有数据序列变平稳了，显著性在1%至10%之间。因此，我们接着采用约翰森协整检验（Johansen cointegration test）进行协整性测试，测试结果显示在要分析10组变量数据之间（投资流量和存量分别与5个金融发展变量进行对应）存在协整关系，表明下面进行的分析仍然可以数据水平时进行回归测试，而不用担心虚假统计值的问题，这样还可以统计量自由度的损失。

本节的回归分析将采用最小二乘法（least square，LS）和两阶段最小二乘法（Two-stage least square，TSLS），前一种计量方法将提供基本的回归分析结果，而后一种计量方法的长处则在于控制潜在的内生性（Endogeneity）问题。在进行两阶段最小二乘法回归分析时，我们参照以往的研究（详细讨论见：Liu and Agbola，2014；Liu 等，2016），把解释变量的滞后一期用做工具变量。此外，在这两种计量回归时，我们对回归系数协方差矩阵采用怀特法（White method）校正模型的潜在异方差性（详细讨论见：Baltagi，2001；Hill 等，2011）。最后，金融类对外直接投资对金融业附加值、银行资产和贷款、以及债券和股票市场的影响的实证分析结果分别归纳于表6-2至表6-4，并且显示回归模型的平稳性F-值是在1%显著水平至不显著之间进行变化的，并且校正后的决定系数（Adjusted-R^2）介于0.04至0.96之间变化，说明了金融类对外直接投资对我国金融发展的不同方面产生了不同程度的影响，而且促进或者无作用之间的差异性很大，这引起了我们的兴趣，将继续讨论实证分析结果究竟显示在哪些方面金融对外投资对国内金融发展产生了什么样的影响。

表6-1　单位根和协整检验结果

（金融业对外投资对金融发展和结构调整的影响）

变量（t-值）		水平时		一阶差分	
		ADF	PP	ADF	PP
金融业对外投资	流量	-11.39***	-30.47***	-4.373**	-9.19***
	存量	-6.71***	-12.36***	-9.01***	-12.2***

续表

变量(t-值)		水平时		一阶差分	
		ADF	PP	ADF	PP
金融发展	金融业增加值	-8.39***	-21.05***	-5.60**	-15.8***
	银行资产总额	-0.185	0.804	-4.105*	-3.84*
	贷款总额	-0.785	-0.008	-6.24**	-4.22**
	债券发行量	-1.546	-10.36***	316.4***	-5.22**
	股票价值增量	-4.05*	-7.907***	-4.274**	-7.10***

约翰森协整检验(Johansen cointegration test)

		金融业增加值	银行资产总额	贷款总额	债券发行量	股票价值增量
金融业对外投资	流量	20.48***	17.78***	20.47***	20.97***	32.09***
	存量	18.47***	17.06**	19.61**	38.29***	19.86***

注:约翰森协整检验给出的是 Trace 统计值(trace statistic)。

***,**,*分别表示在1%,5%和10%的显著水平上平稳。

表 6-2　我国金融类对外直接投资对银行业发展的影响

因变量 / 解释变量	银行资产总额				贷款总额			
	最小二乘法	TSLS	最小二乘法	TSLS	最小二乘法	TSLS	最小二乘法	TSLS
截　距	3.156*** (8.294)	1.865*** (6.067)	4.015** (3.079)	-5.575* (-1.847)	3.066*** (7.954)	1.756*** (5.296)	3.843*** (4.890)	12.78 (0.629)
金融类对外直接投资存量	0.418*** (7.379)	0.605*** (13.44)			0.391*** (6.810)	0.581*** (11.97)		
金融类对外直接投资流量			0.324 (1.491)	-1.125 (-0.337)			0.307* (2.205)	-1.182 (-0.348)
校正后的决定系数	0.856	0.961	0.119	0.499	0.834	0.950	0.121	0.056
F-值	54.45***	180.8***	2.223	0.746	46.38***	143.2***	2.243*	0.738

注:***,**,*分别表示在1%,5%和10%的显著水平上平稳。括号内表示该系数的t-值。

表 6-3　我国金融类对外直接投资对债券和股票市场发展的影响

因变量 / 解释变量	债券发行量				股票价值增量			
	最小二乘法	TSLS	最小二乘法	TSLS	最小二乘法	TSLS	最小二乘法	TSLS
截　距	-0.172 (-0.273)	-1.835** (-3.37)	1.369 (0.954)	10.06 (0.580)	2.447* (2.007)	5.122*** (4.641)	5.897*** (5.812)	9.662 (1.148)
金融类对外直接投资存量	0.635*** (6.689)	0.877*** (10.79)			0.181 (1.012)	-0.207 (-1.26)		
金融类对外直接投资流量			0.452* (1.832)	-0.989 (-0.344)			-0.372* (-2.104)	-0.995 (-0.716)
校正后的决定系数	0.870	0.872	0.085	0.769	0.048	0.041	0.180	0.044
F-值	61.58***	57.77***	4.840*	0.788	1.452	1.080	2.980	0.322

注：***，**，*分别表示在1%，5%和10%的显著水平上平稳。括号内表示该系数的t-值。

表 6-4　我国金融业对外投资对金融业增加值的影响

因变量 / 解释变量	金融业增加值			
	最小二乘法	TSLS	最小二乘法	TSLS
截　距	1.146** (3.031)	0.021 (0.055)	2.269 (1.523)	11.75 (0.539)
金融类对外直接投资流量	0.479*** (8.517)	0.643*** (11.54)		
金融类对外直接投资存量			0.348 (1.404)	-1.228 (-0.337)
校正后的决定系数	0.888	0.949	0.097	0.063
F-值	72.55***	133.2***	1.973	0.746

注：***，**，*分别表示在1%，5%和10%的显著水平上平稳。括号内表示该系数的t-值。

表6-2显示，不管是在当期还是滞后一期，金融业对外直接投资流量与我国金融业增加值之间都存在正相关关系，投资流量每增加一个百分点，我国金融业增加值要增长0.479或0.643个百分比，这说明金融机构对外直接投资带来的海外市场扩展、更多资金来源以及金融服务和管理技术的提升可以促进国内金融发展，加快金融业附加值的增长，而且对外投资发生一年后的作用要比当年的作用稍微更好一些。然而，实证结果显示，对外投资存量的系数

却不显著，说明随着时间的变迁，中国金融对外直接投资对国内金融业增加值增长的促进作用将逐渐变得不明显，对外投资的促进作用在一年左右可能还比较显著，但是从长期看则不会明显，这其中的一个原因可能是因为当前金融发展的形式和金融服务技术的更新变化太快，尤其是在国际经济环境突变和互联网等高科技的推动之下，对外投资带来的好处将不会持续很久，这暗示了我国金融业的对外投资发展需要持续不断的推进。

表6-3分析了金融对外直接投资对我国银行业发展的影响。与上一个图表发现的结果相似，我们发现金融业对外投资流量的增加对我国银行资产和贷款总额的增长由具有正作用，显著性在1%，表明了金融类对外投资带来的市场扩展能帮助我国的银行机构加速海外市场布局，增加更多的贷款项目，从而增强银行的资产繁殖能力。实证结果显示，金融类对外投资存量，在最小二乘法检验中，对于我国银行业的发展被发现有促进作用，显著性在10%，然而当变量滞后一期后，影响则变得不显著了。这说明了从长期来看我国金融类对外直接投资对于银行业的发展还是具有沉淀作用的，但是这种对外投资的沉淀促进作用不会持续很久，也进一步肯定了上一段的分析，即金融业对外投资需要持续发展才能更好地推动我国银行业的显著进步。

表6-4分析了金融对外直接投资对债券和股票市场发展的影响，并且显示对这两个市场的作用截然不同。金融对外投资流量被发现我国债券发行量的增长有明显的正作用，显著性在1%，但对于股票价值增长的促进作用就不显著了，说明我国金融对外投资能帮助企业的国际运营，促进其通过债券发行进行海外融资，而且这种促进作用即使在对外投资发生一年后还是有显著的影响；然而，金融类对外投资不管是在发生的当年还是一年后，对于我国股票价值增量的增长却没有显著的促进作用，这其中一个关键原因就是中国股市发展的封闭性，股票的发行与价值的增长更多的是受到国内环境尤其是政策的影响，而对于外部金融发展的反应还是很缓慢的。表6-4的研究结果还显示了，对外投资存量在当期对债券发行量的增长也是具有促进作用的，显著性在10%，但是滞后一期后，作用就是不显著了。此外，对外投资存量在当期尽管对股票价值增量的增长有促进作用，显著性在10%，但是模型的显著性却无法达标。这些表明从长期来看，我国金融对外投资对我国债券市场发展还

能带来沉淀的促进作用,但是这种沉淀效应不会作用很长时间,最多一年有效期。然而,不管是在短期还是在长期,金融对外投资对于我国股票市场发展的作用都不显著,说明除了通过银行贷款,对外投资还可以促进债券市场之一金融工具的发展,扩展我们金融业分配资金的渠道,但是在如何利用金融业对外投资的机会发展我国股票市场还需要各级部门的认真考虑。

第三节　对中国工商银行的案例分析

上一节我们利用时间序列数据对金融业对外直接投资对我国金融发展的影响进行了计量分析,并且分析了 5 方面的影响,但是由于数据的限制使得我们无法进行更加细化的研究,鉴于此本节将要对中国工商银行的对外投资,尤其是近十几年的海外设点行为,进行案例分析。之所以选择工商银行主要是因为新世纪以来该银行是我国最活跃的对外投资金融机构,通过海外并购和设点等方式,其近年来已经设立了十几个海外分支银行和数十个金融网点,逐步形成了全球性战略布局。通过此案例分析,我们希望研究为什么工商银行要在特定的区域布局或收购特定的外国银行,尤其是要分析我国金融政策在背后支持作用,以及分析海外布局给工商银行带来了什么好处与变化,为最终的合理化建议提供详细分析的研究结果。

随着改革开放的不断深入,中国与世界经济的融合日益加深,企业“走出去”成为发展的必然趋势。截至 2016 年,中国对外直接投资已超过 1900 亿美元,成为仅次于美国的第二大对外投资国。中国“走出去”战略的实施也为中国银行业的对外直接投资提供了良好的契机。截至 2016 年底,中国银行、中国农业银行、中国工商银行、中国建设银行和交通银行 5 家国有商业银行已在海外 42 个国家和地区设立 79 家分行、57 家附属机构,总资产超过 1. 2 万亿美元。虽然从境外机构数量来说,中国工商银行是排在中国银行之后为第二多,但是从发展趋势来看,其是我国银行业“走出去”中非常具有代表性的,尤其是新世纪“走出去”战略实施以来,其对外投资的快速发展、海外并购的模式和循序渐进的全球布局具有很好的典型分析特点。

中国工商银行于1984年1月1日成立,在2005年10月28日整体改制为股份有限公司,并于2006年10月27日在上交所和香港联交所同日挂牌上市。在对外直接投资这一方面,2000年以前其只有10家海外分支机构,其海外资产占总资产比例低于3%,这对比汇丰银行、德意志银行等国际性大银行所拥有的海外资产占总资产的比例在50%左右来说,工商银行的海外运营能力要差一大截。但是新世纪以后,工商银行加速了海外布局与扩张,截至2015年,工行共进行了16次海外并购且全部成功,加上自主申设部分,目前已在42个国家和地区设立了397家机构。此外,借参股南非标准银行,工行已将其海外布局间接延伸至20个非洲国家,并与147个国家和地区的1827家境外银行建立了代理行关系,形成横跨全球6大洲的全球服务网络。

从工商银行海外布局的发展来看,其海外投资走的是从香港,到周边东南亚国家,然后走向更远的欧美等国的一条循序渐进之路。之所以工行选择这样一条海外发展之路主要是因为受国内政策、其海外运营经验和国际经济环境变化这三方面的因素影响的。2000年以前为中国工商银行对外投资发展的初期萌芽阶段,在这个阶段其对外投资的规模和境外分支机构的设立都很有限。在20世纪80年代,工商银行还没有在境外设立分支机构,而造成这种情况的最主要原因就是国内政策的影响。虽然1979年我国颁布的15项经济改革措施中曾提到允许出国创办企业,但是在其后颁布的《关于加强海外投资项目管理的意见》中提出,中国还不具备大规模到海外投资的条件,这限制了工商银行的海外投资。这种情况直到1991年8月国家计委发布《关于编制、审批境外投资项目的项目建议书和可行性研究报告的规定》之后才有改观。该规定提出,允许中国的企业、公司或其他经济组织以投资、购买股票等方式到中国港澳地区和苏联、东欧各国,举办或参与举办非贸易性项目,但是不允许中国企业到其他国家和地区开展境外投资。这使得中国工商银行在1993年在香港收购厦门国际财务公司组建了工商国际,选择在香港开始其海外投资的第一步。香港成为中国工商银行的首要投资地,除了政策的推动外也与香港的地理位置、历史原因有关,加上其国际金融中心地位,工商银行可以利用香港作为窗户与国际市场接轨。

1997 年对外贸易经济合作部发布了《关于设立境外贸易公司和贸易代表处的暂行规定》,1999 年,国家经贸委、财政部、外经贸部又联合发布了《关于鼓励企业开展境外带料加工装配业务的意见》。这两项政策的颁布是为了更好地促进企业“走出去”,加上几年前在香港的投资使得工商银行具有了一定的海外运营的经验,1998 年工行联合东亚银行收购西敏亚洲证券有限公司组建工商东亚;2000 年,工行收购香港友联银行 53.24%的股份,标志着中资银行首次通过收购上市银行的方式进入海外市场。随后,工行将香港友联银行与工行香港分行合并,成立了工银亚洲,并把工银亚洲打造成工行在香港地区的旗舰,目前工银亚洲已经发展成为香港第六大本土银行。这一系列的整合使得工行在香港的经营有了一定的基础,也为其利用香港向海外其他地区扩张提供的前期经验与基础。

2000 年全国人大九届三次会议正式提出实施“走出去”战略,随后召开的党的十五届五中全会又把“走出去”作为国家经济主要发展战略之一。这促使了工商银行的对外投资进入了第二个发展阶段,快速成长期。2003 年 6 月,中国大陆和香港特别行政区政府间的“更紧密的经济伙伴协议”(CEPA)开始实施,这一方面使得香港地区的银行可以更低的标准进入大陆市场,另外一方面也更好地推动了内地银行投资香港。同年,香港中信嘉华银行在决定进入大陆市场的同时出售了其在华商银行中 40%的股份(过去香港中信嘉华银行是通过华商银行进入大陆市场的)。华商银行被工行深圳支行部分所有,之后转给工行总部。2004 年工行的对外投资热情被商务部公布的《关于境外投资开办企业核准事项的规定》进一步推高。当年 5 月工银亚洲正式收购华比富通银行成为其全资银行,并改名为华比银行,此次合并的总收购价为 21.5 亿港元(约 2.77 亿美元)。当年末,工银亚洲的总资产值由 662 亿港元增至 993 亿港元,总资产排序在香港银行业中第 6 位。2006 年,工商银行借助在香港积蓄的力量开始向我国周边的东南亚国家进军,当年其与印尼 Halim 银行的股东签订收购协议,以约 2200 万美元收购其 90%的股份。这是工商银行第一次以收购方式进入国外市场,同时也是其第一次跨国收购。表 6-5 列出了中国工商银行海外收购的时间、目标银行和所在地区。

表 6-5　中国工商银行海外扩张的序列表

收购时间	目标银行	地　区
1993 年	厦门国际财务公司	中国香港
1998 年	西敏亚洲证券有限公司	英属维尔京群岛
2000 年	香港友联银行	中国香港
2003 年 6 月	华商银行	中国香港
2004 年 5 月	华比富通	中国香港
2006 年 12 月	印尼 Halim 银行	印度尼西亚
2007 年 10 月	南非标准银行	南非
2008 年 1 月	澳门诚信银行	中国澳门
2009 年 6 月	加拿大东亚银行	加拿大
2010 年 4 月	泰国 ACL 银行	泰国
2011 年 8 月	美国东亚银行	美国
2011 年 8 月	阿根廷标准银行等三家企业	阿根廷
2013 年 4 月	永丰金控、永丰银行	中国台湾
2014 年 1 月	标银伦敦	英国
2014 年 4 月	Tekstilbank	土耳其

数据来源:根据各年工商银行年报统计得出。

为了加快我国企业“走出去”的步伐,2007 年党的十七大报告提出把“引进来”和“走出去”更好地结合起来,这也促使了工行开始走出亚洲。2007 年 10 月 25 日,工行宣布与南非标准银行就股权交易和战略合作事宜达成协议。工行支付约 366.7 亿南非兰特(约 54.6 亿美元)的对价,收购标准银行 20% 的股权,成为该行第一大股东。并购时工行按市值估算约为 34000 亿美元,超过花旗银行成为全球市值最大的银行。在当时,此次并购是中国规模最大的一次对外直接投资,也是南非规模最大的一次外国直接投资。同时,此次海外投资不单使工行开始了全球布局,也使得其境外资产和利润开始对其营业产生了一定的影响,显示出一定的重要性。从图 6-1 可以看出,2006 年工行境外的利息收入占比开始有 1.74%了,而境外资产占整个中国工商银行总资产的比例也有 2.78%。到了 2007 年,这两个比例分别上升到 1.77%和 2.9%。

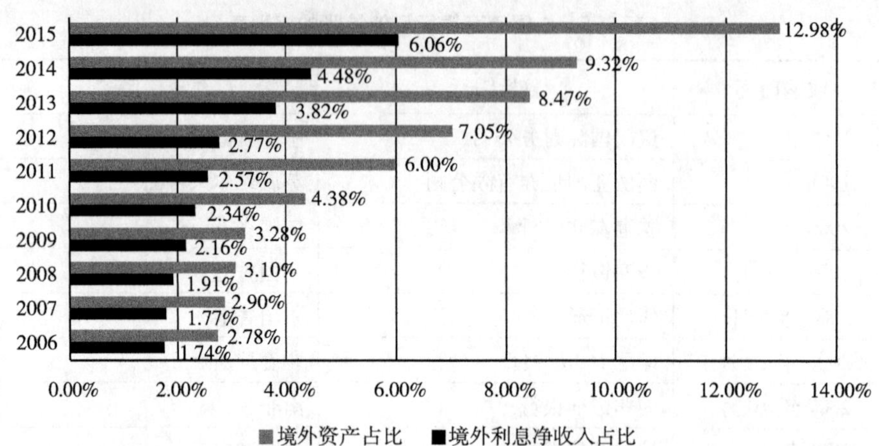

图 6-1 中国工商银行境外利息收入与资产占比,2006—2015 年

数据来源:根据各年工商银行年报计算得出。

2008 年,欧美发生金融危机,这即检验了中国应对风险的能力,也给了机会进行海外扩张。一方面,中国实施积极的财政政策和货币政策,引导金融机构合理把握投放节奏,优化信贷规模,进一步发挥市场机制的作用,有效应对国际金融危机造成的冲击,另外一方面,中国抓住世界经济进行调整的机会,积极推动企业"走出去"参与全球产业重构,尤其是加快进入欧美等发达国家市场。表 6-6 统计了 2005—2016 年中国对主要经济体对外投资存量变化的情况,从该表可以看出,2005 年,中国对香港直接投资的存量占总投资的 63. 83%,欧盟为 1. 27%,美国为 1. 44%;到了 2010 年,中国对香港的直接投资占总投资的比重有所下降,对欧盟和东盟的投资分别增加了 2. 63%和 2. 3%,对美国的投资占总投资的比重略微有所增长;到 2016 年,中国对中国香港的投资占总投资的比重已下降到 59. 8%,但对欧盟、东盟及美国的投资增加明显。从中国对各地区投资的占比来看,虽然中国对外投资的主要目的地还是香港,但是随着中国对外开放程度越来越高及各种政策的支持,中国逐渐加大了对香港以外的国家何地区,尤其是对欧盟、东盟及美国的投资力度。2008 年之后,中国加大了对外投资支持力度的同时,也促进了工商银行"走出去"的力度与开阔性,其对外投资发展进入到第三个阶段,全面发展阶段。2008 年,工商银行以澳门币 46. 83 亿元(约 5. 72 亿美元)收购诚信银行,组建为中国工商银行(澳门)股份有限公司(工银澳门)。2009年,工行澳门支行与澳门诚兴银行合并,工银澳门成为当地第二大银行,使得工行迅速加强在港澳的金融实力,强化了利润来源。当年,工商银行以7500万美元收购加拿大东亚银行70%的股份,并以4800万美元向东亚银行出售其持有的工商东亚75%股权。这一交易使得工行从其与东亚银行的合资投行业务中撤出,同时在加拿大获得战略性的银行牌照和客户群基础,使其顺利进入到北美金融市场,这也为其后续进军美国打下了前期的基础。

表6-6　中国对主要经济体对外投资存量统计　(单位:亿美元、%)

年份	中国香港		欧盟		东盟		美国		其他	
	存量	比重	存量	比重	存量	比重	存量	比重	存量	比重
2005	365.1	63.83%	7.256	1.27%	12.562	2.20%	8.23	1.44%	178.8	31.26%
2010	1990.6	62.80%	124.97	3.90%	143.5	4.50%	48.74	1.50%	865.3	27.3%
2016	6568.6	59.80%	644.6	5.90%	627.16	5.70%	408.02	3.70%	2735	24.9%

数据来源:《2016年度中国对外直接投资统计公报》,中国统计出版社2017年版。

2010年工商银行境外投行业务依旧保持着强劲的增长势头,全年境外投行业务收入达到了10.95亿元人民币,较上年增长118%。工银国际注册资本9.39亿港元,2010年末工银国际总资产为11.32亿美元,实现净利润6904万美元。2010年,工商银行宣布,完成对泰国ACL银行的资源要约收购,以35.5亿泰铢(约1.16亿美元)收购其97.24%的股份,并更名为中国工商银行(泰国)股份有限公司(工银泰国),这次投资使得工行在东盟的布局更加完善。2011年,工商银行宣布与美国东亚银行股权买卖交易达成协议,工行以1.4亿美元的对价收购美国东亚银行80%的股权。这是首次中资银行对美国商业银行的控股权进行收购,这意味着中资银行未来可以收购方式登陆美国,并成为中资银行在美业务扩张的新里程碑。东亚银行(截止到2012年)拥有约7.8亿美元资产,在加利福尼亚州和纽约总共设有13家分行(洛杉矶有5家、旧金山有5家、纽约有3家),基本上覆盖了中国在美国投资的核心地区。当年,工商银行紧接着与阿根廷标准银行及其两家关联公司(一家基金管理公司Standard Investments S.A.和一家商务服务公司Inversora Diagonal S.A.)与南非标准银行等就80%的股权交易买卖达成了协议。2012年,上述交易完成交割。这是中资银行首次收购拉美地区的金融机构,也是中资银行首次在境外(港澳台地区以外)控股收购一家真正意义上的主流商业银行。至此,工行在南北美洲都开设了分支机构,全球布局战略逐渐凸显。

2012年,党的十八大提出,加快走出去步伐,增强企业国际化经营能力,培育一批世界水平的跨国公司。2013年,中国提出的"一带一路"倡议为"走出去"提供了战略支撑,将为对外直接投资开辟广阔的天地;党的十八届三中全会提出,适应经济全球化新形势,必须推动对内对外开放相互促进、引进来和走出去更好地结合,加快培育、参与和引领国际经济合作竞争新优势。2015年,《中共中央国务院关于构建开放型经济新体制的若干意见》提出,确立并实施新时期走出去国家战略,努力提高对外投资质量和效率;党的十八届五中全会提出要培育一批跨国企业。这一系列的国内政策支持,加上工行已经积累了良好的海外投资与运营的经验,其全球布局的提速也是更加明显了。2013年,工行与永丰金融控股股份有限公司(简称"永丰金控")和永丰商业银行股份有限公司(简称"永丰银行")就认购永丰金控和永丰银行20%股份事宜签署了股份认购协议。2014年,工行与永丰金控和永丰银行就延长交易选定等待期签署了补充协议。该次交易以将在台湾金融监管机构关于大陆商业银行的持股比例正式放款至20%后实施。当年紧接着,工行向标准银行伦敦控股有限公司(简称"标银伦敦")收购标准银行公众有限公司(简称"目标银行")已发行股份的60%。随后,工行墨西哥子行正式揭牌成立,这是墨西哥第一家中资银行。至此,工商银行已在阿根廷、巴西、秘鲁和墨西哥四个拉美国家设立了营业机构,形成了较为完备的拉美地区服务网络。此外,也在当年,中国工商银行向土耳其 GSD Holding A.S.收购 Tekstilbank 已发行股份的75.5%。全球性的战略布局给了工行快速发展的机会,一是使得其整体实力明显加强,二是增加了其盈利来源与能力。2013年,中国工商银行在《福布斯》2013全球企业2000强的榜单中跃居榜首,超越了埃克森美孚,成为全球的最大企业,这是中国企业第一次居于《福布斯》榜单之首。此外,从图6-1可以看到,其境外资产占整个中国工商银行总资产的比例在逐年增长,到2015年的已经增长到12.98%;而其境外利息净收入占比也是逐渐增加,从

2008年的1.91%增长至2015年的6.06%。

从上述分析可以看出，对外投资战略给予了工商银行良好的发展机遇，其对外发展的步伐不会停止，全球布局的脚步只会加紧，而且会更好地服务于国家的经济发展战略。2017《中国对外直接投资与股价风险评估报告(2017)——"一带一路"：海外建设新版图》，其中更是明确提到，中国将努力发展成为世界主要"资本净输出国"，未来投资前景良好，尤其是"一带一路"建设与拉美地区将会给投资带来巨大的潜在机会。因此，可以推测，中国工商银行应也会在中国对外投资政策的导向作用下，进一步布局拉美地区与"一带一路"沿线国家。此外，截止到2016年，工商银行在境外的分支机构已超过了55家，随着其在境外的机构数量越来越多，境外资产越来越庞大，境外利润的重要性越来越显著，下一步一个主要的工作就是强化海外运营与管理，进行全球资产整合。

小　结

鉴于金融企业"走出去"在我国经济发展战略中的重要性，本章研究了金融业对外直接投资对于国内金融发展的影响。首先，我们回顾了关于金融业对外直接投资的相关文献。目前来说，此领域大多数的文献还是集中在分析是什么原因促使了金融类企业的"走出去"，并归纳主要原因有规模效应、前期投资经验、与客户共同海外发展、与贸易的联动、以及以股票和债券市场国际一体化的推动等。在关于中国金融业对外直接投资，目前的研究为数不多，而且大多数也是分析了什么原因促使了我国金融企业的"走出去"，而关于金融类对外投资对国内经济影响的研究则寥寥无几，关于对国内金融业自身发展的影响的研究更是一个空白。鉴于此，本章运用了计量方法和案例研究分析了金融类对外投资对我国金融发展的影响。

由于受到数据来源的限制，我们采用了2006—2015年的时间序列数据，实证检验了我国金融类对外直接投资对国内金融发展的影响。我们分别用流量和存量衡量了对外投资的短期与长期性，而且用5个变量分别衡量了金融发展的整体性、在银行资产和贷款增长、债券和股票市场方面的影响。实证分析在检验数据单位根和协整性之后，采用了最小二乘法和两阶段最小二乘法对模型进行回归分析。回归结果显示，对外投资对金融发展的不同方面产生了具有差异性的影响。金融业对外直接投资流量被发现，不管是在当期还是滞后一期，对国内金融业增加值的增长具有促进作用，然而，对外投资存量的系数却不显著。我们发现对外投资在发生的当年或者一年后可以对我国银行资产和贷款总额的增长产生正面作用，且显著性为1%，而投资存量仅在当期被发现有促进作用，显著性在10%。对比之下，在对外投资发生的当年或者一年后，仅对我国债券发行量的增长有明显的促进效应，但对于股票价值增长的促进作用就不显著了。研究结果还显示了，对外投资存量在当期对债券发行量的增长也是具有促进作用的，显著性在10%，但是滞后一期后，作用就是不显著了。这些发现暗示我们，金融类对外投资对国内的金融发展是具有促进效应的，但是对不同方面促进模式是不同的，如何利用金融业对外投资的机会加快我国金融业全面发展这是需要认真考虑的。

为了进一步分析金融业对外直接投资对我国金融机构带来了什么样的具体影响，本章还对中国工商银行进行了案例分析。从工商银行海外布局的发展来看，其海外投资走的是从香港，到周边东南亚国家，然后走向更远的欧美等国的一条循序渐进之路。之所以工行选择这样一条海外发展之路主要是因为受国内政策、其海外运营经验和国际经济环境变化这三方面的因素影响的。2000年以前为中国工商银行对外投资发展的初期萌芽阶段，在这个阶段其对外投资的规模和境外分支机构的设立都很有限。2000年“走出去”战略的正式实施促使了工商银行的对外投资进入了第二个发展阶段，快速成长期。其不仅加快了对外投资的步伐，也开始“走出”香港，向周边的东南亚国家进军。2008年，欧美发生金融危机，这即检验了中国应对风险的能力，也给了机会进行海外扩张，这也开始了工商银行的对外投资发展的第三个阶段，全面发展阶段。工商银行抓住机遇，开始进入加拿大、美国和南美市场。全球性的战略布局给了工行快速发展的机会，一是使得其整体实力明显加强，二是增加了其盈利来源与能力。从推测可以得知，在今后工商银行应也会在我国对外投资政策的导向下，进一步布局拉美地区与“一带一路”沿线国家，此外全球资产整合将会是其未来的工作重点之一。

第七章　金融业对外投资对经济增长的影响：金融发展的媒介作用

从上面几章的分析可以得知，金融发展对于我国经济转型升级有着积极的推动作用，而金融业对外直接投资又能推动金融发展，那不禁要问，金融业对外直接投资对我国的经济增长产生了什么样的影响？然而，回顾现有的文献，却发现能回答这个问题的研究还是一个空白，这就给了本次研究的动力。因此，本章将实证检验通过国内金融发展这一传媒渠道，金融业对外直接投资对我国经济增长的影响程度与促进模式。

以金融自由化、服务信息化、金融创新不断深化为特色的金融业全球化是当前世界各国金融发展的趋势。为了更好地迎接金融业全球化带来的机遇与挑战，中国，像许多世界上其他国家一样，近年来也积极地推动金融机构的“走出去”与全球战略布局。中国对外直接投资公报（2016）的数据显示，2015年度中国的金融业对外直接投资净额（流量）是244亿美元，较上年增长26%；到2015年末，中国金融业对外直接投资存量达到1650亿美元，较上年末增长30%。在中国金融业对外直接投资流量和存量中，九成投向境外的金融机构，其他投向境外非金融企业。截至2016年底，中国金融部门国有商业银行共在境外45个国家和地区设立了83家分行、59家附属机构，雇佣外方员工4.8万人，而在2011年还是32个国家和地区设立了62家分行、32家附属机构，外方雇员3.2万人。从这些数据中可以看出，强劲的金融类对外直接投资发展势头显示了中国推进金融业全球化的决心，也说明了期望利用金融业全球化推动我国经济的可持续性增长的战略目标，尤其是在当前我国经济增长进入新常态的情况下。这给了本章研究的基本定调和价值。

本次研究将对现有的实证文献将产生几点贡献。首先，本章将以开拓性的研究分析金融业对外直接投资对中国经济增长的影响。其次，鉴于金融业对外投资的目的是推动国内金融发展，作者将从理论上理清金融发展这一传媒渠道的作用，即金融业对外投资会影响国内金融发展，而国内金融发展又最终影响经济增长。第三，本章将从多方面来考察金融发展过程中不同的传媒渠道对经济增长的影响。作者将根据 Goldsmith(1969)的金融发展一方面就是金融工具变化的思路，采用了 4 个变量对金融发展进行衡量，并检验金融业对外投资与国内金融业附加值增长、贷款增加、债券发行量和股票价值增量之间的联动作用对经济增长的影响。最后，为了增加实证结果的稳健性，本次研究采用了两种面板的估计法，即面板最小二乘法(Panel Least Square, PLS)和两阶段最小二乘法(Two-Stage Least Square, TSLS)。虽然这两种计量模式都是擅长于研究金融发展和金融业对外投资的长期影响，但是相对于 PLS，两阶段最小二乘法则更集中于控制潜在的内生性问题。

本章余下部分安排如下：第一节将从理论上探讨金融业对外直接投资、金融发展与经济增长三者之间关系的内在机理，并着重分析金融发展这一传媒渠道起的关键作用。第二节对变量的选取进行说明并设定了计量模型，第三节对实证所用的数据进行处理，并进行单位根和协整性检验。第四节对中国金融业对外投资与经济增长的关系进行了实证研究，最后是对全文的总结，并探讨实证分析结果的政策含义。

第一节　文献回顾：金融发展、金融业对外投资与母国经济增长

内生增长理论是广泛被用于实证研究金融发展和金融业对外投资对一国经济增长的理论之一。根据内生增长模型的解释，经济增长是生产过程中公共和私人投资于人力资本和知识密集型产业的内生增长的结果(Todaro and Smith, 2012)。基于这一概念，对外投资和金融发展被认为对经济增长的影响

可以通过技术转移和溢出效应来实现的(Nair Reichert and Weinhold,2001)。金融媒介和对外投资作为流通渠道,促使了一国地区间和国家之间的知识流动。

根据 Romer(1990)的阐述,简单的内生经济增长模型可以解释如下:

$$Y = AK^{\alpha}L^{\beta} \qquad \text{公式(7-1)}$$

其中 K 和 L 分别代表了生产过程中的两类基本要素,资本和劳动力;而 A 代表了促进技术进步和经济增长的外部生产环境。

资本作为基本的生产要素能直接推动经济增长,通过资本的积累可以帮助企业实现规模经济,从而以更少的资源生产更多的产品。资本也可以通过支持研究部门的创新活动,使得创新产出实现规模报酬递增,进而推动经济的可持续性增长。正如王国栋(2009)的解释,虽然资本不是技术进步的源泉,但却是技术进步的重要保障之一。杨小凯(2003)进一步阐述道,资本对于经济增长的直接与间接推动作用之间是一个回旋式分工扩张的过程。在这个过程中,由于专业化程度的加深,现代化生产体系需要更多的分工环节,这导致了资本深化以满足不同专业设备的需求;同时,生产分工环节的细化需求更专业化也更加复杂科研体系的支持,而这背后又是需要有更多的资本来支撑。

与资本相似,劳动力对于经济的可持续性增长也可以产生直接和间接的推动作用。劳动力可以作为最终产品生产的投入要素,主要通过其教育提升(education-promotion)的"内在效应"而直接作用于经济增长(Barrow and Sala I Martin,1995)。劳动力也可以作为技术生产的关键投入品以推动知识创新,加上通过提升劳动力的质量以加速技术的吸收与扩散,进而对经济增长产生间接促进作用(Benhabib and Spiegel,1994;Islam,1995)。此外,综合其直接与间接作用,劳动力还可以产生推动经济增长的联合作用机制,即边学边干过程中产生的"外在效应"(learning-by-doing effects)(Engelbrecht,2003)。

影响技术进步和经济增长的生产环境因素有很多,包括贸易开放度、城镇化水平(杨有才,2014)、利用外资程度(沈坤荣,2001)和海外生产扩张能力(刘生龙,2009)等等。近年来,随着金融业对于一国经济发展的重要程度在日益增加,越来越多的学者开始研究可促进经济持续性增长的金融发展机制。

传统上来说,金融发展可以为促进经济增长提供资金,并降低融资成本;然而现代金融发展更多的是通过风险管理和金融创新功能来支持技术创新和经济增长的。一般来说,在对企业进行融资前,金融机构会对该企业的技术创新能力进行评估并关注其技术发展过程。一国的金融体系越发达,其评估与监督成本则越低,进而能提供给企业更加优惠的融资条件,以支持更高水平的技术创新活动(King and Levine,1993;De la Fuente 和 Martin,1996)。同时,通过风险分担作用,发达的金融体系还能帮助企业分散技术创新过程中的跨期风险,促使其更加合理地进行研发投入,进而提高技术创新的成功率(Levine,1991)。此外,金融部门自身也可以通过创新活动,提高金融效率,优先支持高收益的创新活动,助推一国科技发展(Michalopou Loseetal,2009)。总而言之,金融发展支持企业创新活动的行为有利于强化市场竞争(Zoltan and Armington,2003)、促进新兴产业的产生并创造比较优势(Sharma,2007)、打破依靠资本或关系获得财富的格局,增强经济体的创新能力(Morck、Strangel and Yeung,2000)进而促进经济增长。

具体来说,银行的信贷体系、债券市场和股票市场是一国金融发展影响经济增长三种最普通的传媒渠道。凭借其信息收集方面的优势和专业知识,银行可以对贷款申请项目进行甄别,对发展前景好的技术项目进行金融支持,提升社会资源的产出效益(孙伍琴,2004)。银行体系越发达,对信贷项目的甄别能力也越强,资金使用效率也就越高。在发放贷款后,银行还可以督促和激励企业完善公司治理以降低经营风险、增加收益(叶耀明,2007)。在某些情况下,当企业进行技术创新程度高,但资金需求大、投产周期长的项目时,银行还可以组团进行贷款发放,并且其中一家银行成为该企业的股东,银企之间建立长期而紧密的联系,使得产品从创新到投产整个过程都得到充足的资金支持(李松,2002)。这对于支持一批科技创新高、社会效益好的项目,效果尤为显著。

除了银行信贷体系,一国的金融发展还可以利用债券市场来促进经济增长。在债券市场上,不同规模、不同行业、盈利前景各异的企业被赋予不同的融资成本,拥有先进技术且更能适应市场的企业被筛选出来,获得融资,得到进一步的发展,由此形成优胜劣汰、企业与行业更替发展。而且,金融发展还可以利用债券信用评级形成有效的市场激励与约束机制,通过评价系统的揭示风险的指标性作用,促使企业珍惜信誉,在相互竞争中不断改进和提高,进而促进经济的增长(吴晓灵,2005)。

发展股票市场也是各国普遍采用的渠道来促进经济增长,利用股票市场的价格机制引导资源投向高技术、高回报的产业(Eugene Fama,1970)。通过股票上市,企业可以募集到大量资金用于创新项目和生产改进,但是如果投资没有达到预期的利润,其股票价格就会下跌,就会难以进行再融资,从而促使其不断选择效益好、具有发展前景的方向进行生产扩张。正如李松(2002)指出,募股筹资的直接融资方式对企业发展有一种事后筛选和淘汰的机制,只有那些迅速得到市场承认的技术才能生存下来,这即督促了企业的不断创新,也保证了创新能够沿着正确方向前进并促进经济增长。鲍静海(2010)进一步指出,发展股票市场还是解决科技型中小企业融资难的一种有效手段。通过在创业板上市,这些中小企业可以获得融资以支持其技术研发和运用,从而促进一国自主创新,加快产业结构升级。此外,叶耀明(2007)指出,发展股票市场还能激励企业经营者的创业精神。通过股权派送、管理层期权等手段,企业和个人能最大限度地发挥其创新的主观能动性,加快新产品开发和技术改进,提高生产效率,进而推动该地区的经济增长。

鉴于金融发展对于经济增长的积极作用,许多国家都大力推动金融业的“走出去”。概况来说,金融业对外投资可以加速国内金融发展,并能通过促进国内信贷、债券和股票市场的发展以达到最终加快经济增长的目的。首先,通过对外投资,金融机构可以增加融资渠道来源(余官胜,2015),并可在跨国经营活动中实现规模经济(Williams,1998;罗岚,2011),还可以获取海外技术溢出以提升资金分配效率(鲁万波,2015),进而优化其信贷资源的配置(黄涛,2010),为国内企业提供更优质的金融服务。其次,金融机构的“走出去”可以帮助国内企业在境外发行股票或者债券,从而利用海外资本市场为母国经济的增长提供强大的资金支持(易宪容,2006)。再者,金融机构“走出去”还可以为国内企业的对外贸易往来提供更便捷的金融服务,例如短期借贷和债券融资等(Focarelli and Pozzolo,2001;聂鹏和苗连琦,2011)。最后,由于国际金融市场的法律法规更为严格,金融业对外投资可以促进母国金融市场的进一步规范和完善,并可借助境外严格规范的资本市场对信息披露、管理体制和营业业绩的要求,帮助国内企业健全公司治理结构(De la Torre and Schmuler,2005;易宪容,2006),推动经济健康稳步地发展。

综上所述,可以得知,通过信贷体系、债券市场和股票市场这三种影响渠道,金融发展可以在资金融通、风险管理和金融创新等方面来支持技术创新和促进经济增长。同时,金融机构的"走出去"又能助推国内金融发展和提升金融服务质量。这也就是说,金融业对外直接投资是能通过金融发展这一传媒渠道推动国内经济增长的。因此,接下来作者将采用中国金融发展和金融业对外投资的数据来实证检验这一假设。

第二节　模型构建与变量定义

根据上一节的讨论,作者可以把公式(7-1)变为下列的实证模型来检验金融发展与金融业对外投资对我国经济增长的影响:

$$G_{it} = \beta_0 + \beta_1 K_{it} + \beta_2 L_{it} + \beta_3 S_{it} + \beta_4 X_{it} + e_{it} \quad \text{公式(7-2)}$$

$$G_{it} = \gamma_0 + \gamma_1 K_{it} + \gamma_2 L_{it} + \gamma_3 F_{it} + \gamma_4 X_{it} + \theta_{it} \quad \text{公式(7-3)}$$

其中:

i 和 t 分别表示横截面与时间;e 和 θ 为残差项;

G 用来衡量经济增长,而 K 和 L 分别表示生产基本要素的资本与劳动力;

S 用来衡量金融发展。根据文献的回顾,我们知道金融发展与创新是可以促进经济增长的,而具体来说,信贷体系、债券与股票市场则是三种最普遍的影响渠道。因此,本章将采用 4 个变量来分别衡量金融发展的不同方面,即金融相关率、股市规模及企业债券融资规模分别衡量了三种金融发展的影响渠道。而且,作者还采用金融业增加值与 GDP 之比来衡量金融创新发展程度对经济的影响。此外,为了克服多重共线性问题,作者还采纳了 Salike(2016)的建议,把衡量金融发展的 4 个变量分别置于不同的模型,即:模型(1)—(4),而其他相关变量则保持不变。

F 表示金融业对外直接投资。从上一节的理论分析可以得知对外投资可以促进母国的金融业的发展,并且通过不同的金融发展传媒渠道促进国内的经济增长。这说明了金融业对外投资→母国金融发展→国内经济增长三者之间递进式的链条关系。因此,本章将分别以金融相关率、股市规模、企业债券融资和金融业增加值为权重来衡量金融业对外投资对我国经济增长的影响。同上,作者也是把衡量金融业对外投资的 4 个变量放在不同模型,即模型(5)—(8)。

X 为本次实证研究的控制变量,包括非金融类对外直接投资、外商直接投资、对外依存度与城镇化水平。前两个变量分别控制“走出去”与“引进来”对一国经济的影响,而对外依存度衡量中国与世界他国贸易关系对经济增长的作用。此外,由于近十几年来中国经历了快速的城市化发展和人力与资源区域集聚,因此本章的实证研究还将特别控制城镇化发展水平对经济增长的影响。

第三节　数据处理与检验

实证检验将采用 2006—2015 年的省级面板数据。由于 2007 年吉林、2006—2008 年西藏、2006 和 2009 年宁夏的企业债券融资规模数据缺失,故使用五年平均值进行补全。此外,为了统一计量单位,作者利用各年人民币对美元的平均汇价(中间价),将所有数据统一换算成人民币。最后,采用 GDP 平减指数剔除所有价格的通货膨胀因素,得到实际数据。表 7-1 详列了各变量的衡量方法、数据来源和基本统计分析。

表 7-1　变量定义及数据来源

变量性质	变量名称	变量衡量	平均值	标准差	数据来源
被解释变量	GDP 增长率	$(GDP_t - GDP_{t-1})/GDP_{t-1}$(相同衡量方法见周立,2002)	0.10	0.04	CSY;SY

续表

变量性质	变量名称		变量衡量	平均值	标准差	数据来源
解释变量	金融发展	金融相关率	贷款总额占 GDP 的比重(同见范学俊,2006)	1.12	0.40	CSY;CFSY;CSFSY;SY
		股票市场规模	股票市值占 GDP 比重(同见范学俊,2006)	0.65	1.66	
		企业债券规模	企业债券融资额占 GDP 比重(同见王广谦,2002)	0.03	0.07	
		金融创新	金融业增加值占 GDP 比重(同见李文森,2007)	0.05	0.03	
	金融业对外直接投资	通过信贷市场传导	以金融相关率为权重,即:金融相关率 * 金融业对外直接投资(同见范学俊,2006)	−2.95	1.23	CSY;CFSY;TCCFI;CSFSY;
		通过股票市场传导	以股市规模为权重,即:股市规模 * 金融业对外直接投资(同见范学俊,2006)	−3.31	1.38	
		通过债券市场传导	以企业债券融资为权重,即:企业债券规模 * 金融业对外直接投资(同见王广谦,2002)	−3.13	1.36	
		通过金融创新传导	以金融业增加值为权重,即:金融业增加值比重 * 金融业对外直接投资(同见李文森,2007)	−2.86	1.25	
	资本要素		对全社会固定资产投资取对数(同见陈浪南,2002)	3.47	0.99	CSY
	劳动力要素		对就业人数取对数(同见蔡哲,1999)	7.50	0.89	CSY;SY
控制变量	非金融对外投资		对外非金融直接投资存量取对数(同见刘生龙,2009)	−1.28	2.05	CSY;TCCFI
	外商直接投资		外商投资企业注册资本取对数(同见沈坤荣,2001)	−2.73	1.52	CSY
	城镇化水平		城镇人口/总人口(同见杨有才,2014)	51.55	14.77	CSY;SY
	对外依存度		进出口额/GDP(同见杨有才,2014)	31.78	38.79	CSY;SY

注:1. 中国统计年鉴,简称 CSY(China Statistical Yearbooks);

2. 中国金融统计年鉴,简称 CFSY(China financial Statistics Yearbook);

3. 中国对外直接投资统计公报,简称 TCCFI(Tatistical Communique on China's Foreign Investment);

4. 中国证券期货统计年鉴,简称 CSFSY(China Securities and Futures Statistical Yearbook);

5. 各省统计年鉴,简称 SY(Statistical Yearbook of each province)

在进行回归分析之前,为了解数据的时间序列特性,以确保实证分析结果的稳健性,作者还使用了 LLC(Levin-Lin-Chiu Test)与 ADF 检验(Augmented Dickey-Fuller Test)对所有数据序列进行了单位根检验,并且检验的滞后长度的选择由 Schwarz 信息准则(Schwarz Information Criterion,SIC)来确定(参见:Hsiao and Hsiao,2006;Kıran 等,2009)。表 7-2 的检验结果显示,并不是所有变量的原数据序列能通过单位根检验,但是在对原序列进行了一阶差分后,所有数据均通过了 LLC 与 ADF 检验。因此,接下来作者采用了 Kao(1999)的方法对各实证模型进行整体的协整性检验,也同样用 SIC 法来选择滞后长度。表 7-2 的检验结果表明所有的模型均能通过协整检验,这说明所有数据序列仍可以在水平时进行回归分析,而不用担心虚假性问题。

表 7-2　单位根和协整检验结果

(金融业对外投资对经济增长的影响)

检验方法		原序列		一阶差分	
		LLC 检验	ADF 检验(Fisher Chi-square)	LLC 检验	ADF 检验(Fisher Chi-square)
GDP 增长率		-19.20***	117.22***	-38.96***	188.63***
金融发展	金融相关率	-9.09***	68.09	-26.61***	147.88***
	股市规模	-25.35***	228.52***	-38.58***	263.38***
	企业债券规模	-11.04***	118.25***	-17.12***	169.47***
	金融创新	-4.05***	49.55	-18.27***	117.17***
金融业对外投资	以金融相关率为权重	-37.78***	295.68***	-54.79***	331.32***
	以股市规模为权重	-19.60***	147.68***	-29.10***	250.42***
	以企业债券融资为权重	-18.12***	170.40***	-38.90***	241.12***
	以金融业增加值为权重	-17.20***	124.63***	-27.12***	231.83***
资本要素		-8.53***	64.30	-19.54***	129.52***
劳动力要素		-7.70***	70.19	-10.57***	103.31***
非金融对外投资		-35.71***	141.60***	-45.68***	186.35***
外商直接投资		-19.20***	117.22***	-38.96***	188.63***
城镇化水平		-10.69***	79.84*	-18.24***	115.49***
对外依存度		3.31	40.95	-31.14***	93.14***

续表

检验方法		原序列			一阶差分		
		LLC 检验	ADF 检验(Fisher Chi-square)		LLC 检验	ADF 检验(Fisher Chi-square)	
Kao 协整检验(t 值)							
	模型(1)	模型(2)	模型(3)	模型(4)	模型(5)	模型(6)	模型(7)	模型(8)
OLS	-4.73***	-4.79***	-4.46***	-5.62***	-5.51***	-5.30***	-4.86***	-5.65***
GMM	-4.62***	-5.04***	-4.47***	-5.26***	-5.96***	-5.70***	-5.23***	-6.72***

注：***、**和*分别表示通过 1%、5%和 10%显著性水平检验。

第四节 实证结果分析

本章首先采用传统的面板最小二乘法(Panel Least Square,PLS)进行回归分析。同时,为了提高实证分析结果的真实性,作者还采用了广义矩阵估计(Generalized Method of Moments,GMM)进行了检验,这是因为 GMM 模型的长处主要在于能有效地控制潜在的内生性问题(Greene,2008)。作者沿用 Aggarwal 等(2011)的方法,把各解释变量滞后一期作为工具变量,进行 GMM 估计。此外,在这两种计量回归时,作者对回归系数协方差矩阵采用怀特法(White Diagonal Method)校正模型的潜在异方差性。然后,本章利用相似比检验(Likelihood test)和豪斯曼检验(Hausman test)对混合、随机和固定效应模型进行选择,而检验结果最终建议选择时间固定效应模型来对数据进行回归。最后,金融发展与金融类对外投资对我国各省经济增长影响的实证分析结果分别归纳于表 7-3 和表 7-4,回归模型的平稳性 F 值在 1%显著水平之上,校正后的决定系数(Adjusted-R^2)介于 0.16 至 0.46 之间变化,说明了金融发展与金融类对外投资的不同方面对经济增长产生了不同程度的影响,而且促进或者无作用之间的差异性很大,这引起了作者的兴趣,因此接下来将讨论分析结果究竟暗示了金融发展与金融类对外投资在哪些方面产生了什么样的影响。

表 7-3　金融发展对我国经济增长的影响

模　型		(1)		(2)		(3)		(4)	
计量方法		OLS	GMM	OLS	GMM	OLS	GMM	OLS	GMM
金融发展	金融相关率	0.02***	0.03***						
	股市规模			0.003**	0.001				
	企业债券规模					0.04	0.05		
	金融创新							0.23	0.31**
资本要素		0.02***	0.01	0.01*	0.001	0.01	0.001	0.01**	0.01
劳动力要素		-0.03***	-0.02**	-0.02***	-0.01	-0.02***	-0.01	-0.02***	-0.02**
非金融对外投资		-0.003	-0.01**	-0.002	-0.01**	-0.003	-0.01**	-0.003	-0.004*
外商直接投资		0.01***	0.01***	0.01***	0.01**	0.01***	0.01***	0.01***	0.01***
城镇化水平		-0.06**	-0.08**	-0.06**	-0.05	-0.04*	-0.06*	-0.05**	-0.08**
对外依存度		-0.02**	-0.03**	-0.02**	-0.02	-0.02	-0.02	-0.02*	-0.03**
常数项		0.20***	0.16***	0.22***	0.16***	0.19***	0.17***	0.20***	0.19***
调整 R^2		0.44	0.44	0.44	0.43	0.44	0.43	0.44	0.43
F值		16.37***	16.76***	15.98***	15.26***	15.93***	15.36***	16.03***	15.66***
豪斯曼检验(Chi-Sq.)		16.46**		14.89**		12.33*		27.64***	
相似比检验(Chi-Sq.)		13.00***		12.45***		11.52***		9.94***	

注：***、**和*分别表示通过1%、5%和10%显著性水平检验。

表 7-3 显示，金融相关率的系数为正，且显著性在 1%，说明了通过银行贷款这一中国企业的主要融资来源（李若谷，2014），金融发展对推动经济增长具有明显的积极作用。据中国人民银行统计数据分析，2015 年 73.15%的企业主要靠信贷融资得到发展资金。表明了金融发展可以利用银行信贷这一传媒渠道促进非金融经济部门的投资和帮助他们进行创新研发活动，进而促进一国的科技进步，最终作用于经济增长（张杰，2017）。表 7-3 还显示，当金融相关率变量滞后一期后，仍然对经济增长产生显著的促进作用，这暗示了由于技术进步对经济增长产生影响会存在一定的时滞，故而能推动技术进步的金融发展也能对经济增长会产生中期影响。表 7-4 分析了以金融相关率为权重的金融业对外投资对经济增长的影响，并显示产生了积极的作用，这表明

了金融业的对外直接投资,尤其是银行金融机构的"走出去",通过信贷体系这一金融发展传媒渠道促进国内的经济增长。截至 2015 年底,中国银行业海外机构数量已达到 1036 家,覆盖香港、澳门、台湾及 30 个国家和地区。这些金融机构的"走出去"不仅可以满足客户经济活动全球化的客观要求,还能够扩展了其自身的资产规模和提高其服务能力,而这在很好地促进了国内银行业发展的同时,进而对母国经济增长起到了很好的推动作用。

除了信贷体系,作者还分析了股票、债券和金融创新这三种金融发展渠道对经济增长的影响。表 7-3 显示,股市规模的扩大对经济增长有显著的正作用,但该变量滞后一期后系数则变得不显著了,说明了通过扩大股市规模来促进金融发展对我国经济增长只能产生短期的经济作用。从短期来看,股市可以针对客户多元化、个性化的金融需求进行高效的融资服务,这对经济增长繁荣提高有明显的正向作用;但是,股市投资是一种高风险的行为,其收益具有较大的不确定性,加上我国股票市场机制发展的不完善性,这使得投资者不愿意对股票市场进行长期投资,而主要是为了短期投机行为,制约了股票金融市场的长期发展(闫斐,2017)。本章的实证证据说明了股票市场机制的不完善性最终会导致对我国经济增长无法产生长期的促进作用。表 7-4 分析了以股市规模为权重的金融业对外投资对经济增长的影响,但显示作用不显著,这进一步说明了股票金融市场欠缺长期发展机制的另一个副作用。由于金融对外投资的技术溢出效应需要一定的传播时间才能对母国的经济产生作用,而我国股票金融市场却无法提供长期发展的土壤,这最终导致了股票市场这一金融发展模式无法起到金融对外投资与经济增长之间的传媒渠道作用。

表 7-4　金融业对外直接投资对我国经济增长的影响

模　型		(5)		(6)		(7)		(8)	
计量方法		OLS	GMM	OLS	GMM	OLS	GMM	OLS	GMM
金融业对外投资	信贷市场传导	0.02**	0.03***						
	股票市场传导			0.005	0.01				
	债券市场传导					-0.001	-0.005		
	金融创新传导							0.002	0.01

续表

模 型	(5)		(6)		(7)		(8)	
计量方法	OLS	GMM	OLS	GMM	OLS	GMM	OLS	GMM
资本要素	0.01	-0.01	0.01	0.001	0.01	0.003	0.01	-0.001
劳动力要素	-0.03***	-0.03***	-0.02***	-0.02*	-0.02**	-0.01	-0.02**	-0.02
非金融对外投资	-0.003*	-0.01**	-0.002	-0.005*	-0.003	-0.01**	-0.003	-0.01**
外商直接投资	0.01**	0.01***	0.01**	0.01***	0.01**	0.01**	0.01**	0.01***
城镇化水平	-0.06**	-0.07**	-0.05*	-0.05*	-0.03	-0.03	-0.04	-0.05
对外依存度	-0.02*	-0.03**	-0.02*	-0.03*	-0.01	-0.01	-0.01	-0.02
常数项	0.35***	0.39***	0.25***	0.22***	0.19***	0.12*	0.21***	0.22**
调整 R^2	0.46	0.46	0.46	0.16	0.46	0.44	0.46	0.45
F值	15.75***	15.88***	15.65***	9.39***	15.46***	15.25***	15.44***	15.26***
豪斯曼检验(Chi-Sq.)	15.75**		48.22***		63.46***		29.70***	
相似比检验(Chi-Sq.)	10.75***		11.07***		11.21***		10.22***	

注：***、**和*分别表示通过1%、5%和10%显著性水平检验。

表7-3和表7-4实证分析显示，无论是企业债券融资规模自身，还是以其为权重的金融业对外投资，对我国经济增长都无法产生显著的作用，这说明了当前我国还没有很好地利用债券市场的这一金融发展模式来促进经济增长，更别提利用其来获取金融对外投资的溢出效应。从理论上来说，企业向广大民众发行债券是一种直接有效的社会融资模式；然而在中国，企业债券的主要持有者却是商业银行，这就使得中国的企业债券成为存贷款的补充品。例如2015年，在29317.4亿元的中国的企业债券中，金融机构持有的比例高达95.04%，其购买债券的资金主要来源于城乡居民和实体企业的"各类存款"等(陈炼和王国刚，2015)。因此，企业债券融资未能给企业增加额外的社会融资，其对经济增长的作用也只能通过存贷款的影响来表达，这也就导致了本章最终发现的实证分析结果。

以金融业增加值来衡量的金融创新被发现，当其滞后一期后，可以对经济增长产生积极作用，显著性在5%，表明了新的金融技术从创造到对经济增长产生促进作用需要一定的时间。然而，对于以金融创新为权重的金融业对外投资变量，作者却发现其系数并不显著，这同时又表明了我国金融创新的程度还不足以作为传媒渠道传递金融对外投资对国内经济增长带来的溢出效应，也暗示了我国金融创新还需要进一步发展，以发挥其对经济增长更多间接的促进作用。

根据理论模型，作者还研究了资本与劳动力要素对经济增长的影响。如表 7-3 及表 7-4 所示，在大多数情况下，资本变量的系数并不显著，只是在少数的模型中，资本能对经济增长产生显著的即期正作用。表明了在我国当前的经济发展阶段，尽管资本投入仍然可以通过支持生产部门的研发来促进经济增长，但是物质资本投入所带来的边际产出则会越来越低，故而对提升经济增长率的作用也将越来越不显著（郑洪超和杨姝琴，2009）。同时，这也说明了本章的实证研究发现是极力支持当前创新驱动发展的经济战略，只有科研创新才能推动我国的经济长期增长。此外，本章还发现了一个有趣的实证分析结果，那就是以数量增长来衡量的劳动力要素对经济增长率的提高居然会产生副作用。2006—2015 这十年间，尽管我国就业人口从的 11745. 96 万人增长到 28077. 05 万人，增幅达到 139. 04%，但是劳动力质量的提升却跟不上当前经济转型升级和发展的需求。研发人员不足、技工短缺、高层次人力培养不够等等，都是当前我们劳动力发展面临的严峻问题（何亦名和张炳申，2008）。因此，本章的研究充分说明了面对我国经济转型升级的需求，仅仅是劳动力数量上的增长将不是促进经济增长的推动力，加速经济增长只会更加注重劳动力的质量即人力资本的发展。

本章还检验了一些控制因素对经济增长的影响。非金融类对外投资被发现对经济增长产生了负面影响。从理论上来说，企业对外直接投资既可以对母国经济带来好处，也能够带来负面影响。从好处来说，对外投资可以提升企业海外经营水平，并获取更多的海外资源来推动母国的经济增长；从负面影响来说，对外投资也可以转移走母国发展经济所需的资源、资本和生产，甚至致使正常的生产链被打断，从而导致国内产业结构优化受到影响。从本章的实证检测结果来看，我国企业对外投资对国内经济增长带来的负面影响要大于正面作用的。此外，由于企业在海外经营的风险往往比在国内高很多，中国 1/3 的对外直接投资是亏损的（李泳，2009），这更加增加了非金融类对外投资对我国经济增长的负面影响。相对于对外投资,外商直接投资被发现对推动经济增长的具有显著的正效应。这进一步证实了以往的研究(沈坤荣和耿强,2001;陈浪南和陈景煌,2002),外商直接投资可以给东道国带来机器设备等资本,以及先进的生产技术,继而推动其技术进步和经济结构转型升级,这对于加速我国经济增长是极其有益的。

城镇化水平被发现对我国经济增长率的提高产生了负效应。改革开放至今,中国的城镇化率不断提高,截至 2015 年,中国城镇化率达到 56.65%。虽然城镇化促进了区域经济的发展,但是中国城镇化主要通过物质资本与劳动力的集聚来推动经济增长,而对知识资本、现代服务业等高端生产要素的集聚作用还不强(蔺雪芹,2013)。此外,从全国角度来看,我国城镇化发展的同时也带来了"集聚不效应",既少数大型城市越来越大,而小型城市吸引力不足且农村凋敝,这一方面使得大城市的边际生产成本的急剧上升,另一方面也使得小城市和广大农村的土地等资源的闲置与浪费,同时还增加了城市与区域间生产协调的难度,这些因素最终将对我国提高经济增长率带来副作用。因此,近期越来越多的学者提出了,加快综合城市群的发展和提升城市群之间的融合将是提升我国城镇化水平和提速经济发展迫切需要解决的问题(方创琳,2009)。

对外依存度也被发现了与经济增长率的负相关关系。理论上来说,对外依存度的提升既可以促进一国的经济繁荣,也可能给其经济发展带来贫困性增长。到 2015 年,我国进出口总额与 GDP 之比达到 35.63%,这过高的对外依存度使得中国的经济发展极易受到国际形势变化的影响。欧美金融危机以来,美国为首的发达国家以保护本国实业经济为名强化了贸易保护主义,严重影响了我国的出口和技术进口,逼迫我国在内需还没培养起来的情况把经济增长方式由外部需求急速转向内部需求。本章的实证分析结果暗示了,在过去 10 年间对外依存度的提升传导了国际经济波动对中国经济的影响,而这最终将对我国经济增长率的提高产生了负面作用。

为了进一步了解究竟是在出口还是在进口方面,对外依存度的提升会阻碍我国经济增长率的提高,作者把此自变量进行了分拆,分别用出口与 GDP 之比和进口与 GDP 之比来替代对外依存度变量,同时其他解释变量保持不变，对经济增长率进行回归分析；最后，实证分析结果归纳于表 7-5 和表 7-6。从分析结果可以看到，进口比的提升与经济增长率之间存在正相关关系。作为"世界工厂"的中国对资源消耗极大，根据国土部的数据显示，石油、铁、铜、铝、钾盐等大宗矿产的 50%以上需要进口。本章的分析表明，在当前我国经济面临转型的时候，稳定进口能够极大地帮助解决国内基础性材料和能源有效供给不足，而资源需求却不断增长之间的矛盾，这对提速经济增长是有显著作用的。此外，先进技术设备，以及由进口带动的国内市场竞争，对于提升我国企业的生产率是有推动作用的，而这最终也将提速经济增长。

表 7-5　进口对我国经济增长的影响

模　型		(1)		(2)		(3)		(4)	
使用方法		OLS	GMM	OLS	GMM	OLS	GMM	OLS	GMM
金融发展	金融相关率	-0.01	-0.08**						
	股市规模			0.005**	-0.01				
	企业债券规模					0.06	-0.10		
	金融创新							0.25	-0.79
资本要素		0.02	-0.004	0.01	-0.02	0.02	0.03	0.02	0.00001
劳动力要素		-0.04**	-0.10**	-0.05***	-0.02	-0.04**	-0.10*	-0.04**	-0.07*
非金融对外投资		0.002	0.01	0.005	-0.02	0.002	0.02	0.002	0.004
外商直接投资		0.01	0.05***	0.02**	0.03	0.01*	0.02*	0.01	0.04***
城镇化水平		-0.09	-0.41**	-0.14	-0.25	-0.07	-0.35	-0.08	-0.28
进口		0.03	0.19**	-0.02	0.06	-0.01	0.11	-0.01	0.13**
常数项		0.35**	0.93**	0.42**	0.33	0.32**	0.80*	0.32*	0.64*
调整 R^2		0.46	0.39	0.49	0.34	0.47	0.35	0.47	0.39
F 值		6.33***	7.29***	7.00***	7.97***	6.58***	6.55***	6.48***	6.92***
豪斯曼检验(Chi-Sq.)		24.89***		36.90***		22.36***		20.69***	
相似比检验(Chi-Sq.)		3.38***		4.89***		4.51***		3.46***	

注：***、**和*分别表示通过 1%、5%和 10%显著性水平检验。

表 7-6　出口对我国经济增长的影响

模　型		(1)		(2)		(3)		(4)	
使用方法		OLS	GMM	OLS	GMM	OLS	GMM	OLS	GMM
金融发展	金融相关率	-0.05***	-0.05**						
	股市规模			-0.001	-0.03				
	企业债券规模					-0.06*	-0.27**		
	金融创新							-0.25	-0.54*
资本要素		-0.02**	-0.04*	0.005	-0.04	0.003	-0.02	-0.01	-0.03
劳动力要素		-0.01	0.02	-0.03*	0.19	-0.02*	0.04	-0.02	0.02
非金融对外投资		-0.01	-0.03	-0.0004	-0.09	-0.001	-0.03	-0.002	-0.03
外商直接投资		0.04***	0.04***	0.03***	0.004	0.03***	0.03***	0.03***	0.04***
城镇化水平		0.13*	0.19	0.02	0.96	0.06	0.28	0.05	0.14
出口		-0.21***	-0.22***	-0.15***	-0.46*	-0.18***	-0.30***	-0.16***	-0.18***
常数项		0.03	-0.21	0.16	-1.80	0.09	-0.41	0.12	-0.18
调整 R^2		0.63	0.59	0.58	-0.50	0.60	0.53	0.59	0.54
F值		11.63***	9.44***	9.50***	9.82***	10.14***	10.01***	9.73***	9.12***
豪斯曼检验(Chi-Sq.)		14.51**		33.06***		27.62***		24.75***	
相似比检验(Chi-Sq.)		4.99***		6.38***		6.78***		4.11***	

注:***、**和*分别表示通过1%、5%和10%显著性水平检验。

与进口的作用相反,实证研究发现出口比的提升对经济增长率的提高产生了负面影响。这说明了一是出口的波动会影响国内生产的流畅性和对各地的经济增长提速产生负面作用,欧美金融危机引起的出口急剧下降导致的产能过剩和一大批外贸企业的倒闭就是典型的例子。二是过去粗放型的出口增长模式一方面加剧了经济发展与环境之间的矛盾,导致了需要投入更多的资源解决环境问题,这种出口引致的环境成本转嫁问题对提速经济增长是有影响的,另一方面粗放型的出口模式还会招致世界其他国家反倾销制裁,并将影响传导至国内相关产业,制约其发展。三是以往过于关注出口忽视了国内消费的增长,导致了投资形成的生产能力不能得到充分利用。

结论与政策含义

基于内生增长理论,本章利用 2006—2015 年的省级面板数据,检验了金融发展和金融业对外直接投资对我国经济增长的影响。实证分析结果显示,金融发展自身以及利用金融发展这一传媒渠道金融业的对外投资是可以对我国各省的经济增长产生影响的,但是金融发展的模式不同,对经济增长的影响也具有极大的差异性。因此,本节将根据实证分析的结果探讨一下其政策含义。

以信贷规模衡量的银行系统的发展被发现对经济增长具有极大的促进作用,并且通过银行信贷这一传媒渠道还可以传递金融业对外投资对国内经济增长的积极影响。这表明我国应继续加快银行金融机构的发展,完善贷款的发放模式和期限结构等,建设现代化的银行金融体系,使之更加能促进科技进步和经济增长。同时,我国应鼓励并支持银行金融机构的海外投资和全球的设点布局,加强信贷体系建设与金融业对外投资的融合,以便更好地利用全球的金融资源促进国内经济的发展。

对比银行的信贷体系,股票和债券市场的发展被发现对我国各省的经济增长产生了很小甚至是不显著的影响,而且通过这两种金融发展模式金融业对外投资也无法传递积极影响来促进国内经济增长。还有,尽管金融创新自身被发现可以对经济增长产生滞后的积极作用,但是却无法与金融业对外投资融合来产生积极作用。这些发现提示我们,要想加快各省的经济增长,当前我国政府的一个紧急任务就是需要加快股票和债券市场的发展,构建多元化的融资平台,扩宽实体企业的融资渠道。尤其是,需要完善和规范证券及债券市场建设,构建规范的市场机制和制度、健全的市场体系,增强投资者的信任与信心,促进国内股票及债券市场良性运转,发展股票及债券市场的"走出去",借助全球的资本市场来为我国经济发展服务。增强金融体系的创新能力也应是当前我国金融发展的一个主要方向,特别是强化金融创新与金融业对外投资的融合,以创新引领金融服务和为经济增长提速。

此外,本章还检验了资本和劳动力要素对经济增长的影响。实证分析结果暗示我国政府需要改变改革开放初期时使用的资本扩张拉动经济增长的经济发展战略,应适度有方向性进行资本投入,提高资本的分配与使用效率,使资本更好地为技术创新服务。同时,我国应增加对教育和人力资本发展的投入,除了大力发展高等教育和继续实施高端人才引入计划,还需要更加注重不同层次人力的培养,提升高、中、低端人才搭配的合理度,使得人力资本结构优化更加匹配我国经济结构的变化。

最后,本章分析了对外商直接投资、非金融类对外投资、城镇化水平和对外依存度对经济增长的影响,分析结果表明我国政府一是应提升营商环境,采取各项优惠政策吸引外资,并提高对外资技术溢出的吸收能力;二是完善对外投资政策,强化对外投资的管理,着重鼓励并扶持具有发展潜力的中国企业进行海外投资,提升对外投资的盈利水平和对国内经济发展的推动能力;三是在加快我国城市化发展速度的同时,更应关注城镇化发展质量的转变,增加城市群内部、城市群之间的协调性,逐渐缩大、中、小城市以及与农村之间的差距,使城市化成为真正提速我国经济发展的手段;四是我国应降低对出口的依赖程度,在改善出口商品结构、强化出口产品竞争力的同时,更应关注扩大内需对经济发展的推动力,提升高新技术、关键设备的进口能力,多元化进口来源,实现进出口平衡发展战略,确保外需与内需齐头并进共同拉动我国经济持续、稳定、健康的发展。

第八章　广东金融发展的典型事实分析

广东是我国改革开放的前沿地。整体看来，在近三十年改革发展以来的前半段，其第二产业发展迅猛，但是第三产业尤其是金融业发展却相对落后。1997年，第三次全国金融工作会议胜利召开促使广东金融改革开放和发展进入一个新的阶段。在此会议上广东被确定为金融改革开放的先行者，为其金融发展走到一个新的历史起点确定了政策基础。为了推动广东金融业走上科学发展道路，实现从金融大省到金融强省的新跨越，中央将给予政策上的优惠支持广东继续深化国有商业银行改革，加快建设现代银行制度和农村金融改革发展，稳步有序推进银行股份制改革，推进政策性银行改革，大力发展资本市场和保险市场等。广东的金融发展具有良好的经济基础和地缘优势。早期的改革开放和制造业发展使得广东积累了大量的民间资本和先进的工业生产体系，为其发展资本市场、产业投资金融、区域风险投资基金以及建立创业投资机制奠定了坚实的基础。同时，随着粤港合作进一步深化，粤港金融一体化也已成为必然趋势。广东可利用香港在金融方面的各项优势，加紧学习、发展、完善金融体系，以更好为产业结构升级服务。并且利用香港与广东经济日益融合的趋势下，借助其在制度、规模和技术上的优势，引入香港金融业将来推动广东金融和经济发展。

2015年在中国经济进入新常态发展的情况下，广东抓住深化体制改革承前启后的这一年，积极调整金融产业布局。其中，工作首要任务就是深化金融改革开放，加快推进广东自贸区建设，面向港澳深度融合。同时，加快国资布局结构优化调整，实施“232”战略，即做强做大2家金控平台、3家银行、2家证券公司；并做强互联网金融，积极支持设立民营银行，推动金融、科技、产业深度融合发展；提速泛珠三角区域合作与发展，支持21世纪海上丝绸之路加快建设；等等。面对如此众多挑战，广东金融业如何利用其自身优势加强对经济转型升级的支持，特别是利用中国对外投资发展迅猛的机遇，进一步增强广东金融和产业发展的融合，都是当前学界和社会各界关注的焦点。因此，本章首先将从梳理广东金融发展历程和变迁典型事实入手，分析传统金融模型对当前情况的解释与不足，为下面的研究分析做好前期准备工作。

本章共四节：第一节将梳理广东省金融发展变迁的历程，并分析当前广东地区金融发展的典型事实，第二节对金融结构调整与经济转型升级相关的文献进行了回顾，第三节构建了分析金融结构调整与广东省经济结构转型因果关系的模型框架，第四节则是对实证分析结果进行了讨论，最后则对本章的分析进行一个小结。此外，本章的附录则是对深圳的招商银行进行了案例分析，对广东的金融发展与典型特点进行了进一步的个例研究。

第一节　广东省金融发展变迁的典型事实

改革开放以来，伴随着经济持续快速发展，广东金融业也得到了迅速发展，出现了一系列的新变化。金融业总体上实现了从计划金融向市场金融，从单一金融向多元金融，从封闭金融向开放金融，从财政附庸向重要产业的跨越，成为广东国民经济中一个举足轻重的行业，在广东经济发展中发挥着越来越重要的作用。从金融业务总量来看，广东金融业大致经历了三个发展阶段。

1978年至1991年为广东金融业发展的萌芽期。改革开放之初，广东经济金融相对落后，发展基础较为薄弱，资金底子薄。1978年末，广东银行业生产总值只有4.53亿元（见图8-1），金融机构人民币存款余额也只有71.01亿元（见图8-2），然而当年广东银行业金融机构贷差37.86亿元，占当年末贷款余额的34.8%。随着改革开放逐步深入，广东银行业金融机构资金积累水平得到提高，金融业的生产总值在稳步上升，一定程度上缓解了资金瓶颈压力。但是，1978—1988年，广东银行业金融机构仍然持续出现贷差。由于资金来源的不足，导致资金运用受到制约，金融机构不得不依靠外部资金的输入缓解矛盾。随着经济的快速发展,为了缓解资金瓶颈,广东金融机构在充分发挥储蓄动员功能的同时,积极进行金融组织创新,创造了多项全国金融改革"第一"。例如,1982 年开业的南洋商业银行深圳分行是改革开放以后我国引进的第一家外资银行营业性机构,同年成立的民安保险公司深圳分公司是改革开放后引进的第一家外资保险公司;1985 年试办的深圳经济特区证券公司是国内第一家证券公司;1985 年成立的珠海南通银行是改革开放以后引进的第一家法人外资银行;1987 年成立的招商银行是我国第一家完全由企业法人持股的股份制商业银行;1988 年成立的平安保险公司是国内第一家股份制保险公司。金融组织的创新促进了广东资金积累规模的扩大,很大程度上缓解了资金瓶颈问题。1988 年末,广东银行业金融机构各项存款余额以占全国 9. 8%的份额首次超过各项贷款余额的占比,并跃居全国第一;自此,广东银行业金融机构存贷款始终保持全国第一的地位。

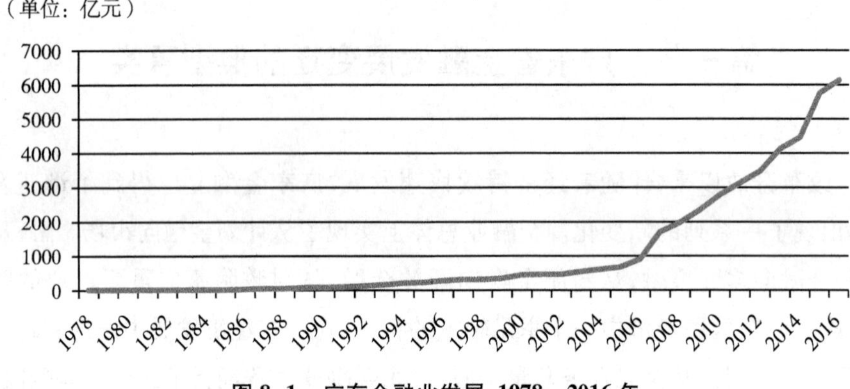

图 8-1　广东金融业发展,1978—2016 年

数据来源:《广东统计年鉴(1978—2017 年)》,中国统计出版社 1978—2017 年版。

1992 年至 2002 年为广东金融业发展的成长期。1992 年,邓小平的南方谈话为广东的改革开放开启了新的篇章,也加速了广东金融业的发展个改革。以逐步实现市场为导向的金融体制为改革目标,形成中央银行监管之下,各国有商业银行为主体,政策性银行、其他商业银行、非银行金融机构、外资金融机构并存,银行、证券、保险、信托、财务、典当、基金等金融业务全面发展的多元化金融组织体系。例如,1995 年深圳市成立了国内第一家城市商业银行。到

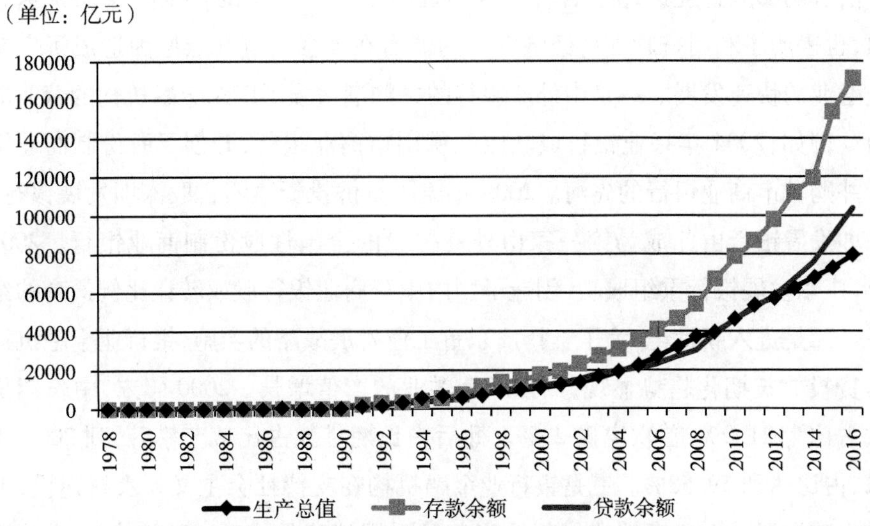

图 8-2　广东金融机构存贷款与地区国内生产总值的关系

数据来源:《广东统计年鉴(1980—2017 年)》,中国统计出版社 1980—2017 年版。

1997 年末,广东股票上市公司总数达 107 家,上市公司流通市值占全国的 23%。债券与基金方面,1992—1997 五年间,全省共发行了各类企业债券 20 多亿元,基金累计募集资金 16 亿多元。1997 年 12 月全国第一个地区性资金即时转账系统在广州正式运行。在积极探索发展国内金融的同时,广东也扩大金融业对外开放程度,顺应其外向型经济发展的需要。从 1991 年至 1997 年底,广东共引进外资金融机构 121 家,其中营业性机构引家,代表处 70 家。广东发展银行分别在香港、澳门等地设立了分支机构。此外,广东企业利用国际证券市场和国内证券市场向外筹措资金的规模也越来越大。多元化金融组织体系的发展和市场化金融运行机制的改革促进了广东金融业的迅速增长。图 8-1 显示,广东金融业生产总值自 1992 年开始明显进入了一个上升通道。而图 8-2 显示,广东金融机构存贷款上升速度要稍快于广东省的 GDP 增长速度,暗示了前者对后者的一个带动作用。

2003 年广东进入飞跃增长的第三个发展阶段。图 8-1 表明,广东金融业生产总值自 2003 年开始,特别是 2005 年以后,增长势头迅猛。而图 8-2 进一步表明,广东金融机构存贷款增长速度,要明显快于广东省的 GDP 增速,说明了前者的膨胀速度远超于后者。这即说明了广东人民的存款财富的快速积累,也表明了利用贷款支持经济发展的能力在增强。有几点原因造成了广东金融业的快速发展。一是中外资银行的并购潮增强了广东金融机构的营业能力。例如,2004 年兴业银行成功收购佛山市商业银行,开创了股份制商业银行并购城市商业银行的先河。2005 年美国新侨投资集团入股深圳发展银行,深圳发展银行由此成为第一家由外资控股的全国性股份制商业银行。2006 年,广东发展银行重组成功,创造了国内中资商业银行股权转让比例最高的纪录。二是进入新世纪,为了支持广东重工业发展战略的实施,银行业金融机构信贷投放长期化趋势显现,加强了金融业的产值增长。2000 年末,中长期贷款占比为 21.9%,首次突破 20%。此后中长期贷款占比节节攀升,到 2007 年末,占比达到 59.58%。三是银行业金融机构在支持社会主义新农村建设,促进内需发展个人住房按揭贷款及汽车等耐用消费品贷款。2007 年末流动资金类的农业贷款已达 431.89 亿元(比 2000 年末增加 11 亿元);同年底个人中长期住房贷款为 5200.22 亿元,占全部个人中长期贷款的 82.78%。四是伴随着中国"走出去"战略的发展,广东金融机构也不断进行海外布局,增强自身的盈利能力。五是随着信托、财务、金融租赁公司和邮政储蓄机构的设立与发展,不仅提高了金融服务的覆盖面和竞争性,也提高了广东金融业的中间业务收入。

改革开放 30 年,广东金融业迅猛发展,多项业务指标跃居并长期保持在全国前列。金融业成为国民经济的重要组成部分,在广东经济社会发展中发挥着不可或缺的作用。总的来说,广东金融业发展存在以下几点特点。一是贷款,尤其是中长期贷款增长迅猛。图 8-3 显示,自 2002 年开始广东省短期和中长期贷款增长的速度要远高于地方财政收支。这说明了一方面广东金融业正向市场经济发展,逐步摆脱计划经济以财政支出为主的宏观调控手段;另外一方面也说明广东金融贷款速度增长过快,特别是住房按揭贷款和企业中长期贷款增长速度惊人,增加了金融市场的潜在风险。

第二个特点是目前广东的融资方式仍然比较单一。图 8-4 显示,2015 年超过 50%的广东企业融资方式仍然是人民币贷款,第二个主要融资方式是委托贷款,也是银行贷款的一种,而国外发达金融市场主要融资方式的企业债券

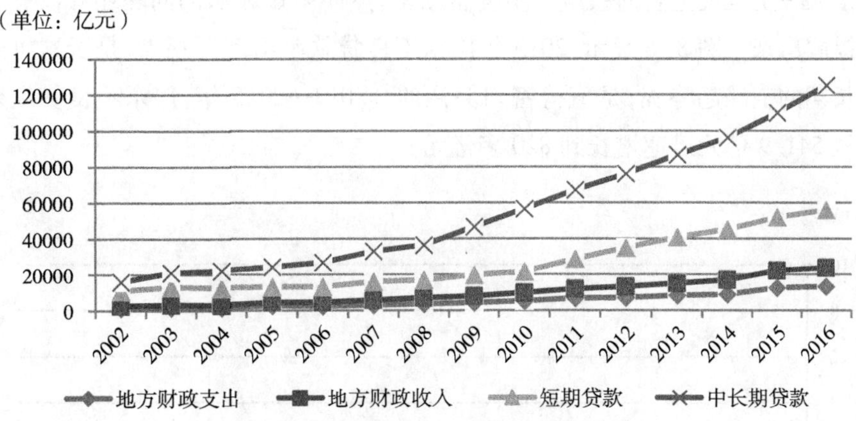

图 8-3　广东财政收支与金融机构贷款

数据来源:《广东统计年鉴(2003—2017 年),中国统计出版社 2003—2017 年版。

和股票融资在广东金融市场还只是小规模非主流的融资方式,这些说明广东金融市场化的发展道路还很远。

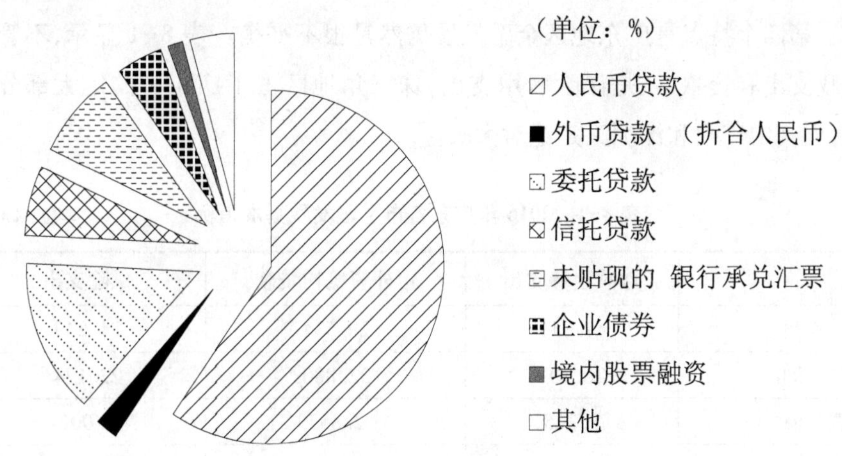

图 8-4　2016 年广东地区融资规模

数据来源:《广东统计年鉴(2017 年)》,中国统计出版社 2017 年版。

第三个特点是新世纪以来不良贷款率在逐年下降(见图 8-5),这说明广东金融机构对于贷款质量的控制能力在提高。但是,对于图 1-4 的数据,本研究组还是有一点要提醒读者的。2006 年以来,广东中长期贷款的迅猛增长在很大一定程度上暂时缓解了不良贷款率,然而呆账坏账的问题还并没有马上提醒出来。图 8-5 显示,2013 年广东不良贷款率出现了拐点,是否这将开始长期的上涨趋势呢,是值得密切关注的。2013—2015 年,广东不良贷款余额从 541.9 亿元迅速增长到 820 多亿元。

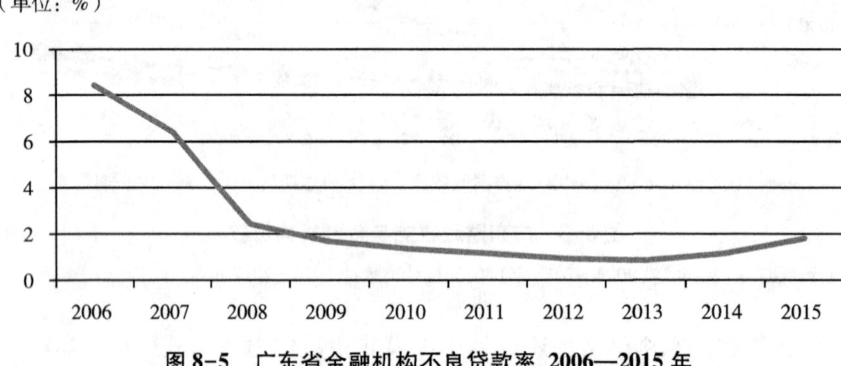

图 8-5 广东省金融机构不良贷款率,2006—2015 年

数据来源:《中国金融年鉴(2016 年)》,《中国金融年鉴》编辑部编印。

第四个特点是广东地区金融发展仍然是很不平衡。表 8-1 显示,不管是财政支出和贷款,还是保险费用支出,珠三角地区占了广东省的绝大部分比例,而其中广州和深圳又是绝对大头。

表 8-1 2016 年广东各市金融发展基本指标 (单位:%)

	财政预算支出	中外资机构贷款	保险支出
广 州	17.311	28.534	24.349
深 圳	26.109	32.880	22.174
珠 海	3.325	2.857	3.001
汕 头	2.576	1.263	3.859
佛 山	6.328	8.944	9.324
韶 关	2.377	0.790	1.631
河 源	2.538	0.823	0.811
梅 州	3.255	0.748	1.331
惠 州	4.495	2.870	3.197

续表

	财政预算支出	中外资机构贷款	保险支出
汕　尾	1.505	0.317	0.648
东　莞	5.516	6.550	10.003
中　山	3.151	3.115	4.151
江　门	2.846	2.384	3.479
阳　江	1.490	0.832	1.116
湛　江	3.369	1.616	2.189
茂　名	3.173	0.894	1.802
肇　庆	2.913	1.381	1.621
清　远	2.579	1.123	1.741
潮　州	1.279	0.421	1.391
揭　阳	2.259	1.029	1.508
云　浮	1.605	0.628	0.672
按经济区域分			
珠三角	65.262	89.514	181.301
东　翼	6.906	3.030	7.406
西　翼	7.281	3.343	5.108
山　区	11.198	4.112	6.187
全省合计	100	100	100

数据来源:《广东统计年鉴(2017年)》,中国统计出版社2017年版。

第二节　金融结构调整与广东经济转型升级:文献回顾

关于金融结构调整与经济转型之间关系的文献,早期的实证分析主要是集中在宏观方面的研究,即哪种金融结构能更好地促进经济增长和转型。而到了新世纪开始,学术界开始认为不管是市场主导型还是银行主导型的金融结构都能促进经济发展,金融发展影响程度的差异性主要取决于金融媒介发挥作用的场所不同,即研究的视角则开始更多地关注微观方面。Beck and Levine(2002)和 Levine(2002)指出实证上评估金融结构的影响应该考虑到国家的特征以及经历。因此,近期的研究更注重了国家和地区、行业甚至时间段之间的差异性在分析中的作用。例如,Beck and Levine(2002)和 Levine(2002)的研究控制了国家和行业特点,并采用了不同的计量方法。对比下,Demirguc-Kunt and Levin(2001)分析了在不同时间段金融发展和经济发展的关系,并得出结论——没有一种最优的金融结构适合一个国家经济发展的所有时间段。Sahoo(2013)的研究专注于印度一个国家,发现不管是银行主导型还是市场主导型金融结构的发展对于经济增长都有极大的促进作用。

国内对于金融结构与经济增长之间的关系的研究起步较晚,兴起于 20 世纪末。几个具有代表性的文献包括于长秋(2001)、赵振全和薛丰慧(2004)、赵振全等(2006)、林毅夫等(2006)、王馨等(2011)、张建波等(2012)等。尽管这些文章专注于中国的研究控制了国家间的差异性,但是他们仍然沿用国外早期的研究方法,并没有在金融结构和经济结构上进行细分而且对于衡量金融结构和金融发展的指标过于从单方面考虑。例如,张建波等(2012)专注研究山东省金融结构和经济增长的关系,发现山东省经济增长与融资结构演进之间不存在因果关系,银行集中度的变化也不是经济增长的原因。但是,张建波等的研究没有考虑金融市场发展和银行业发展之间的互补性(Levine,2005);而且对于衡量金融结构和金融发展的指标过于单方面从银行角度考虑。对比下,国外研究则要更细致一些,像 Zhang 等(2012)和 Bittencourt(2012)采用了五种衡量指标综合构建了金融发展变量。

文献回顾可以发现当前实证研究的趋势是将对金融结构进一步细分,并采用多项指标衡量金融发展,同时对被检验经济体的结构上的差异性也将进一步区分。再进一步考虑上述的文献综述,如果不是银行主导型也不是市场主导型金融结构适合所有国家的经济增长,那是否是不同的金融结构适合不同的经济体的经济增长呢?这一观点得到了二十一世纪后学者们的研究的肯定,认为金融体系影响经济增长的渠道在发达经济和发展中经济之间是存在差异的。学者们认为在经济发展的不同阶段,经济增长的促进因素是不同的,而促进因素的不同则影响了金融体系发挥作用的不同。经济落后地区促进增长的因素更多地需要依靠资本的积累,这就需要金融结构的调整能够很好地发挥储蓄集中和投资导向的作用以帮忙该经济体内的企业实现资本的积累;不同的是,在发达国家经济增长的主要动力是加速生产率的提高(Allen and Gale,2002;Acemoglu et al,2003;Rioja and Valev,2004a,2004b),这也就是说金融结构的变化如果能最大限度地加速发达地区的区域内或区域间的技术扩散则能极大地促使经济增长。

尽管自二十一世纪以来,关于金融结构方面的研究有了新的突破,但是仍然有许多问题没有得到答案,例如:在一个地区经济发展的不同阶段,金融结构是否能及时地调整以适合经济增长的需要呢?相对于经济结构和经济发展的变化,金融结构的调整是具有滞后性还是可以能产生先导作用呢?对于广东省这样一个具有多层次经济结构和省内区域经济结构不平衡的经济体来说,哪种金融结构更适合经济增长呢?对于广东省这样一个对外直接投资逐渐增加的投资方来说,哪种方向的金融结构调整能更好地利用对外直接投资以促进经济增长呢?要回答上述问题需要对金融结构发展与经济结构变化之间的联系以及对于促使经济增长的各生产要素的作用进行全方位的理论上和实证上的研究。然而,亦今为止,国内外对我国金融发展和经济增长的联系进行的研究来说,大部分的文献仍然基于粗略式划分金融机构的基础上进行经验研究,缺乏对于金融和经济结构更微观方向的考虑;部分尝试着区分了地区性经济增长差异的文献则甚少全面考虑经济和金融结构细分下的联系,这也使他们局限于提出可行性建议。

第三节　金融结构调整与经济结构转型的因果关系:分析框架构建

关于分析经济增长决定因素的实证研究的理论基础主要来自于两大经济增长理论:新古典增长理论,其代表人物有 Solow(1956),和内生增长理论,其代表人物是 Romer(1990)。索罗对于增长理论具有开创性的贡献引发了新古典主义对于资本作用的争论,他们认为通过增加新的资本商品的变化和带来新的资源,金融发展是能够促进一国的生产能力。同时,新古典主义也认为金融发展会加速国际间资本的流动,一方面这为国内经济发展带来了新的资本,但另外一方面也会帮助国内市场资本流出,由此减少母国用于发展经济的资本数量,后者对于其经济增长是有阻碍作用的。新古典主义主要解释了资本对于经济增长的作用,但是对于技术进步对于经济增长的影响却鲜有说明,而这正是内生增长理论的主要贡献。基于长期的经济增长是由技术进步所驱动的前提,内生增长理论认为通过技术转移、扩散和溢出作用,物质资本和人力资本的流动是能够促使经济增长的(Nair-Reichert and Weinhold,2001)。正如Romer(1990)所预测的,内生增长模型提供了一个联系金融发展、对外投资和经济增长的理论分析框架,这是因为三方面的原因:1)金融发展促使了资本流向技术含量高附加值高的产业,由此增加了资本的使用和分配效率;2)金融发展加速了资本区域间的流动,从而推动了技术的传播和扩散,增加了技术的外溢效果;3)金融发展也能够促进资本国际间的流动,特别是以直接投资方式的国际资本流动,而外商直接投资是可以作为推动目的国技术进步的一个重要源泉的(Liu and Agbola,2014),这三方面的原因最终的结果是促进了一国或地区的经济发展。

鉴于内生增长理论对金融发展、对外投资和经济增长三者之间关系的解释力,本次研究将基于此理论对传统模型进行扩展以体现广东金融和经济结构的变迁和因区域不同而产生的差异性。这样的模型扩展研究方式对接下来的实证分析具有更好的理论指导意义。具体来说,本次研究将基于Romer(1990)的内生增长模型进行扩展。传统的内生增长模型从公式(8-1)-基本的道格拉斯生产函数-开始分析:

$$Y_{i,t} = A_{i,t} H^{\alpha}_{i,t} K^{\beta}_{i,t} \qquad \text{公式(8-1)}$$

其中:Y 表示产量,H 和 K 分别表示劳动力和资本生产要素投入,A 表示技术、制度、生产环境等外在影响因素。下标 t 表示时间;而 i 则指横截面的不同,代表不同的行业或者区域。

金融发展理论表明金融结构具有风险管理、公司治理、便利交易、动员储蓄和信息揭示五大功能,并通过影响资本积累、增加投资、促进技术创新三条途径促进经济快速发展。在以往的文献中，一个不被大多数研究重视的问题就是经济增长或者经济转型反过来也会影响到金融发展和结构调整。Patrick（1966）将金融发展和经济增长的关系区分为“需求跟随”和“供给引导”两种模式。经济增长的早期阶段，一般是“供给引导”的金融发展模式，在这个阶段，需要一种直接的刺激来动员储蓄为经济增长提供投资资金。而在经济发展的后期，金融部门本身已经有了较大发展，“需求跟随”的发展模式会更加普遍。也就是说在经济发展的早期阶段，是金融发展带动经济增长，而在经济发展到一定时期，金融业是跟随经济增长而发展的。由于经济发展的程度不同而导致对于金融的需求不同最终将影响金融结构的变化。Greenwood and Jovanovic（1990）和 Greenwood and Smith（1997）肯定了这一说法，认为金融中介和金融市场随着人均收入和财富的增加而发展。Boyd 等（1996）认为经济增长和资本积累规模的不断扩大会导致资本的边际产品相对价格呈现下降的趋势，同时减少信贷市场上不必要的信息摩擦和监督行为，节约金融中介用于状态证实的资源付出，金融中介的效率得以提高，金融市场尤其是股票市场得以发展。联系到金融结构二分法，这些观点可以理解为经济发展程度将于银行主导型还是市场主导型的金融结构有着互为因果的关系。因此，借鉴 Goldsmith（1969）的“金融发展就是指金融结构的变化”的思路，对公式（8-1）进行扩展来构建分析经济增长（转型）与金融结构变化之间因果关系的框架，并采用格兰杰因果关系分析法（Engel and Granger，1987）进行检测。

$$\Delta Y_{it} = \alpha_{1i} + \lambda_{1i}\varepsilon_{1it-1} + \sum_{K}\beta_{1ik}\Delta X_{it-k} + \sum_{K}\varphi_{1ik}\Delta Y_{it-k} + \mu_{1it} \quad \text{公式(8-2)}$$

$$\Delta X_{it} = \alpha_{2i} + \lambda_{2i}\varepsilon_{2it-1} + \sum_{K}\beta_{2ik}\Delta Y_{it-k} + \sum_{K}\varphi_{2ik}\Delta X_{it-k} + \mu_{2it} \quad \text{公式(8-3)}$$

其中 Y 和 X 分别表示经济转型升级和金融结构变化。Δ 指的是变量的一阶差异，用来衡量变化率。$i = 1, \cdots N$ 表示横截面。k 指的是滞后阶数。ε_{1it} 和 ε_{2it} 是误差修正项。格兰杰因果关系分析法的假设则为，经济转型升级和金融结构变化之间无因果关系，即系数 φ 不为零而系数 β1（β_2）趋向于零。因此，如果系数 β_1（β_2）不为零，表示假设不成立，既是金融结构变化与经济转型升级之间可能存在因果关系。

第四节　金融结构调整与经济转型升级的因果关系:实证分析与讨论

本节的实证分析将采用时间序列数据,数据样本区间设定在1978—2016年之间,即检验改革开放以来金融结构变化与经济发展(转型升级)之间的因果关系。

为检验广东省经济转型升级,我们采用了三组数据进行分析,一是第二产业占地区生产总值的比例,此比例越高说明广东朝着工业型经济转型,而这则是广东自改革开放初期至20世纪90年份采用的经济发展战略。二是第三产业占地区生产总值的比例,此比例越高说明广东朝着服务型经济转型,此变量也用来检测广东提出的发展服务业,向服务型经济转型的战略方针。三是以广东省工业增加值(Value)为自变量衡量产业升级,工业增加值增长越快,制造业升级的作用越明显。之所以选择工业增加值来衡量制造业升级,这是因为广东省的工业增加值基本由制造业贡献,并且加快制造业转型升级是新世纪以来像广东这样一个制造业大省的经济转型升级的重中之重。

为检验广东省金融发展,我们同样也采用了三组数据进行分析,一是金融业生产总值,此产值越高说明广东金融业越发达。二是贷款余额与财政支出之比,此比例越高说明广东对于财政手段对经济调整的依赖越少,越多地利用银行金融机构支持经济转型。三是存款余额与财政收入之比,此比例越高说明企业和个人可用资金越多,就越有可能进行金融投资,从而导致金融市场的发展,此比例越高另一方面也说明从社会融资的可能性和程度要比从财政拨款来得更多,从而减少对于财政的依赖性。

考虑到数据本身的一致性和连贯性,本节使用所有数据均来源于《广东统计年鉴》,包括地区生产总值、第二和第三产业生产总值、工业增加值、金融业生产总值、存贷款余额和财政收支,所有数据均采用当年价格值,然后用价格平减指数(2005年为100)剔除通货膨胀因素,价格平减指数来自《中国统计年鉴》。最后,在进行单位根和协整检验后,利用Eviews7.0软件,采用格兰杰因果关系分析法(Granger causality test)对上述时间序列变量进行计量分析,检验的时隔(interval)则选择在施瓦茨信息准则(Schwarz information criterion)最小化的时候,检验结果归纳于表8-2。

表8-2报告了金融发展(结构变化)与经济转型升级之间的因果关系。由于本次研究采用了不同的变量衡量金融发展(结构变化)和经济转型升级的不同方面,因此实证研究也能观察到他们之间的因果关系存在极大的差异性。由表8-2可见,第三产业占地区生产总值的比例的增加对第二产业在地区生产总值占比的提高具有因果关系,表明了服务业的发展能支持工业尤其是广东制造业的增长,支持了广东省近年来提出的发展生产性服务业以推动制造业转型升级的政策。反过来,研究结果表明第二产业的占比增加对第三产业的增长没有因果关系,表明广东工业发展不能起到促进服务业发展的作用。

表8-2　金融发展(结构变化)与经济转型升级之间的因果关系

	F—值	概率
第三产业→ 第二产业	4.004**	0.029
第二产业→第三产业	1.706	0.199
工业增加值→第二产业	4.718*	0.064
第二产业→工业增加值	5.154*	0.055
金融业→第二产业	2.286*	0.090
第二产业→金融业	0.378	0.689
贷款与财政支出比→第二产业	4.960**	0.014
第二产业→贷款与财政支出比	1.369	0.270
存款与财政收入比→第二产业	8.212***	0.001
第二产业→存款与财政收入比	1.506	0.238
工业增加值→第三产业	8.249**	0.022
第三产业→工业增加值	5.922**	0.042
金融业→第三产业	2.510*	0.098
第三产业→金融业	0.305	0.739
贷款与财政支出比→第三产业	1.515	0.236

续表

	F—值	概率
第三产业→贷款与财政支出比	0.773	0.471
存款与财政收入比→第三产业	15.142***	0.000
第三产业→存款与财政收入比	1.384	0.266
金融业→工业增加值	4.070*	0.069
工业增加值→金融业	10.369***	0.008
贷款与财政支出比→工业增加值	4.228*	0.056
工业增加值→贷款与财政支出比	7.845**	0.013
存款与财政收入比→工业增加值	4.842**	0.042
工业增加值→存款与财政收入比	8.411**	0.011

注：***，**，*分别表示在1%，5%和10%的显著水平上平稳。
→表示因果关系的方向。

表8-2显示，工业增加值与第二产业之间具有相互的因果的关系，表明了要促进工业发展就要增加制造业的科技含量，增加工业附加值，反过来工业发展了也能促进制造业的转型升级，两者是相辅相成的。研究发现金融业对第二产业和第三产业是有因果作用的，支持了之前理论上的解释，金融发展能够促进经济转型升级，本次研究表明金融发展能同时促进广东第二和第三产业的增长，从而加速了其经济的转型升级。贷款与财政支出比发现对第二产业有因果作用，但是对第三产业则没有因果关系，说明了银行业的发展对于第二产业增加的作用要比对第三产业的作用更加明显，这主要是因为工业的发展和升级需要的资金量更大，更需要银行贷款的支持。与此结果对比，存款与财政收入比对第二和第三产业都有因果作用，这暗示了当个人和企业的存款增加会促使他们进入金融市场，从而增加第二和第三产业发展的融资渠道，减少对于财政资金的依赖，进而加速广东经济转型升级。三个用来衡量金融发展的变量，金融业增长、贷款与财政支出比和存款与财政收入比都发现与工业增加值的增长之间具有相互的因果关系，更加直接地表明了多方面的金融发展（结构变迁）与广东工业转型升级具有积极的作用，而广东工业发展转过来又会促进其金融结构优化和变迁。鉴于制造业贡献了90%以上的广东工业

增加值,本次研究结果对于利用金融发展促进广东制造业转型升级具有意义深远的政策含义。

小　结

本章首先对广东省金融发展变迁的典型事实和发展历程进行了梳理。从上述分析可以看出,过去三十多年的改革开放促进了广东金融业的飞速发展,从早期的单一国有银行结构发展到多元化的金融结构,这和我国金融发展的整体步伐是相一致的。从金融业的生产总值来看,广东金融发展大致分为三个阶段:1978—1992 年为第一阶段,即发展萌芽阶段;1993—2002 年为第二阶段,成长期;而 2003 年至今正处于发展的第三阶段,飞跃期。发展至今,广东金融业存在几点特点。一是贷款,尤其是中长期贷款增长迅猛;二是融资方式仍然比较单一;三是新世纪以来不良贷款率在逐年下降,但是 2013 年开始出现了向上拐点的现象,值得进一步的关注;四是广东省内地区金融发展不平衡。

传统的理论普遍认为金融发展能极大地促进经济发展,但是哪种金融结构能更好地促进经济增长却是具有较大争论的。关于金融业对外投资的理论解释主要是基于工业组织理论,认为对外投资能促进国内金融发展的,这和金融理论一起就能基本解释了金融发展、金融业对外投资和国内经济增长三者之间的关系,但是如何联系金融(结构)发展理论、对外直接投资理论和经济增长理论分析金融发展、金融业对外投资和广东经济发展之间的关系却鲜有文献进行阐释,而这也是本书下篇余下章节主要的研究方向。因此,本章接下来分析了广东金融(结构)发展和经济增长之间的关系。

本章从理论和实证上分析了金融发展(结构变迁)和经济转型升级之间的关系。理论上来说,不管是在银行主导型还是市场主导型的金融结构,金融发展对于经济增长和转型都是具有促进作用的。因此,本章以内生增长理论为基础,借用'金融发展就是结构变迁'的思路,构建了分析金融结构变化与经济转型升级的理论框架,并运用格兰杰因果分析法进行分析。

在建立理论分析框架后，本章采用1978—2015年间的时间序列数据进行了实证分析。为了衡量经济转型的多方面变化，本次研究采用了三个变量，即第二产业占地区生产总值的比例、第三产业占地区生产总值的比例和广东省工业增加值。同时，为了衡量金融结构多层次的变迁，也采用了三个变量，即金融业生产总值、贷款余额与财政支出之比和存款余额与财政收入之比。实证结果表明金融发展（结构变迁）与经济转型升级之间具有相互的因果关系，但是不同的衡量变量之间产生的因果关系却不相同，说明了金融结构多层次变迁与经济转型升级多方面之间的相互作用具有极大的差异性，暗示了我们的政策支持也要细化，从而能更好地利用不同方式的金融发展促进广东经济是朝制造业升级还是服务业升级，还是两者并举来推动经济转型。

附录 8.1　案例分析

广东是我国金融发展比较先进的省份之一，也是我国进行金融改革的前沿阵地，多次银行所有制改革和金融模式改革的试点都是放在了广东。然而，随着我国金融对外直接投资的迅猛发展，地方金融机构也报告广东的金融机构“走出去”的情况却与我国金融对外投资形成了鲜明对比，只有少数的几家地方金融机构开始了海外布局，这包括我们要进行案例分析的招商银行①，特别是其国际化发展、对外投资的经历和业务扩展。

招商银行 1987 年成立于深圳蛇口，是中国境内第一家完全由企业法人持股的股份制商业银行，也是国家从体制外推动银行业改革的第一家试点银行。借助于中国改革开放后经济的迅猛发展，招商银行也得到了快速成长。其起始注册资本金只有 1 亿元人民币，是一家只有 1 个营业网点、30 余名员工的小银行。然而，截止到 2015 年底，招商银行已发展成为沪港两地上市的国内第六大商业银行，分支机构逾 1700 家，在中国大陆的 120 余个城市设立了服务网点，拥有 5 家境外分行和 3 家境外代表处，员工超过 7 万人。此外，招行还在境内全资拥有招银金融租赁有限公司，控股招商基金管理有限公司，持有招商信诺人寿保险有限公司 50%股权、招联消费金融公司 50%股权；在香港全资控股永隆银行有限公司和招银国际金融有限公司，是一家拥有商业银行、金融租赁、基金管理、人寿保险、境外投行等金融牌照的银行集团。2016 年上半年，其营业收入就超过了 1100 亿元人民币，总资产达到 5.5 亿元人民币，资本充足率 12.46%，税前利润 454 亿元人民币。

---

① 由于难以约到公司高管进行专访，本课题组主要通过公司网页，年报和新闻报道对招商银行的发展，尤其是其对外投资的发展进行分析。

招商银行开创了中国银行业的多项第一:第一个基于客户号管理的借记卡——“一卡通”和真正意义上的网上银行——“一网通”,第一张国际标准双币信用卡和高端客户理财产品——“金葵花理财”,并在境内银行业率先推出了离岸业务、买方信贷、国内信用证业务、企业年金业务、现金管理业务、银关通业务、公司理财与网上承兑汇票业务等等。

处于我国改革开放的前沿阵地——深圳,招商银行在很早就对国际业务进行重点发展,其招银国际成立于 1993 年,是招商银行在香港的全资附属公司。目前,招银国际及其附属公司的主要业务包括投资银行业务、证券经纪业务、资产管理业务、财富管理业务、股权投资业务等。截至 2016 年 6 月 30 日,招银国际注册资本港币 41.29 亿元,员工人数 225 人,总资产港币 80.58 亿元。重视国际化发展的结果就是招商银行的离岸业务得到了迅猛增长。截至 2016 年 6 月 30 日,招行的离岸客户数达 4.21 万户,离岸客户存款 143.16 亿美元;其 2016 年上半年的离岸国际结算量达 1,352.32 亿美元,离岸贷款余额 82.91 亿美元,但不良贷款率仅 0.49%,累计实现非利息净收入 7,145.31 万美元。

自新世纪以来,招商银行也积极响应国家“走出去”的发展战略,是我国 5 大国有银行之外的最早进行海外投资布局设点的地方银行之一。到 2016 年中,招行已在境外设立了 5 个分行(含香港)和拥有一个全资子公司银行,其境外资产已达到了 1423 亿元人民币。利用其逐步稳定的境外平台,招行可以帮助客户进行海外资产配置或者境外股票操作,持续为客户提供迅速、权威的全球市场研究,帮助客户把握全球市场投资趋势。截至 2016 年 6 月,招行在 53 个境内城市、2 个境外城市,建立了由 49 家私人银行中心、61 家财富管理中心组成的高端客户服务网络和完善的海外服务体系,通过全权委托、税务筹划、境外股权信托、家族信托、并购融资和投行撮合等服务,推进私人银行业务全面升级,积极打造综合性的全球化金融服务平台。鉴于招商银行的“走出去”发展在广东银行中比较突出的特点,下面就成立时间为顺序,我们特意对其海外分行的发展做个简要回顾。

招商银行香港分行是其第一家海外分行,成立于 2002 年,业务范围包括对公及零售银行服务。其对公业务可向在港企业提供存贷款、结算、资产托管等多元化的公司银行业务产品和服务，可参与同业资金、债券及外汇市场交易，并与同业客户开展资金清算及资产转让业务等。零售业务方面，积极发展特色零售银行业务，为香港和内地的个人客户提供跨境个人银行服务，特色产品为“香港一卡通”及“香港银证通”。2016 年上半年，借助中国企业“走出去”和“一带一路”带来的市场机遇，招商银行利用香港国际金融中心的优势，继续推动跨境联动业务，完善和创新产品服务体系。仅 2016 年半年，香港分行营业收入 10.48 亿港元，税前利润 10.23 亿港元，人均利润超过 609 万港元。

为了加强在港业务和在香港金融业的地位，2008 年招商银行收购了香港永隆银行。永隆银行成立于 1933 年，截至 2016 年 6 月 30 日资本为港币 11.61 亿元，雇员总人数为 1,925 人，是招行的全资附属公司。永隆银行及其附属公司（“永隆集团”）的主要经营范围包括存款、贷款、投资理财、信用卡、网上银行、押汇、租购贷款、汇兑、证券经纪、资产管理、保险业务、强制性公积金、物业管理、信托、受托代管及投资银行业务等。目前，永隆银行在香港设有总分行共 37 间，在中国境内共设 4 间分支行，在澳门设有 1 间分行，另在美国洛杉矶、旧金山及开曼群岛各设有海外分行 1 间。

纽约分行是招行第二家海外分行，成立于 2008 年，是 1991 年美国颁布《外国银行监管法》17 年之后，首家美方批准颁发银行经营执照的中资银行，现有员工 110 人。作为招商银行国际化经营的组成部分，纽约分行地处全球资本市场中心，依托母行，着眼美国，致力于打造以双向联动为特征的特色跨境金融平台，发挥着连接中国与美国资本市场的桥梁作用。纽约分行结合自身实际，明确以“轻型化、专业化、投行化”为导向，以资本价值最大化为目标，以跨境并购、资产管理、私人银行、金融市场业务、资产证券化为抓手，努力做大公司、同业、私行三大领域新兴业务。2016 年 4 月，在纽约分行发展起来后，招商银行私人银行（纽约）中心成立，这可以算得上我国第一家真正意义上的海外私人银行中心，将起到辐射北美、链接全球核心金融中心的作用。中心的开业是招商银行私人银行业务国际化战略的重大举措，依托纽约分行的境外服务体系平台，结合私人银行强大的专业资产配置能力，为国内的高端客户提供全球资产配置以及包括贸易金融、交易银行等在内的海外综合金融服务。纽约私行中心将成为连接中国与美国、境内与全球金融市场的桥梁,持续为招商银行的高端客户创造价值。2016 年上半年,纽约分行实现营业收入 4,407 万美元,税前利润 2,880 万美元。

新加坡分行成立于 2013 年,主要定位于东南亚地区重要的跨境金融平台,向“走出去”的中国企业和“引进来”的新加坡企业提供优质的跨境金融一揽子解决方案。除基本的存贷服务外,分行特色产品包括:并购融资、跨境贸易直通车、全球融资、跨境结售汇等。2016 年在密切跟踪中新两国合作政策变化后,成功叙做第一笔重庆两江新区跨境业务,实现了印尼、越南市场的突破,打开了新的业务渠道。2016 年上半年,新加坡分行实现营业收入 636.50 万美元,税前利润 325.04 万美元。

卢森堡分行成立于 2015 年,定位于欧洲大陆重要的跨境金融平台,为中欧“走出去”和“引进来”企业提供企业存款、企业贷款、项目融资、贸易融资、并购融资、并购咨询、债券承销、资产管理等服务,并致力于结合母行优势业务和卢森堡特色优势,打造本公司在欧洲的私人银行平台。2016 年上半年,卢森堡分行总资产 6.07 亿欧元,实现营业收入 165.36 万欧元。

伦敦分行于 2016 年成立,主要开展对公银行业务,为客户提供存款、贷款(包括双边贷款、银团贷款、贸易融资、跨境并购融资等)、结算、资产托管等多元化的公司银行业务产品和服务,参与同业资金、债券及外汇市场交易,与同业客户开展资金清算及资产转让业务等。目前伦敦分行总资产为 3.04 亿美元。

在我们进行案例研究的同时,招商银行也正在加快其海外市场的扩展和对外投资的力度。据悉,招行正在积极筹建洛杉矶、新加坡等地的私人银行中心,并计划接着在卢森堡、伦敦、巴黎等地区设立私人银行中心,积极打造全球性银行服务网,满足境内高端客户的海外资产布局需求,特别是配合我国企业全面“走出去”的战略行动。同时,招商银行也考虑在将来通过收购或并购牌照齐全的私人银行或者财富管理公司,完善私人银行海外服务机构的设置,争取早日实现私人银行的全球布局战略。

第九章　金融结构调整对广东省经济增长和转型升级影响

改革开放三十多年来，广东经济发展在取得巨大成就的同时，不协调、不可持续等经济问题亦相伴而来，尤其是2008年以来的国际金融危机对其出口和经济的冲击，上述问题愈发凸显。学界和政府普遍认识到，本轮国际金融危机对广东经济的冲击，表面上是对出口和经济增长速度的冲击，实质上是对不合理的出口产品和经济发展方式的冲击，转变生产方式、促进产业转型升级因此成为理论和实践部门面临的重大问题。上一章的理论分析表明，由于金融媒介的促进作用，发展金融业能帮助和加快经济转型升级，而实证分析则进一步表明金融结构变化与经济转型升级具有因果关系，正如Goldsmith(1969)指出金融发展本质上就是金融结构的变化。但是，上述的分析并没有明确显示金融结构调整对广东经济增长和转型升级产生了正作用还是副作用，以及作用的程度如何。因此，本章将继续上一章的研究主题，采用回归方程的实证方式研究金融结构调整对广东经济增长和转型升级的影响程度多少。

本章主要包括三节：第一节构建分析金融结构调整对经济增长和转型升级影响的理论框架和模型；第二和第三节采用面板数据对金融结构调整对经济增长和转型升级的影响进行实证分析和讨论；最后则对本章的分析进行一个小结。

第一节　金融结构调整对广东省经济增长和转型升级影响：模型建立

本章分析的理论模型也是基于内生增长理论，将通过扩展公式(8-1)来获得。内生增长理论认为金融发展促使了资本流向附加值高的产业，由此增加了资本的使用和分配效率和促进了技术的创新与传播。金融发展理论也表明金融媒介可以通过影响资本积累和投资到技术创新的资金导向来促进经济快速发展，这和经济增长理论的解释不谋而合，也就是说金融发展可以通过直接影响公式(8-1)中 A 和 K 的积累来推动经济增长。金融结构理论进一步分析了不同的金融结构对于经济增长的作用。银行主导型观点认为银行：1)可以通过获得公司和管理者的信息来改善资本配置和公司治理的效率；2)可以通过管理当期、跨期和流动性风险来提高投资效率和促进经济增长；3)可以通过聚集资本来实现规模经济。市场主导型观点则认为市场：1)可以激励投资者为在流动市场交易中获利而深入研究公司信息；2)可以通过放松监管限制和将管理者补偿与公司绩效紧密联系来提高公司治理水平；3)有利于风险管理。这表明金融结构的变化可以通过改变公式(8-1)中 A 和 K 的投入的比例来影响经济增长。假设由于金融结构调整导致的资本使用效率的变化可以进行剥离，即 K 可以分为两个部分，K′= K(1+r)其中 r 表示金融结构发展导致资本效率的提高。同理，对 A 进行细分，把金融结构调整导致的技术进步分离出来为 sA，S<1。这样，公式(8-1)可以转换为：

$$Y_{i,t} = A_{i,t} H_{i,t}^{\alpha} K_{i,t}^{\beta} F_{i,t} \qquad \text{公式(9-1)}$$

其中 $F = rK_{i,t}^{\beta} + s A_{i,t}$，$A_{i,t}$ 表示出金融发展之外的生产环境影响①。

对公式(9-1)两边取对数，得到：

$$log(Y_{i,t}) = \beta_0 + \beta_1 log(A_{i,t}) + \beta_2 log(H_{i,t}) + \beta_3 \log(K_{i,t}) + \beta_4 log(F_{i,t}) + \varepsilon_t \qquad \text{公式(9-2)}$$

其中：Y 表示产量，为了研究金融结构调整对于经济转型升级的影响，我们用了多变量来衡量经济转型升级的多方面变化，用第二产业占地区生产总值的比例来衡量广东经济向工业转型，用第三产业占地区生产总值的比例来衡量广东经济向服务业转型，用工业附加值(value-added)来衡量 Y，一个行业或者地区的产量附加值增长越快，就说明其产业升级作用越好；H 表示劳动

① 由于本次研究的主要目的是进行实证研究，然后根据实证结果提出政策含义，所以模型的数学推导和理论意义讨论在此处简化。

力投入,为了多方面衡量劳动力,包括数量和质量,本次研究采用 15—64 岁人口数量和受教育程度两个变量衡量 H;K 表示资本生产要素投入,用行业或者地区的资本存量来衡量;A 表示技术、生产环境等外在影响因素,将采用当地的科技投入和固定资产投入两个变量分别衡量技术进步和生产环境的改善。公式(9-2)中 F 用来衡量金融结构调整。为了衡量广东金融结构的多层次变化,本次研究将采用多变量来衡量 F 。

第二节　金融结构调整对广东省经济增长和转型升级影响:实证分析

实证研究仍将采用时间序列数据来分析,检验区间为 1978—2016 年。我们用第二和第三产业占地区生产总值的比例分别来检验广东经济是继续向工业转型升级还是朝着服务性转型,即被解释变量有两个。我们同样也采用了三组数据进行分析,即金融业生产总值、贷款余额与财政支出之比和存款余额与财政收入之比,来分别衡量金融结构多层次的变化。在衡量劳动人投入方面,我们采用 15—64 岁人口数来衡量劳动力的数量,同时采用高等教育本专科生毕业人数来衡量劳动力的质量。在衡量资本生产要素投入方面,我们采用永续盘存法获得的资本存量来进行检验,包括固定资本和存货资本。关于生产硬件环境因素的改善,我们用每年的固定资产投资额来进行衡量,此外,除了全社会固定资产投资总额,还分别采用了第二和第三产业的固定资产投资额,即本章采用了三个变量来衡量产业内和产业外的生产硬件环境的变化对于广东省朝工业升级和服务业转型的影响。而关于生产软件环境因素的改善,即技术进步,我们用每年的三项专利授予数量来衡量。同上一章,由于所有数据均采用当年价格值,我们用来自《中国统计年鉴》的价格平减指数(2005 年为 100)剔除通货膨胀因素,最后对所有变量取对数进行回归分析。

在对数据进行回归分析之前,我们利用 Eviews7.0 软件对数据本身的特性进行单位根和协整检验。在检验控制时,我们选择截距和趋势同时控制,并采用基于施瓦茨信息准则(Schwarz information criterion,SIC)最小化的方式自动选择滞后阶(Lag-length)和 Newey-West Bandwidth 法自动选择带宽(Bandwidth)。为了增强检验的稳健性,我们同时采用 Augmented Dickey-Fuller 和 Phillips-Perron 两种单位根检验方式,检验结果见表 9-1。

表 9-1 单位根检验结果
(金融结构调整对广东省经济增长和转型升级影响)

变量	Augmented Dickey-Fuller		Phillips-Perron	
	水平	一阶差分	水平	一阶差分
第二产业占比	-2.402 (0.372)	-3.952** (0.020)	-2.582 (0.290)	-3.785** (0.029)
第三产业占比	-2.296 (0.425)	-3.714** (0.035)	-1.636 (0.758)	-3.454* (0.060)
金融业	-1.203 (0.895)	-4.672*** (0.003)	-1.556 (0.790)	-4.668*** (0.003)
贷款余额与财政支出之比	-3.699** (0.035)	-6.320*** (0.000)	-4.829 (0.002)	-6.320*** (0.000)
存款余额与财政收入之比	-3.549** (0.049)	-7.283*** (0.000)	-2.299 (0.424)	-7.214*** (0.000)
15-64 岁人口数	-2.588 (0.287)	-6.072*** (0.000)	-2.588 (0.287)	-6.095*** (0.000)
本专科生毕业人数	-2.511 (0.321)	-5.337*** (0.001)	-1.484 (0.816)	-3.383* (0.070)
资本存量	-1.681 (0.738)	-5.012*** (0.001)	-1.193 (0.896)	-5.025*** (0.001)
全社会固定资产投资总额	-2.594 (0.284)	-4.622*** (0.004)	-1.316 (0.867)	-4.307*** (0.008)
第二产业固定资产投资额	-3.179 (0.105)	-5.488*** (0.001)	-2.873 (0.183)	-5.326*** (0.001)
第三产业固定资产投资额	-1.343 (0.860)	-5.709*** (0.000)	-1.339 (0.862)	-5.672*** (0.000)
专利授予量	-3.596** (0.048)	-5.429*** (0.001)	-1.417 (0.838)	-8.214*** (0.000)

注:***, **, *分别表示在 1%,5%和 10%的显著水平上平稳。括号内表示假设被接收的概率值。

表 9-1 显示,在数据系列水平时,不管是用 Augmented Dickey-Fuller 还是 Phillips-Perron 进行检验,数据存在单位根的假设都基本不能被拒绝,说明在

水平时数据有单位根。接着我们进行一阶差分单位根检验，表 19-1 显示，当数据进行差分后，对于所有数据序列，假设都能被拒绝，说明此时数据是平稳的。对于数据在水平不平稳，而在一阶差分时平稳，通常的做法有两种，一是采用一阶差分进行回归分析，但这样会减少分析的自由度；二是继续进行协整性测试，如果数据系列之间存在协整关系，说明数据随着时间推移向相同的方向变化，这个时候仍然可以在数据水平时进行回归分析，而不会担心带来虚假的回归系数和 t-值仍然可以相信。我们采用 Johansen cointegration test 进行协整性测试①，测试结果表明数据之间存在协整关系，这说明了接下来的回归分析仍然可以在不损失统计的自由度的情况下进行数据水平时的测试。

为了增强分析的稳健性，回归分析同样也采用两种分析方法，即最小二乘法（least square）和两阶段最小二乘法（Two-stage least square，TSLS）②。在运用两阶段最小二乘进行分析时，我们把所有解释变量的滞后一期用做工具变量（详细讨论见本书作者发表的论文 Liu and Agbola，2014）。回归分析的结果最后归纳于表 9-2 和 9-3，并可以清楚看到所有回归模型的 F-值是在 1%显著水平上平稳的，因此我们将在下一节继续讨论这些回归系数的含义。

表 9-2　金融结构变迁对广东经济向第二产业发展和转型升级的影响

解释变量	最小二乘法	TSLS	最小二乘法	TSLS	最小二乘法	TSLS	最小二乘法	TSLS
常数项	5.328**	11.792*	4.805***	8.503**	5.595**	9.908***	2.533	4.001
金融业增长	-0.001	0.099						
贷款余额与财政支出之比			0.115***	0.076			0.155***	0.097
存款余额与财政收入之比					0.056**	0.051		
资本存量	0.334***	0.522**	0.306***	0.435***	0.359***	0.508***	0.176	0.365
15—64 岁人口数	1.766***	3.681*	1.582***	2.681**	1.847***	3.123**	0.886*	1.356
本专科生毕业人数	0.109**	0.285*	0.063	0.219**	0.089**	0.251**	0.020	0.002
第二产业固定资产投资额	0.150***	0.343**	0.113***	0.257***	0.141***	0.290***		

① 由于篇幅所限，本次研究的协整性测试结果就不详述和列举，如有兴趣可邮件发送。

② 两种方法的优缺点就不在此处详述了。此外，在对小样本数据进行回归分析时，TSLS 要比广义矩法（generalized method of moment，GMM）得到的结果更为可靠。

续表

解释变量	最小二乘法	TSLS	最小二乘法	TSLS	最小二乘法	TSLS	最小二乘法	TSLS
全社会固定资产投资总额							0.001	0.140
专利授予量	-0.003	0.001	-0.002	0.018	-0.001	0.019	0.007	0.005
校正后的决定系数(Adjusted-R^2)	0.717	0.465	0.792	0.652	0.757	0.599	0.712	0.691
F-值	16.203***	8.259***	3.816***	12.854***	19.743***	11.038***	15.857***	13.749***

注:因变量为第二产业占地区生产总值的比例。***,**,*分别表示在1%,5%和10%的显著水平上平稳。

表9-3 金融结构变迁对广东经济向第三产业发展和转型升级的影响

解释变量	最小二乘法	TSLS	最小二乘法	TSLS	最小二乘法	TSLS	最小二乘法	TSLS
常数项	-3.811**	-6.488**	-2.417*	-5.123**	-3.170**	-7.479**	-1.168	-3.607
金融业增长	0.104**	0.167**						
贷款余额与财政支出之比			0.157***	0.265*			0.170***	0.216*
存款余额与财政收入之比					0.118***	0.172		
资本存量	0.024	0.129	0.079	0.131	0.065	0.031	0.178*	0.108
15—64岁人口数	0.932*	1.768*	0.469	1.218*	0.722*	2.008*	0.101	0.815
本专科生毕业人数	0.014	0.001	0.011	0.095	0.026	0.103	0.027	0.027
第三产业固定资产投资额	0.006	0.048	0.072**	0.126	0.099**	0.109		
全社会固定资产投资总额							0.159**	0.126
专利授予量	0.048***	0.070**	0.027***	0.013	0.025***	0.018	0.030***	0.021
校正后的决定系数(Adjusted-R^2)	0.955	0.938	0.966	0.951	0.966	0.945	0.970	0.954
F-值	127.242***	89.776***	173.905***	113.468***	169.491***	101.56***	100.97***	122.795***

注:因变量为第三产业占地区生产总值的比例。***,**,*分别表示在1%,5%和10%的显著水平上平稳。

第三节 实证结果讨论

表9-2和9-3显示,金融业生产总值的增长对于广东省第二产业占地区

生产总值比例的增加没有显著作用，而对于第三产业占地区生产总值比例的增加有积极作用，显著性在5%，说明了金融业本身产值的增长对于广东省工业增长没有多大作用。鉴于上一章发现金融业总产值增长与第二产业占比有因果关系，显著性在10%，这同时表明了金融业增长对于广东的工业发展其实是有作用的，只是作用介于显著与不显著之间。对比之下，金融业产值的增长对于广东省服务业增长有直接推动作用，这也与上一章的金融业对第三产业占比有因果关系的结果符合，说明了金融业的增长是能带动广东服务业的发展，但是这种带动作用不光只能带动本产业的发展，还需更好地推动工业尤其是制造业的转型升级。另外两个衡量金融结构变迁的变量，贷款余额与财政支出之比和存款余额与财政收入之比的增加被发现与广东第二产业和第三产业占比的增长有正相关关系，显著性在10%以上。这说明了不管是贷款支持还是存款增加引致更多资金投向不同的金融产品，都能促进广东第二产业的升级和服务业的发展，这对于广东近年来提出的加快制造业转型升级和向先进服务性转型的经济战略具有很强的政策含义。总的来说，金融发展（结构变迁）对于广东经济发展和转型升级是具有积极作用的。

实证结果显示，资本存量对于第二产业占比的增加有显著的正作用，但是对于第三产业占比的增加的作用不显著，表明了资本积累对于工业增长具有极大的推动作用，但是对于服务业，资本的作用就不那么明显了，这对于广东如何加快工业升级和发展服务业提出了不同政策的需求。另外两个衡量资本变化，即生产硬件环境的变化，第二和第三产业自身的固定资产投资和全社会固定资产投资总额被发现对广东省的经济转型升级产生了不同的影响。第二产业自身的固定资产投资对于广东省工业占地区生产总值之比的提高具有非常明显的正作用，显著性在1%的水平，说明了广东的工业发展和升级对于资本需求和生产硬件环境的改善要求很高。对比之下，第三产业自身的固定资产投资对于广东省服务业占地区生产总值之比的提高没有显著的作用，说明服务业的发展对于资本和生产硬件环境的要求并不是很高。全社会固定资产投资总额被发现对第二产业占比没有显著影响，而对于第三产业占比有显著性的正作用，说明了广东工业的发展需要自身的投资作用，其他行业的投资作用影响不大，相反，第三产业的发展则受到第一和第二产业的生产硬件环境改善的影响,这也就表明了服务性产业本身特性决定了要发展服务业必须同时推进其他产业的发展。

衡量劳动要素投入数量的变量,15—64 岁人口数的增长被发现对第二和第三产业占比的增长都有显著的正作用,说明了劳动力的增长对于任何一个产业的发展和升级都有积极影响。另外一个衡量劳动要素质量的变量,高等教育本专科生毕业人数被发现对于第二产业占比增长有显著的正作用,但是对于第三产业占比增长却没有显著作用,表明了人才的积累和增长对于广东工业尤其是制造业升级有着极其重要的意义,但是由于广东服务业的发展程度还不够,高层次人才的影响作用还不是十分明显。对比之下,本次研究用来衡量科技发展的变量,专利授予量被发现对第三产业占比增长有显著的正作用,但是对于第二产业占比增长却没有显著作用,这似乎表明工业发展对专利的重视程度要低于广东服务业。我们对广东企业做过一次专项调研,发现在接收调研的企业中,除了少数大型科技公司,大多数的广东工业(制造业)企业对于专利申请和保护的重视程度还不够,他们的专利申请和保护还主要是委托某个服务机构,即服务业的发展影响了广东工业的专利申请;相反,在接受调研的服务型公司(尤其是技术服务性公司)对于专利的申请和保护意识很强,这也主要是由于他们的盈利能力和发展机会在很大程度上受到专利申请和保护的影响。我们对广东专利申请的数据进一步分析,发现在三类授予的专利中,绝大多数是实用新型和外观设计,而发明型专利则占比非常少,这表明了这种没有突破性的科技发明对于广东工业的发展和制造业的转型升级的作用不会很大,也说明当前广东科技发展和专利发明需要重点突破和支持的领域。

小　　结

本章从理论和实证上分析了金融发展(结构变迁)对过去三十多年广东经济转型升级之间的影响。基于内生增长理论,我们构建了理论分析模型,并对此模型两边取对数得到实证分析模型。实证分析采用 1978—2016 年的时间序列数据,在检验了数据的单位根和协整性之后,采用了最小二乘法和两阶段最小二乘法对模型进行回归分析,回归结果模型十分显著,各变量系数的显著性也很好。

实证结果显示,在三个衡量金融结构变迁的变量中,金融业增长只对自身的第三产业发展有积极作用,而贷款余额与财政支出之比和存款余额与财政收入之比的增加对广东第二产业和第三产业占比的增长都有正作用,这说明了金融发展(结构变迁)对于广东经济发展和转型升级是具有积极作用的,只是结构变迁的方式不同影响的产业则不同。在实证分析中,我们还检验了资本存量、固定资产投资、劳动力人数的增长和质量的提高以及专利授予量对于广东经济转型升级的影响。总的来说,资本对于第二产业的升级影响很大,而对于第三产业,劳动力数量和专利授予量的影响较大,说明了过去几十年广东的工业发展和升级主要受资本的推动,而服务业发展则受到人和技术的因素影响,这对于广东如何利用金融发展来支持经济转型升级提出启示,工业、制造业升级需要金融机构更好地调配和导向资金,而向服务业转型则需要更多的是金融服务支持。

第十章　金融对外直接投资对广东省金融发展和制造业转型升级的影响

中国经济要向成熟经济体转变，需要大力发展资本市场，增强国际竞争力，而在继续发展对外投资的基础上提高金融业对外投资所占的比重是一条重要途径。从理论上来说，对外投资可以帮助中国金融机构抢占海外市场，扩大中国金融机构的国际影响力，获取海外金融资源，尤其是人力资源寻求可以从一定程度上缓解中国当前金融人才缺乏的现状。另外，金融对外投资的技术溢出效应还能带动中国金融机构规范化国际化发展，促进国内资本市场的健康发展，缓解外汇储备过大的压力，降低人民币升值预期。另一方面，对外投资也会带给中国金融业一些负面效应。全球金融市场存在的汇率风险、市场风险、信用风险加大了中国金融机构盈利和生存难度。此外，中国金融机构的投资经验还很欠缺，对金融市场中新兴金融衍生工具的运用还不熟练，在面对美国、欧洲等成熟的投资机构这样的竞争对手时，往往处于被动的地位，容易成为次级抵押贷款等高风险投资工具的被推销国。这些表明在金融对外投资对国内金融业的发展能同时带来正面和负面作用，而以往欧美国家的研究表明究竟国内金融业能从海外投资中获取更多利益呢还是遭受更多的损失，将取决于其国内金融业的发展能力和金融结构特点。那对于广东金融业来说，近十年来中国金融对外直接投资的迅猛发展是给其带来更多的正面还是负面效应呢？对其金融结构的变迁有什么样的影响呢？这将是本章的主要研究内容之一。

2008 年国际金融危机以来，广东出口和经济增长面临严重的下行压力。为了应对当前严峻的挑战，广东一是加快了对外投资的步伐，二是加速进行经济转型升级,尤其是对占其经济和出口重要地位的制造业。例如,2015年广东省提出全面启动制造业升级,强化制造业强省地位,积极对接"中国制造2025"的十年规划。从本书第三和第四章的分析,我们知道作为国民经济的核心产业,金融业的发展会影响到一国其他行业,尤其是实体经济的发展。因此,新世纪以来在大力推行"走出去"发展战略的时候,中国不仅鼓励并支持非金融类企业的"走出去",也加快了金融业的对外投资。从近几年来公布的《中国对外直接投资统计公报》中可以看到,中国金融业对外直接投资与非金融业对外直接投资几乎是同步增长的。我国政府希望,通过加快商业银行和金融机构的海外布局和新的国际产品的开发,既可以加大对非金融企业"走出去"产生的信贷、融资及其他金融产品需求的支持,又可以把海外资金和金融产品的引入回国支持国内企业的发展,特别是对出口的支持作用。同时,这又说明了金融业对外投资、金融发展和国内实体经济发展三者之间存在一个链接关系。那我国金融业对外直接投资对广东省制造业转型升级产生了什么样的影响呢? 这将是本章的第二个主要研究内容。

本章主要包括四节:第一和第三节分别实证检验中国金融对外直接投资对广东省金融业发展和结构变化的影响,并对实证结果进行分析和讨论;第三节就检验金融业对外直接投资对广东省制造业转型升级的影响构建分析模型;第四节将采用时间序列和面板数据分别检验金融业对外直接投资对广东省制造业升级产生了哪些直接和间接影响,并对实证结果进行分析和讨论;最后,则对本章的研究启示进行一个小结。

第一节 金融对外投资对广东省金融业发展的影响:基于时间序列的分析

关于金融业对外直接投资对于国内本行业发展的影响,目前的研究仍然主要是沿用了传统的工业组织理论(即海外直接投资理论),并且国外对此的研究起步较早且相关文献最多。鲁格曼(Rugman,1981)认为,根据内部化理论模型,跨国公司创造的内部市场的目的是为了克服外部商品和要素市场的不完全，金融机构跨国经营同样使用了内部化市场从而克服了国际金融市场的不完全，这样可以给公司带来利益最大化。Yannopoulos and Dunning（1976）和 Blackbourn（1978）指出邓宁的国际生产折衷理论能成功地解释跨国金融机构的发展和影响。Gray and Gray（1981）、Cho（1983）、Grubel（1977）和 Wells（1983）同意 Yannopoulos and Dunning（1976）的观点，并得到了一致的实证分析结论。他们认为金融机构在国外的金融市场设立子公司进行运作，如欧洲货币市场经营时，可以获取和利用投资地区特有的资源，如良好的金融基础设施、便捷的同业市场和专业的金融人才，并把部分在当地获取的资源优势带回国内以增强母公司的竞争力。同时，在超国家金融市场，资源可以更便利的流动，这种观点相当于重新定义了区位优势，说明区位优势不仅仅局限于某一特定国家，还可以以市场进行区位的定义进行金融发展资源的跨国界流动。

归纳来说，工业组织理论对解释金融公司对外直接投资对国内金融业经济增长的影响提供了一个理论基础。该理论认为海外直接投资能够作用为促进国际生产要素流动的一个有效的渠道（Williamson，1985），因为公司内的控制即增加了要素流动方之间的信任同时也降低了交易成本（Hennart，1984）。基于此理论，学者们认为海外直接投资对国内金融业经济增长有以下几点影响：1）获取投资目的地特有的资源和技术（Dunning，2002；李梅和柳士昌，2012）；2）扩展海外市场，带动国内资本在海外获取更高的寻租和资源整合（Horizontal vs vertical linkage，Beugelsdijk 等，2008；Jordaan，2011）；3）继续利用国内已经成熟但相对过时的金融服务以获取更多的剩余价值（Driffield and Love，2008）；4）促进或者替换母国的国际贸易和金融账户以影响其国际收支平衡（Ozawa，1979；Renard，2011）；5）对于国内金融产品生产的互补或者转移（Braconier and Ekholm，2010）。从上述分析中可以看出对外直接投资可以给母国金融业的发展带来至少五方面的好处，但是同时需要提醒的是，对外投资也会给国内金融发展带来负面影响。Sun 等（2010）就曾经指出进行对外直接投资也可能使得金融机构为了在海外获取更高的利润而放弃国内市场，这样会带走国内资本和专注度而产生不利于国内金融发展的影响。

本节的实证分析中国金融类对外直接投资对广东省金融业经济增长的影响将采用时间序列数据，由于受到金融类对外直接投资数据来源的限制，本节实证的检验区间只能选择在2003—2016年之间。为了区分对外直接投资的长期作用和短期影响,我们采用了两个变量,前者用对外投资存量衡量,而后者用流量进行检测。关于衡量广东省金融业发展的因变量,我们采用金融业的生产总值。由于受到数据样本的限制,为了不减少统计量的自由度,我们只采用单一自变量和因变量一起进行回归分析,即分别用对外直接投资存量和流量对金融业生产总值进行回归而没有加入其他控制变量。与上一章相同,我们同意采用了Augmented Dickey-Fuller和Phillips-Perron两种方式进行单位根检验(请见上一章的仔细讨论),检验结果见表10-1。表10-1显示,当数据进行一阶差分后,对于所有数据序列,假设都能被拒绝,显著性在1%至10%之间,说明此时数据是平稳的;而当数据处于水平时,我们不能得到一个统一的结果显示所有数据都是平稳的。因此,我们接着采用Johansen cointegration test进行协整性测试,测试结果表明数据之间存在协整关系,说明下面的回归分析仍然可以在不损失统计量自由度的情况下进行数据水平时的测试。

表10-1　单位根检验结果

(金融对外投资对广东省金融业发展的影响)

变　量	Augmented Dickey-Fuller		Phillips-Perron	
	水平	一阶差分	水平	一阶差分
金融业生产总值	-0.988 (0.901)	-4.543** (0.037)	-1.063(0.885)	-3.701* (0.074)
金融类对外直接投资存量	-2.667 (0.267)	-8.884** (0.021)	-4.284** (0.031)	-8.262** (0.012)
金融类对外直接投资流量	-5.286*** (0.008)	-4.349** (0.045)	-11.874*** (0.000)	-11.096*** (0.000)

注:***,**,*分别表示在1%,5%和10%的显著水平上平稳。
括号内表示假设被接收的概率值。

同上一章一样,为了增强分析的稳健性,本节的回归分析也采用两种分析方法,即最小二乘法(least square)和两阶段最小二乘法(Two-stage least square,TSLS),并把解释变量的滞后一期用做工具变量。回归分析的结果最后归纳于表10-2,可以清楚看到所有回归模型的F-值是在1%显著水平上平稳的,并且校正后的决定系数(Adjusted-R^2)介于0.49至0.89之间,说明自变量的改变能在很大程度上解释因变量的变化,因此我们将继续讨论这些回归系数的含义。

表10-2 金融类对外直接投资对广东省金融业增长的影响

解释变量	最小二乘法	TSLS	最小二乘法	TSLS
截 距	-2.117*** (-3.687)	-1.718** (-2.872)	1.030* (1.898)	-2.210 (-1.467)
金融类对外直接投资存量	0.816*** (9.350)	0.758*** (8.385)		
金融类对外直接投资流量			0.395*** (4.106)	0.952*** (3.653)
校正后的决定系数(Adjusted-R^2)	0.887	0.883	0.591	0.497
F-值	87.429***	70.308***	16.863	13.348***

注:因变量为第三产业占地区生产总值的比例。

***, **, *分别表示在1%,5%和10%的显著水平上平稳。括号内表示该系数的t-值。

表10-2显示,不管是投资存量还是流量系数都是正的,显著性全部在1%以上,表明在过去十多年我国金融类对外直接投资对广东省金融业的经济增长具有非常积极的作用,且作用明显。从回归系数可以看到,中国金融类对外直接投资的存量每增长一个百分点将会推动广东省金融业的经济增长0.75%—0.81%,而对外直接投资的流量每增长一个百分点将会推动广东省金融业经济增长约0.4%—0.95%,带动作用非常显著。平均来说,对外直接投资存量要比流量对广东省金融业经济增长产生的作用要比较大一些;此外,当我们把对外投资流量滞后一期用做工具变量进行回归时,表4-2显示变量的系数从0.395变到了0.952,而模型的校正后的决定系数变化。这些都表示国家金融类对外直接投资对广东金融业经济增长的长期拉动作用要比短期的作用更加显然,而且作用在投资发生一年后会迅速增加,说明了我国金融机构的海外布局而带来的市场和资源获得等对广东金融发展产生的积极影响需要一定时期后才能更大作用,这为广东支持金融机构对外的长期投资和金融长期发展的政策提供了理论和实证证据上的支撑。

第二节　金融对外投资对广东省金融业结构变化的影响

上一节的实证分析可以看出,我国金融类对外直接投资对广东金融业的经济增长有着非常明显的积极作用,并且能产生长期的影响,尤其是投资发生一年后对广东金融的推动作用最大。鉴于'金融发展就是结构变化'的思路,我们不禁要问那中国金融类对外直接投资对广东金融结构变化的影响如何,是促进其金融结构朝着什么方向变化?这些就是本节要问答的问题。

从理论上来说,目前并没有一个专门的理论用来解释金融业对外直接投资对国内金融结构的影响,但是我们可以结合海外直接投资理论和金融(结构)发展理论来进行分析。Goldsmith(1969)提出了金融结构和金融发展概念,讨论了不同经济发展阶段的金融结构模式,开创了金融结构和金融发展理论的研究基础。基于 Goldsmith 的金融(结构)发展理论,吴先满(1994)则把金融发展分成"金融资产增长、金融机构发展、金融市场成长和金融体系开放",认为金融发展是以上四个方面综合形成的动态变化过程,这说明了一个国家在金融发展的过程中,其金融结构也在不断变迁。也即是 Goldsmith 认为的,金融结构的变迁即为金融发展,金融结构不是一成不变的,它会随着时间变迁而发生改变,金融发展是金融结构的简单到复杂、低级到高级的变化过程。王广谦(2002)从另外一个角度分析了金融发展与结构变迁的关系,认为金融结构分析是研究金融发展的重要组成部分,金融结构是金融发展的具体体现,它反映了金融与经济发展的关系,经济金融化程度、以及金融虚拟程度等,这表明了要研究金融发展程度可以从检测金融结构变迁入手,更体现了金融发展和结构变迁之间的紧密关联。

那什么是金融结构呢?根据 Goldsmith 的定义,金融结构是指构成金融总体的各个组成部分的分布、存在、相对规模、相互关系与配合的状态。根据吴先满(1994)的分类,一国的金融(结构)发展方式可以归纳为四类:进行了描述:一是金融资产增长,常用金融相关比率指标来衡量,一般表示为一国金融资产总量与国民财富总量之比,也可用金融资产总额在各经济部门之间的分布情况来衡量;二是金融机构发展,可用金融结构的机构化程度指标(金融机构与金融单位的金融工具发行额之比率,从业人员等)、金融中介组织所持有金融资产(工具)在各类金融机构资产中所占的比例、金融机构之间资产往来的总额在金融机构总资产中所占的比重等来衡量;三是金融市场成长,可通过对金融工具、金融资产进行分类,组合得到金融相关矩阵,如债务矩阵、股票矩阵等,用于描述各类金融工具的发现、交易等情况,也可通过分析非金融部门进行的内部融资和外部融资的相对规模来衡量;四是金融体系开放,可用金融交易账户开放程度来分析金融各部门的资金来源与运用情况,以统计各部门的内源融资、外源融资之间的比例关系,常用的衡量指标是外资金融机构在国内的融贷情况和国内金融机构在海外的融贷情况。张军洲(1997)对吴先满的归类进行了补充,认为区域金融集中度也是衡量不同国家(地区)金融结构差异的一个重要指标,随着金融发展,会变迁形成具有不同形态、不同层次和金融活动相对集中的若干金融区域,这些区域的金融结构差异、差异互补和相互关联构成一国的区域金融体系,而这与当地的经济特点是匹配发展的。

结合上一节海外直接投资理论的分析,可以归纳金融类对外直接投资将会对国内金融结构发展与变迁产生几方面的影响:一是由于海外资源和市场的获取,可以促进国内金融资产的增长,但同时如果海外投资带走国内资金,则会阻碍国内金融资产的增长;二是参与海外竞争可加快国内金融机构的发展;三是加速国内金融市场的成长,尤其是能加快多元化金融工具的出现;四是能使国内金融体系更加开放;五是将会使国内区域金融特点的差异性加大。

本节的实证分析中国金融类对外直接投资对广东省金融结构变迁的影响也是采用时间序列数据,同上,由于受到金融类对外直接投资数据来源的限制,检验区间也只能选择在2003—2016年之间,而且为了不减少统计量的自由度,我们只采用单一自变量和因变量一起进行回归分析,即分别用对外直接投资存量和流量对金融业生产总值进行回归而没有加入其他控制变量。关于衡量广东省金融结构变迁的因变量,我们将采用不同的变量分别衡量上述分析的金融结构发展的五个方面。关于金融资产增长，我们采用存款和贷款与GDP之比两个变量进行衡量；关于金融机构发展，同样采用两个变量进行检测，即每年广东省金融机构的数量和金融业雇佣人数，前者可以衡量广东省中小金融机构的发展，而后者可以衡量金融机构发展的规模；关于金融市场的发展，采用了每年底的股票市价总值和自筹投资占社会总投资的比例，前者主要衡量股票金融市场的作用，而后者衡量了不同金融市场和工具对广东省投资的影响，包括股票、债券、短期票据等等；关于金融体系开放，采用了广东的外资金融机构年末贷款和存款余额分别进行衡量。关于广东区域金融特点，则采用了四个变量进行衡量；首先把广东分为四个大的区域：珠三角（由广州、深圳、佛山、珠海、东莞、中山、惠州、江门、肇庆9个城市组成）、东翼（包括汕头、潮州、揭阳、汕尾四个地级市）和西翼地区（指湛江、茂名、阳江三市）、和山区（指韶关、梅州、清远、河源和云浮）；然后，由于珠三角地区在广东金融发展过程中占有绝对的领导和垄断地位，因此我们分别采用珠三角地区占广东省每年存款和贷款余额比例来衡量该区域在广东金融的绝对垄断程度；最后，我们还根据市场垄断公式（见公式10-1），计算广东金融垄断程度的发展：

$$L = (A^2 + B^2 + C^2 + D^2) \quad 公式(10-1)$$

其中：L表示市场垄断程度，A-D分别表示珠三角、西翼、东翼和山区占广东省每年存款和贷款余额比例。

对于所用数据中采用当年价格值的变量，我们用来自《中国统计年鉴》的价格平减指数（2005年为100）剔除通货膨胀因素；并对所有变量取对数进行回归分析。在进行回归分析之前，采用Augmented Dickey-Fuller和Phillips-Perron两种方式进行单位根检验（请见第三章的仔细讨论），检验结果见表10-3。表10-3显示，当数据进行一阶差分后，所有数据序列是平稳的，显著性在1%至10%之间；而当数据处于水平时，结果显示大多数数据都不是平稳。因此，我们接着采用Johansen cointegration test进行协整性测试，测试结果表明数据之间存在协整关系，说明下面的回归分析仍然可以在不损失统计量自由度的情况下进行数据水平时的测试。

表 10-3 单位根检验结果

（金融对外投资对广东省金融业结构变化的影响）

变 量	Augmented Dickey-Fuller		Phillips-Perron	
	水平	一阶差分	水平	一阶差分
存款与 GDP 之比	-1.343 (0.569)	-2.891*** (0.009)	-0.022 (0.653)	-3.033*** (0.006)
贷款与 GDP 之比	-1.426 (0.135)	-2.283** (0.028)	-1.598 (0.100)	-2.234** (0.031)
金融机构数	0.206 (0.727)	-3.716*** (0.002)	0.268 (0.745)	-3.698*** (0.002)
金融机构雇佣人数	3.703 (0.999)	-2.161** (0.035)	8.254 (1.000)	-2.161** (0.035)
股票市价总值	1.782 (0.973)	-2.543** (0.017)	1.909 (0.978)	-2.541** (0.017)
自筹投资占比	0.453 (0.793)	-4.774*** (0.000)	0.576 (0.824)	-5.636*** (0.000)
外资金融机构存款	2.593 (0.993)	-1.638* (0.093)	2.042 (0.983)	-4.998*** (0.000)
外资金融机构贷款	3.299 (0.997)	-6.566*** (0.001)	6.217 (1.000)	-2.911*** (0.008)
珠三角存款占比	-2.023** (0.046)	-5.620*** (0.000)	-0.535 (0.461)	-5.620*** (0.000)
珠三角贷款占比	2.260 (0.986)	-2.094** (0.040)	-0.642 (0.415)	-2.239** (0.031)
金融市场存款垄断程度	-2.019** (0.047)	-5.598*** (0.000)	-0.552 (0.454)	-5.598*** (0.000)
金融市场贷款垄断程度	2.136 (0.983)	-9.179*** (0.000)	-0.636 (0.418)	-2.094** (0.040)

注：***, **, *分别表示在 1%, 5%和 10%的显著水平上平稳。

括号内表示假设被接收的概率值。

中国金融对外直接投资存量和流量的单位根检验见表 10-1。

本节的回归分析也是采用最小二乘法（least square, LS）和两阶段最小二乘法（Two-stage least square, TSLS），同样把解释变量的滞后一期用做工具变量。回归分析的结果最后归纳于表 10-4 至表 10-8，显示所有回归模型的

F-值是在1%显著水平上平稳的，并且校正后的决定系数（Adjusted-R^2）介于0.0002至0.93之间，说明广东省金融结构各方面的变化能在不同程度上被中国金融对外直接投资影响，且影响的差异性很大，这样我们将继续讨论这些实证分析结果所显示的对广东金融结构变迁哪些方面的作用。

我国金融类对外直接投资对广东省金融资产增长影响的实证分析结果归纳于表10-4，显示投资存量每增加一个百分点，存款与广东省GDP之比要增长0.04至0.065个百分比，而贷款与广东省GDP之比要增长0.089个百分点；然而投资流量系数却不显著。说明从长期来看，中国金融对外直接投资是能促进广东省金融资产增长的，但是在短期，这种促进作用则不会明显，这表明了金融机构对外直接投资带来的海外市场扩展和更多资金来源的获取能促进广东金融获得更多获利，从而带来资产的增长，即存款的增速要快于GDP的增速，同时也使广东金融有更多的资金来支持当地发展，即贷款的增速也要快于GDP的增速。但是，需要注意的是这种金融对外投资带来的市场扩展和资金来源增加是需要时间才能发挥作用的，这给予了我们提出了政策上的含义。

表10-4　我国金融类对外直接投资对广东省金融资产增长的影响

因变量 / 解释变量	存款与广东省GDP之比				贷款与广东省GDP之比			
	最小二乘法	TSLS	最小二乘法	TSLS	最小二乘法	TSLS	最小二乘法	TSLS
截　距	-0.065 (-0.515)	-0.221 (-1.77)	0.195** (2.545)	-0.051 (-0.275)	-0.296 (-1.278)	-0.603** (-3.00)	0.074 (0.621)	-0.221 (-0.75)
金融类对外直接投资存量	0.042** (2.195)	0.065*** (3.456)			0.043 (1.242)	0.089** (2.934)		
金融类对外直接投资流量			0.003 (0.239)	0.045 (1.407)			-0.014 (-0.698)	0.035 (0.700)
校正后的决定系数	0.258	0.442	0.006	0.159	0.047	0.330	0.046	0.033
F-值	4.822**	11.94***	25.924*	1.980	1.544	8.610**	0.488	0.490

注：***，**，*分别表示在1%，5%和10%的显著水平上平稳。括号内表示该系数的t-值。

表 10-5　我国金融类对外直接投资对广东省金融金融机构发展的影响

因变量 / 解释变量	金融机构数				金融机构雇佣人数			
	最小二乘法	TSLS	最小二乘法	TSLS	最小二乘法	TSLS	最小二乘法	TSLS
截　距	4.195*** (30.652)	4.135*** (25.63)	4.221*** (63.250)	4.395*** (22.695)	4.572*** (53.234)	4.580*** (48.30)	5.086*** (54.330)	4.726*** (19.04)
金融类对外直接投资存量	-0.002 (-0.105)	0.006 (0.282)			0.126*** (9.661)	0.125*** (8.739)		
金融类对外直接投资流量			-0.007 (-0.605)	-0.037 (-1.112)			0.056*** (3.378)	0.117** (2.744)
校正后的决定系数	0.001	0.012	0.035	0.012	0.893	0.881	0.468	0.446
F-值	27.388**	0.079	27.598	1.236	93.337***	76.38***	11.413***	7.533**

注：***，**，*分别表示在1%，5%和10%的显著水平上平稳。括号内表示该系数的t-值。

表 10-6　我国金融类对外直接投资对广东省金融市场发展的影响

因变量 / 解释变量	股票市场总值				自筹投资占比			
	最小二乘法	TSLS	最小二乘法	TSLS	最小二乘法	TSLS	最小二乘法	TSLS
截　距	-4.989*** (-3.616)	-4.301** (-2.84)	0.269 (0.262)	-5.575* (-1.847)	1.252*** (4.947)	1.096 (3.625)	1.594*** (11.390)	1.141** (2.443)
金融类对外直接投资存量	1.371*** (6.539)	1.271*** (5.557)			0.070* (1.830)	0.094* (2.063)		
金融类对外直接投资流量			0.667*** (3.684)	1.674*** (3.208)			0.021 (0.865)	0.100 (1.239)
校正后的决定系数	0.791	0.763	0.533	0.363	0.176	0.075	0.069	0.033
F-值	42.761***	30.89***	13.573	10.29***	3.349*	4.257*	18.708	1.536

注：***，**，*分别表示在1%，5%和10%的显著水平上平稳。括号内表示该系数的t-值。

表 10-7　我国金融类对外直接投资对广东省金融体系开放的影响

因变量 / 解释变量	外资金融机构存款				外资金融机构贷款			
	最小二乘法	TSLS	最小二乘法	TSLS	最小二乘法	TSLS	最小二乘法	TSLS
截　距	0.031 (0.066)	-0.363 (-0.68)	2.506*** (5.018)	0.721 (0.584)	-0.195 (-0.599)	-0.085 (-0.26)	2.136*** (5.351)	-0.003 (-0.003)
金融类对外直接投资存量	0.537*** (7.524)	0.596*** (7.373)			0.585*** (11.814)	0.570*** (11.64)		
金融类对外直接投资流量			0.188* (2.130)	0.494** (2.317)			0.269*** (3.814)	0.638*** (3.241)
校正后的决定系数	0.834	0.833	0.243	0.401	0.926	0.931	0.551	0.409
F-值	56.620***	54.37***	4.537*	5.269**	139.589***	135.6***	14.549***	10.51***

注：***, **, *分别表示在 1%,5%和 10%的显著水平上平稳。括号内表示该系数的 t-值。

表 10-8A　我国金融类对外直接投资对广东省区域金融发展的影响

因变量 / 解释变量	珠三角存款占比				珠三角贷款占比			
	最小二乘法	TSLS	最小二乘法	TSLS	最小二乘法	TSLS	最小二乘法	TSLS
截　距	-0.081*** (-13.381)	-0.079*** (-11.662)	-0.069*** (-19.988)	-0.08*** (-7.22)	-0.046* (-1.833	-0.014 (-0.67)	-0.066*** (-6.372)	-0.058* (-2.12)
金融类对外直接投资存量	0.003*** (3.123)	0.003** (2.655)			0.001 (0.107	-0.004 (-1.38)		
金融类对外直接投资流量			0.001* (2.166)	0.004* (1.958)			0.004* (2.169)	0.003 (0.571)
校正后的决定系数	0.443	0.357	0.251	0.149	0.001	0.076	0.252	0.091
F-值	9.757***	7.502**	4.694*	3.839*	0.011	1.891	4.706*	0.327

注：***, **, *分别表示在 1%,5%和 10%的显著水平上平稳。括号内表示该系数的 t-值。

表 10-8B　我国金融类对外直接投资对广东省区域金融发展的影响

因变量 / 解释变量	金融市场存款垄断程度				金融市场贷款垄断程度			
	最小二乘法	TSLS	最小二乘法	TSLS	最小二乘法	TSLS	最小二乘法	TSLS
截　距	-0.156*** (-13.702)	-0.154*** (-11.946)	-0.134*** (-20.584)	-0.16*** (-7.39)	-0.085 (-1.711)	-0.021 (-0.51)	-0.126*** (-6.155)	-0.108* (-1.99)
金融类对外直接投资存量	0.005** (3.115)	0.005*** (2.647)			0.0003 (0.044)	-0.009 (-1.47)		
金融类对外直接投资流量			0.003* (2.166)	0.007* (1.956)			0.008* (2.122)	0.005 (0.497)
校正后的决定系数	0.442	0.355	0.251	0.148	0.0002	0.008	0.242	0.076
F-值	9.703**	7.009**	4.692*	3.828*	0.002	2.171	4.506*	0.247

注：***，**，*分别表示在1%，5%和10%的显著水平上平稳。括号内表示该系数的t-值。

表10-5分析了金融对外直接投资对广东金融机构发展的影响，显示对于金融机构数的增长没有显著影响，然而对于金融机构雇佣人员数有正作用，显著性至少5%以上。说明了我国金融类对外直接投资对于广东省金融机构数目的增减没有什么作用，但是却对金融机构做强即雇佣人员的增加有促进作用，表明我国对外投资带来的市场扩展能帮助广东现有的金融机构加速海外市场布局，而这需要更多的金融人才，尤其是有海外运作经验的和懂海外经营规则的专业人才。

表10-6分析了金融对外直接投资对广东金融结构在市场发展方面的影响，显示对于广东股票市价总值的增长有明显的正作用，显著性在1%，但对于广东企业自筹投资占比的促进作用就不那么明显了，显著性在10%。说明我国金融对外投资一是能帮助广东企业进行海外运作，增加其盈利能力，从而更加被投资者看好；二是能增加渠道促使海外资金投资直接于广东上市公司，从而推动广东股票市价总值的增长。研究结果显示不管是投资存量还是流量都对广东股票市场总值的增长带来明显正作用，投资存量每增加一个百分点，广东股票市价总值要增长约1.3个百分比，投资流量每增加1%，当期的影响是促使股票市价总值增长0.667%，然而当流量滞后一期是，正作用则是促使增长1.67%，这表明我国金融对外投资对广东金融市场发展能同时带来长期

和短期促进作用,但是总的来说,长期作用要大于短期效益,并且投资发生一年后对广东股票市场发展的作用就比较明显了。对于广东企业自筹投资来说,我国金融对外直接投资更多的是产生长期的作用,而不是短期效应,说明除了股票来筹集投资资金,在其他的筹资方式方面,尤其是海外发现债券等,我国金融对外投资对于广东企业来说目前的帮助还不是很明显,这可能需要更长的时间才能看到更加显著的作用。

表10-7分析了金融对外直接投资对广东金融体系开放方面的影响,显示对于外资金融机构不管是存款还是贷款的增长都有显著的促进作用,即,投资每增长一个百分点,促进作用在0.188%至0.638%之间。研究结果还显示长期作用一般要大于短期作用,滞后一年的作用要明显比当期作用要强,表明我国金融对外投资增强了在广东的外资金融机构的活动,一方面金融类企业在进行对外投资时会加强与境内的外资金融的合作,以增加进入海外市场的机会和获取更多的海外金融市场的信息,另一方面非金融类广东企业在我国金融对外投资促进他们进行海外扩张的同时,也愿意加强与境内外资金融机构的合作以达到增强金融保险的功能,这些都将会促使广东境内外资金融的存贷款额的增长。

表10-8A和10-8B分析了金融对外直接投资对广东金融结构在区域金融集中度方面的影响,显示我国金融对外投资会加强广东区域金融的进一步集中。为了增加实证分析的可靠性,我们不单区分了在存贷款两方面的差别,还采用了珠三角存贷款占比和区域金融垄断程度指数来分析金融对外投资是会促进广东朝单一还是多极区域金融体系发展。研究结果显示在存款方面,不管是投资存量还是流量的增加都会促使广东朝单一区域金融体系发展,即珠三角地区的金融领导和垄断地位会进一步加强,但是这种促进作用还不算很大,我国金融对外投资每增加1%,珠三角的金融垄断程度增强约0.003%至0.005%,表明发达的金融体系能帮助珠三角地区从我国金融对外投资中获得更多的利益,从而导致其财富的增速要快于东翼、西翼和山区。在贷款方面,我国金融对外投资对珠三角在广东金融的垄断地位影响不大,我们只发现当期的投资流量对珠三角贷款占比和区域金融垄断程度有正作用,但是显著性只是在10%,表明广东各地区的贷款增速还是主要受国内金融投资的影响。

第三节　金融对外投资对广东省制造业转型升级的影响:模型构建

随着国际分工的进一步加深,国际资本流动的加速,世界各国的经济联系日益增强,各国产业间的竞争力也日益加剧,产业转型升级的水平与能力已经成为一国推动经济可持续性发展的重要手段,也是一国经济发展水平和国际竞争力的重要标志。从上面两节的分析可以看出金融对外直接投资能对国内金融业的发展产生作用,而根据理论分析,我们知道通过金融业的传导作用,这是可以对国内其他行业产生间接的影响。鉴于上述的分析表明金融业对外直接投资至少能对国内经济发展产生直接的和间接的三方面的影响,本节开始将专门研究中国金融对外直接投资对广东制造业转型升级产生了什么样的直接和间接影响。

在前面的章节,基于内生增长理论,我们构建了分析金融发展对经济转型升级作用的理论模型。本章将继续在此模型的基础上,加入金融业对外直接投资因素进行模型扩展。对公式(9-1)中的 A 和 F 进行进一步细分,可以得到:

$$A_{i,t} = D_{i,t}\, E^{\varphi}_{i,t}\, S^{\delta}_{i,t}\, e^{aT} \qquad \text{公式(10-2)}$$

其中:D 代表了影响经济转型升级的国内技术因素;E 和 S 代表了影响经济转型升级的国外技术因素,并且可以通过贸易和投资两种方式获取海外技术; e^{aT} 表示影响技术溢出发挥作用的其他因素,包括生产环境的改善。

$$F_{i,t} = D'_{i,t}\, E'^{\varphi}_{i,t}\, S'^{\delta}_{i,t}\, e^{aT} \qquad \text{公式(10-3)}$$

其中: D' 代表了影响金融媒介发挥作用的国内技术因素;E 和 S 代表了影响金融媒介发挥作用的国外技术因素,也即是说在通过贸易和投资两种方式获取海外技术过程中,金融媒介所产生的作用; e^{aT} 表示其他因素,包括生产环境的改善,也会影响金融技术溢出发挥作用。这样把(10-2)和(10-3)放入到公式(9-1)可以得到①:

① 模型的推导与理论解释细节可以查看本次研究项目负责人发表的论文,Liu 等,(2016).

$$Y_{i,t} = D_{i,t}\, E_{i,t}^{\varphi}\, S_{i,t}^{\delta}\, H_{i,t}^{\alpha}\, K_{i,t}^{\beta}\, D'_{i,t}\, E'^{\varphi}_{i,t}\, S'^{\delta}_{i,t}\, e^{2aT} \qquad \text{公式(10-4)}$$

从公式(10-4)可以看出,采用对外投资战略进行全球资源整合和引进新的金融产品,金融发展至少可以通过三种渠道影响国内其他行业的经济增长和转型升级。一是引进新的资源和产品促进国内金融业的发展,并通过此增加资本分配效率和促进国内技术进步与外溢;二是通过金融服务功能,支持国内企业的贸易和获取贸易过程中的外国技术溢出;三是通过金融媒介和引导功能,加强了国内与海外的资本流动,特别是直接投资,由此帮助国内企业获取海外资源和技术,而这最终能促进经济增长和转型升级。

我们对公式(10-4)两边取对数可以得到最终的实证分析模型①:

$$Y_{i,t} = \beta_0 + \beta_1 D_{i,t} D'_{i,t} + \beta_2 E_{i,t} E'_{i,t} + \beta_3 S_{i,t} S'_{i,t} + \beta_4 H_{i,t} + \beta_5 K_{i,t} + \beta_6 T_{i,t} + \varepsilon_t \qquad \text{公式(10-5)}$$

其中 Y 用工业新产品产值(new product)来衡量,由于广东制造业贡献了其90%以上的工业产值,因此工业新产品产值的增加在很大程度上代表了其制造业转型升级的程度,新产品产值越高,广东制造业向高新转型升级就成功。H 将采用年末工业企业雇佣人员数和当地受教育程度两个变量来衡量,前者表示制造业劳动力的数据,而后者表示当地可提供的劳动力的质量。K 表示资本存量,同时为了增加新增资本对于广东制造业升级的影响,我们还增加了每年的资本投资变量。T 为控制变量,主要控制生产环境的改变,在本章,我们主要控制科技变迁对于广东制造业升级的影响。ε_t 表示误差项。其他三组变量分别表示中国金融对外直接投资与广东金融发展、进出口、和外商直接投资的交互项,以检验金融对外投资通过国内金融发展、国际贸易和资本引进这三种渠道对广东制造业升级产生了什么样的影响。为了区分金融对外直接投资的间接作用和这三方面的直接作用,我们又添加了国内金融发展、进出口和外商直接投资单个变量进入模型。

① 由于受到实证数据来源的限制,我们无法得到广东各市非金融类对外直接投资的数据和检验其对制造业转型升级的作用。对数符号在此省去。

第四节　金融对外投资对广东省制造业转型升级的影响：实证分析结果

为了增加实证检验的数据样本和减少统计量自由度带来的变量数目的限制，本章的实证分析中国金融类对外直接投资对广东省制造业转型升级的影响将采用面板数据，检验时间区间也选择在2003—2016年之间，即2003年中国金融类对外直接投资开始兴起年至今，横截面为21，即把广东省划分为21个（地级）市（广州、深圳、佛山、珠海、东莞、中山、惠州、江门、肇庆、汕头、潮州、揭阳、汕尾、湛江、茂名、阳江、韶关、梅州、清远、河源和云浮），这样最终的数据样本为273。

在实证分析时，我们采用工业新产品产值来衡量广东制造业转型升级，即因变量。关于生产所需的劳动力，我们首先采用广东各市工业企业年末雇佣人员数来衡量劳动力要素的数量，然后还分别采用各市小学毕业生数和中学毕业生数来衡量当地提供有一定质量的劳动力的情况。关于生产所需的资本要素，我们先采用了用永续盘存法获取的各市资本形成总额来衡量资本存量的影响，然后采用每年固定资产投资额来衡量新增资本的影响。关于科技发展对于广东制造业转型升级的影响，我们也采用了两个变量来检测，一是每年各市科技经费支出，从物质资本的角度来衡量，二是年末各市科技人员数，从人力资本的角度来衡量；在本次研究中，我们并没有采用各市三类专利申请和授予量来衡量科技发展，主要是考虑了技术传播问题比较难控制，即当一个市发明了某项专利技术，其他市很容易进行模仿，这样将很难区分到底本市的专利技术对本市的制造业转型升级产生了多大的影响。

本次研究将检验金融对外直接投资对国内制造业发展升级影响的三种溢出渠道，即国内金融发展、国际贸易和外国资本引进。在衡量国际贸易和外国资本引进方面，我们采用每年各市进出口总额和实际利用外资额来进行衡量。关于国内金融发展方面，从上一章的分析可以看出我国金融类对外直接投资对广东省的金融资产增长、金融机构发展、金融市场发展、金融体系开放和金融区域集中度产生这五方面的影响，但是由于受到数据来源的限制，我们无法获得全部五方面市一级的数据，只能获取金融资产增长和金融体系开放方面的数据，并且同上一章，我们也区分了存款和贷款方面的差别，这样最终我们采用了4个变量来衡量国内金融发展：外资金融机构贷款、外资金融机构存款、中资机构贷款与GDP之比和中资机构存款与GDP之比。在衡量金融对外直接投资方面，我们采用了与前几章相同的方式，即用投资存量和流量分别检验对外投资的长期与短期影响。最后，我们将这衡量三种溢出渠道的六个变量分别与金融对外投资存量和流量相乘得到交互项来检测对广东省制造业转型升级的影响。

在进行数据处理时，我们对于所用数据中采用当年价格值的变量，用来自《中国统计年鉴》的价格平减指数(2005年为100)剔除通货膨胀因素，然后对所有变量取对数进行回归分析。此外，在进行回归分析之前，我们也仍然采用Augmented Dickey-Fuller和Phillips-Perron两种方式进行单位根检验，检验结果见表10-9。表10-9显示，尽管大多数变量在水平时就平稳了，但是仍然有三个变量不能显示平稳性，因此，我们进行一阶差分单位根检验，这时所有变量都平稳了，并且显著性至少在5%以上。这样，我们接下来采用Johansen cointegration test进行协整性测试，测试结果表明数据之间存在协整关系，说明下面的回归分析仍然可以在不损失统计量自由度的情况下进行数据水平时的测试。

表10-9　单位根检验结果

（金融业对外直接投资对广东省制造业转型升级的影响）

变　量	Augmented Dickey-Fuller		Phillips-Perron	
	水平	**一阶差分**	**水平**	**一阶差分**
新产品产值	91.184*** (0.000)	146.338*** (0.000)	120.91*** (0.000)	263.239*** (0.000)
资本存量	85.327*** (0.000)	103.999*** 0.000)	62.522** (0.021)	125.613*** (0.000)
固定资产投资	45.696 (0.321)	78.631*** (0.000)	56.469* (0.067)	107.166*** (0.000)
科技经费支出	71.922*** (0.003)	121.572*** (0.000)	82.46*** (0.000)	187.24*** (0.000)
科研人员数	111.774*** (0.000)	163.203*** (0.000)	100.75*** (0.000)	196.369*** (0.000)

续表

变 量	Augmented Dickey-Fuller		Phillips-Perron	
	水平	一阶差分	水平	一阶差分
年末从业人员	73.788*** (0.002)	115.008*** (0.000)	71.356*** (0.003)	166.733*** (0.000)
小学毕业生数	21.931 (0.995)	62.611** (0.021)	19.346 (0.998)	61.562** (0.026)
中学毕业生数	51.57 (0.147)	112.8*** (0.000)	88.088*** (0.000)	239.464*** (0.000)
外资金融机构贷款	83.859*** (0.000)	147.167*** (0.000)	97.758*** (0.000)	207.881*** (0.000)
外资金融机构存款	36.375 (0.715)	145.498*** (0.000)	21.957 (0.995)	114.428*** (0.000)
中资机构贷款与 GDP 之比	57.658* (0.054)	84.629*** (0.000)	131.082*** (0.000)	114.192*** (0.000)
中资机构存款与 GDP 之比	81.637*** (0.000)	115.842*** (0.000)	85.034*** (0.000)	131.311*** (0.000)
进出口	81.737*** (0.000)	91.251*** (0.000)	119.791*** (0.000)	169.697*** (0.000)
外商直接投资	114.698*** (0.000)	175.47*** (0.000)	118.842*** (0.000)	278.943** (0.040)
金融类对外直接投资存量	57.147* (0.059)	65.673** (0.011)	145.758*** (0.000)	85.769*** (0.000)
金融类对外直接投资流量	202.353*** (0.000)	155.702*** (0.000)	412.248*** (0.000)	397.616*** (0.000)

注：***，**，*分别表示在1%，5%和10%的显著水平上平稳。括号内表示假设被接收的概率值。

本章的回归分析将采用面板最小二乘法（panel least square，PLS）和两阶段最小二乘法（Two-stage least square，TSLS），同样把解释变量的滞后一期用做工具变量。在进行回归之前，我们采用了豪斯曼检验（Hausman test）来决定选择固定效应模型（fixed effect model）还是随机效应模型（random effect model），检验结果显示随机效应模型要优于固定效应模型，并冗余变量检验（redundant variable test）表明应该采用双控，即横截面（cross-section）和时间（period）随机效应同时控制。回归分析的结果最后归纳于表 13-2A 至 13-2C，可以清楚看到所有回归模型的 F-值是在 1% 显著水平上平稳的，并且校正后的决定系数（Adjusted-R2）都在 0.52 以上，说明自变量的改变能在很大程度上解释因变量的变化，因此我们将继续讨论这些回归系数的含义。

作为衡量国内金融发展的指标之一，中资金融机构存款与GDP之比被发现与广东各市新产品产值的增长存在负相关，显著性在10%以上，暗示尽管过去十多年广东金融资产是增长了，但是只要资金过于沉淀，流动性没有改善，对于广东省制造业转型升级反正会产生限制作用。与之相反，表10-10A显示存款/GDP之比与金融对外投资存量的交互项的系数为正，显著性在1%，说明中国金融类对外直接投资能改善广东金融机构存款的快速增加对推动其新产品产值增长的影响，这主要是因为对外投资战略导致的全球资源整合和新的金融产品引进可以促进资金流向研发领域，支持新产品的开放和生产，从而起到推动广东制造业转型升级的作用。表10-10A还显示存款/GDP之比与金融对外投资流量的交互项却不显著，即使滞后一期，表明金融对外投资对广东金融机构存款的正作用的促进影响是长期性的，而不是短期的，并且在一年以内是不能发挥影响的。

研究结果显示在分析模型中资本存量变量的显著性变化很大，在一半的模型中是不显著，而在其他模型中显著性在1%，5%和10%之间变化，但与因变量正相关，表明资本存量对于广东各市新产品产值增长的影响介于正作用和不显著之间，这主要是因为尽管资本对于新产品的开放和生产具有积极的影响，但是却不需要进行大量的资本积累，特别是一些小改进和外观设计的新产品研发与生产。关于生产所需的资本要素，我们除了采用各市资本形成总额来衡量资本存量的影响，还采用每年固定资产投资额来衡量新增资本的影响，发现其对广东各市新产品产值的增长具有积极的正作用，且显著性在1%，但是当我们把该变量滞后一期时，发现系数变得不显著了，说明新增资本对于广东各市新产品产值增长是有促进作用的，但是作用只在当期，这主要也是因为广东新产品的研发与生产大多是小改进和外观设计改进，大的突破性发明还是很少，这样固定资本投资能在当年产生积极作用，但不需要产生长期影响。综合上述分析，给了我们两点暗示，一是在当前情况下对于广东制造业转型升级不需要一次性大量资本投资，但是需要不断进行新的资本注入以逐步更换陈旧资产；二是广东制造业转型升级还需要在大方面的发明创造下功夫，而不是局限于小的改进，以便更好地利用其改革三十年积累的大量资本，加速转型升级。

表 10-10A　我国金融类对外直接投资对广东省制造业发展和转型升级的影响

	PLS	TSLS	PLS	TSLS	PLS	TSLS	PLS	TSLS	PLS	TSLS	PLS	TSLS
截　距	-2.1**	-1.074	-2.076*	-1.264	0.310	-0.063	-1.903*	-1.895**	-1.341	-0.338	-2.08*	-0.649
资本存量	0.303	0.494	0.811	0.742			0.288	0.639**	0.37*	0.324	0.326	0.331
固定资产投资					0.74***	-0.069						
科研经费支出	-0.031	0.30**	-0.014	0.27***	-0.019	0.34**			-0.001	0.29**	-0.016	0.278**
科研人员数							-0.091	0.292**				
年末从业人员	0.659*	0.47**	0.426*	0.58***	0.631*	-0.201	0.705**	0.427*				
小学毕业生数									0.067	-0.201		
中学毕业生数											0.312*	-0.191
存款与 GDP 之比	-0.5***	-1.72*	0.005	-1.433*	0.094	-2.06*	-0.47**	-1.50**	-0.44**	-1.77*	-0.4**	-1.707*
与存量交互项	0.49***	0.36**			0.165**	0.58**			0.47***	0.41**		
与流量交互项			0.076	0.233			0.48***	0.352**			0.5***	0.46***
进出口	0.72***	0.8***	0.69***	0.75***	0.57***	0.8***	0.71***	0.84***	0.76***	0.7***	0.8***	0.72***
外商直接投资	-0.145	0.107	-0.185	0.044	-0.268*	0.247	-0.132	0.042	-0.131	0.13	-0.124	0.137
Adjusted-R^2	0.633	0.742	0.525	0.745	0.565	0.729	0.618	0.751	0.628	0.739	0.642	0.743
F-值	63.1***	111***	40.6***	109***	47.6***	107***	59.2***	111***	61.5***	110***	65***	110***

注：***，**，*分别表示在 1%，5%和 10%的显著水平上平稳，并且由于篇幅问题，我们没用列出系数的 t-值，仅显示了显著水平。

表 10-10B　我国金融类对外直接投资对广东省制造业发展和转型升级的影响

	PLS	TSLS	PLS	TSLS	PLS	TSLS	PLS	TSLS	PLS	TSLS	PLS	TSLS
截　距	-1.93**	-2.01**	-1.711	-2.5***	-2.12**	-1.367	-2.43**	-1.572	-1.99**	0.017	-1.903*	-0.227
资本存量	0.337	0.615**	0.78**	1.34***	0.301	0.68**	0.87***	0.98***	0.313	0.468	0.77***	0.76**
科研经费支出	-0.024	0.21***	-0.009	0.20***	-0.034	0.12**	-0.014	0.121**	-0.037	0.080	-0.021	0.072
年末从业人员	0.586*	0.344*	0.332	0.77***	0.687**	0.342*	0.47	0.500**	0.721**	-0.177	0.503	-0.345
贷款与 GDP 之比	-0.295	-1.4***	0.259	-1.2***								
与存量交互项	0.46***	0.338**										
与流量交互项			0.111*	-0.175								
外资金融机构存款					-1.717*	-0.17	-0.061	-0.042				
与存量交互项					0.358**	0.286*						
与存量交互项							0.059	0.092				
外资金融机构贷款									-0.37**	-0.052	0.068	0.108
与存量交互项									0.47***	0.27*		
与存量交互项											0.090	0.097
进出口	0.73***	0.69***	0.7***	0.69***	0.78***	0.6***	0.69***	0.60***	0.63***	0.406*	0.52***	0.41**
外商直接投资	-0.141	0.266	-0.15	0.09	0.107	0.032	-0.209	-0.033	-0.196	0.160	-0.213	0.073
Adjusted-R^2	0.654	0.787	0.580	0.784	0.742	0.766	0.552	0.763	0.648	0.765	0.601	0.763
F-值	68.7***	118***	51***	116***	111***	110***	45.3***	108***	67.3***	112***	55.0***	109***

注：***，**，*分别表示在 1%，5%和 10%的显著水平上平稳，并且由于篇幅问题，我们没用列出系数的 t-值，仅显示了显著水平。

表 10-10C　我国金融类对外直接投资对广东省制造业发展和转型升级的影响

	PLS	TSLS	PLS	TSLS	PLS	TSLS	PLS	TSLS	PLS	TSLS	PLS	TSLS
截　距	-2.06**	-1.07	-2.08*	-1.265	-2.15**	-1.245	-2.2**	-0.952	-2.06**	-1.075	-2.076*	-1.265
资本存量	0.304	0.495	0.8***	0.743**	0.302	0.410	0.387*	0.630**	0.304	0.495	0.81***	0.743**
科研经费支出	-0.031	0.300**	-0.014	0.27***	-0.030	0.212*	-0.018	0.35***	-0.031	0.300**	-0.014	0.27***
年末从业人员	0.659*	0.474**	0.426	0.58***	0.715**	-0.132	0.655*	0.659**	0.659*	0.474**	0.426	0.58***
存款与 GDP 之比	0.006	-1.359*	0.081	-1.2*	-0.549**	-1.551*	-0.461**	-1.679*	0.006	-1.359*	0.081	-1.2*
与存量交互项					0.55***	0.47***	0.5***	0.285*				
进出口	0.224*	0.418**	0.6***	0.52*					0.72***	0.78***	0.69***	0.75***
与存量交互项	0.49***	0.359**										
与流量交互项			0.076	0.233								
进　口					0.67***	0.65***						
出　口							0.60***	0.69***				
外商直接投资	-0.145	0.107	-0.186	0.045	-0.143	0.169	-0.103	0.187	-0.6***	-0.252	-0.262*	-0.189
与存量交互项									0.49***	0.359**		
与流量交互项											0.076	0.233
Adjusted-R^2	0.634	0.742	0.525	0.745	0.633	0.754	0.633	0.730	0.633	0.743	0.525	0.745
F-值	63.2***	111***	41***	108***	62.9***	111***	63***	107***	63.1***	111***	40.6***	108***

注：***，**，*分别表示在 1%，5%和 10%的显著水平上平稳，并且由于篇幅问题，我们没用列出系数的 t-值，仅显示了显著水平。

关于科技发展对于广东制造业转型升级的影响，我们也采用了科研经费支出和科研人员数两个变量来检测，实证结果显示在当期这两个变量都不显著，而当滞后一期后都变得显著了，且系数为正，说明科研投入不管是在资金还是人员方面对于广东各市制造业转型升级都能产生促进作用，但是要等投入一年后才能发挥作用，也即是说科研投资的作用是长期的，而非短期效应。

关于劳动力要素对于广东制造业转型升级的影响，我们则采用了各市工业从业人员数、当地小学和中学毕业生数三个变量来检测，第一个变量衡量劳动力要素的直接投入的影响，而后两个变量衡量当地在提供有一定质量的劳动力方面的影响。研究结果显示在绝大多数的模型中，从业人员数变量系数的显著性非常明显，且为正，在 0. 34 至 0. 77 之间波动，说明劳动力要素的投入对于广东制造业转型升级具有非常积极的促进作用，即工业企业的雇佣人员每增加一个百分点，各市新产品产值要增长 0. 34% 至 0. 77%。对比之下，小学毕业生数变量的系数则不显著，而中学毕业生数变量的系数虽然为正，但是显著性为 10%，且只在当期显著，滞后一期不显著，表示当地低教育程度劳动力的提供对于各市新产品的开放与生产作用不大，而中等教育程度的劳动力提供则只是在当年产生作用，不能产生长期影响。这些实证分析结果一是表明了劳动力要素对于广东制造业转型升级的重要性，二是暗示了劳动力提供者的教育程度高低对于其产业升级还有有一定影响的，虽然受来源的局限，我们无法获取当地有多少哪一级别教育的学生毕业后进入了制造业的数据或者各市工业雇佣人员教育背景的数据，从而实证分析教育程度对制造业转型升级产生什么样的影响。

除了采用中资金融机构存款与 GDP 之比来作为衡量各市金融发展的指标，本次研究还区分了存款与贷款之间，中资与外资金融机构之间的区别，即还采用了另外三个变量来衡量金融发展，包括中资机构贷款与 GDP 之比外、外资金融机构贷款和存款，并且也把这三个变量分别与金融对外投资存量和流量相乘得到六个交互项。实证分析结果归纳于表 10－10B，显示与存款/GDP 之比的结果相同，这三个变量的系数也是负的，说明不管是存款还是贷款的增速过快，不管是中资还是外资金融机构的存款增长，对于广东制造业的转型升级都产生了负面影响，不同的是，中资金融的存贷款产生的副作用为滞后一期,而外资金融机构的存贷款产生的负面影响则在当期。为什么存贷款增速加快会对广东各市新产品产值增长带来负效应呢?我们查找了相关文献与数据,发现这主要是由于近十年以来,特别是2008年金融危机以来,随着广东制造业的活力开始下降,一方面对其的投资增速逐年下降,不管是中资还是外资投资者和企业都愿意增加存款而不是投资,从而导致资金流动性降低,新产品研发和生产的融资难度加大;另一方面,随着近年来的国内市场环境变得更加不明朗,中资和外资金融机构都愿意进行抵押贷款和进行高收益的贷款,例如房贷,而新产品的研发与生产属于周期长风险高的贷款,自然难吸引到贷款,这些导致了存贷款的增长抑制了广东省制造业的转型升级。

表10-10B显示中资机构贷款与GDP之比外、外资金融机构贷款和存款与金融对外投资存量的交互项系数为正,显著性至少在10%以上,不管是在当期还是滞后一期,而与流量的交互项,只有贷款与GDP之比在当期的系数具有显著性,且为正,这些说明金融对外投资能帮助中外资金融机构的存贷款产生促进广东各市制造业转型升级的正能量,而这种帮助作用主要是长期的而非短期能见成效。金融机构对外投资进行海外布局一方面可以引进国外风险投资基金和新的金融产品,以帮助国内企业新产品的研发和新型科技公司的孵化解决资金瓶颈问题,另一方面金融机构的海外设立营业网点和运作,可以获取国外市场信息,尤其是科技发展的信息,从而了解国内企业的产品开发哪些是具有市场前景的,而愿意贷款给这些企业,这就是理论上所解释的金融媒介信息匹配作用,最终这两方面的作用能促使中外资金融机构的资金流向科技研发和新产品开发生产,进而对广东制造业转型升级产生积极的促进作用。

除了研究国内金融发展是否是一个有效的渠道来传导中国金融对外直接投资对广东制造业转型升级的影响,本章实证分析还检测了另外两个渠道,即检验国际贸易和外商直接投资本身除产生促进广东各市新产品产值增长的直接作用还是否会产生间接的渠道效应。表10-10A至10-10C显示,进出口变量的系数为正,保持在0.22至0.84之间,显著性大多数在1%,说明国际贸易对广东各市制造业转型升级的促进作用明显,国际贸易每增长一个百分点,新产品产值则会增长0.22%至0.84%之间。为了进一步研究国际贸易在哪方面对广东制造业转型升级产生更大的影响，我们把国际贸易变量划分为进口和出口，并分别代入模型进行回归测试。表 10-10C 显示，进口和出口两变量的系数都为正，显著性在 1%，表示进口或出口每增长一个百分点，新产品产值则会增长至少 0.6%，说明通过出口扩展海外市场有利于新产品的销售，同时也能在出口的时候获取海外更为先进产品的信息，为进行模仿和开放新一代产品做准备，而进口能帮助国内企业在新产品开发和生产时获取国外的技术和关键部件，这些最终加速了广东制造业的新产品生产和转型升级。关于国际贸易是否是一个有效的渠道来传导中国金融对外直接投资对广东制造业转型升级的影响，实证分析得到的答案是肯定的，表 10-10C 显示进出口与金融对外投资存量的交互项系数为正，显著性在 5%至 1%之间，但是与流量的交互项却不显著，说明金融对外投资与国际贸易相互影响广东制造业转型升级是长期的，而非短期效应，进一步解释了金融媒介的信息匹配和资金支持作用，这对于国际贸易发挥更大的积极作用是有促进影响的。

有趣的是，我们发现外商直接投资变量的系数不显著，并且在个别模型中还为负，表明外商投资对于各市新产品产值的增长作用不明显，还有可能产生负效应。对于本次研究发现的外商投资的无作用，一个可能的解释就是在近十几年来外商仍然把广东作为来料加工厂和低技术的生产基地，这对于广东各市新产品开放与生产产生不了多大的积极推动作用，甚至可能带来负效应。更为有趣的是，我们发现外商投资与金融对外投资存量的交互项为正，且显著性在 5%以上，但与流量的交互项则不显著，说明金融机构海外经营是能帮助广东制造业引进高科技的外商，进一步肯定了上面关于金融媒介的风险投资引进和信息匹配的作用，只是这种作用需要时间才能发挥，绝非短期见效的。

小　结

采用 2003—2016 年的时间序列数据，本章首先从实证上分析了我国金融对外直接投资对广东金融增长和结构变迁的影响。实证分析在检验了数据的单位根和协整性之后，采用了最小二乘法和两阶段最小二乘法对模型进行回归分析,回归结果模型十分显著,各变量系数的显著性也很好。

实证分析结果显示不管是我国金融类对外直接投资的存量还是流量对广东省金融业的经济增长具有非常积极的作用,且作用明显;并且长期作用要略大于短期效益,一年后的影响要明显大于当期作用。鉴于金融类对外直接投资对广东金融业经济增长具有明显的作用,我们继续分析了对广东金融结构变迁的影响,并采用了5组变量衡量5个方面的金融结构变迁,即金融资产增长、金融机构发展、金融市场发展、金融体系开放和区域金融发展。实证分析结果显示我国金融对外直接投资对这5方面的广东金融结构变迁都产生了推动作用,但是作用程度不尽相同,这对我们将要提出的差异性政策建议提供了实证分析支撑。

接下来,本章延伸了第一二节的研究,采用2003—2016年间的广东各市面板数据,从实证上分析了我国金融对外直接投资对广东各市工业企业新产品产值增长,即对广东制造业转型升级的影响。实证分析在检验了数据的单位根和协整性之后,采用了面板最小二乘法和两阶段最小二乘法对模型进行回归分析,回归结果模型十分显著,各变量系数的显著性也较好。

本章研究检验了金融对外直接投资对广东制造业发展升级影响的三种溢出渠道,即国内金融发展、国际贸易和外商直接投资,而在衡量国内金融发展方面,作者区分了存款和贷款方面差别的同时,采用了四个测量变量:外资金融机构贷款、外资金融机构存款、中资机构贷款与GDP之比和中资机构存款与GDP之比。实证分析结果显示这四个变量本身对于广东各市工业新产品产值增长产生是副作用,但与金融对外投资的交互项却产生了积极的促进作用,说明过去十几年不管是中资还是外资金融机构的存贷款的增长抑制了广东制造业的转型升级,但是我国金融类对外直接投资产生的金融媒介促进和信息匹配作用却能使国内金融资产的增长对广东制造业转型升级带来促进效应,并且这种效应是长期的而非短期见效。

与金融发展变量相对比,进出口被发现对广东新产品产值增长具有非常明显的促进作用,而且与金融对外投资的交互项也产生了积极作用,表明国际贸易和金融投资双双促进了广东制造业转型升级。对比下,外商直接投资被发现作用并不明显,这与之前众多学者的研究发现外商投资的积极作用并不吻合;但是外商投资与金融投资的交互项被发现对广东各市新产品产值增长具有积极的促进作用,进一步说明通过外商投资这一渠道,金融对外投资产生的信息匹配和资金引进作用也是能加快广东制造业转型升级的。本章实证分析还研究了资本、劳动力和科技发展对于广东制造业转型升级的影响。归纳来说,劳动力要素投入的促进作用明显,而资本存量的作用不明显,只有新投入的资本仅能在当期产生作用,科技投入要在滞后一年才能发挥积极作用,这些对于广东加速制造业转型升级提供了良好的政策暗示。

附录 10.1　实地调研与访谈

在研究期间，课题组分别对广州和深圳等地的企业、一些驻穗领事馆和商务部的专家进行了调研与访谈，并对我们的调研与访谈结果进行了归纳如下：

问：请问您对中国金融对外直接投资了解多少？

企业[①]：我们的了解主要在涉及进行对外直接投资时，利用我国银行进行贷款支持，目前来说往国内汇款还是很少。

领事馆：了解不多，主要是对亚投行和中国大型国有银行在海外大城市设立网点有些了解。

商务部专家：主要是国有银行"走出去"，地方银行和金融机构，包括广东，"走出去"的不多，另外是投资公司"走出去"较多，并且这些投资公司很多具有外资背景，我国金融对外投资在香港和维京岛等避税天堂占了很大的比例，近几年来看"走出去"也开始在发展中国家开始了金融网点布局，例如印度尼西亚，对全球中资企业和华人进行服务，这也是人民币国际化的前奏。

问：请问您对中国金融对外直接投资当前存在的问题有什么看法？

企业 1：贷款业务较多，服务咨询性业务较少。

企业 2：我们的出口从海外汇款回来主要是通过香港，但是我们用的是香港的银行；

企业 3：我们进行全球物流业务时，主要还是联合中国银行和外国银行同

---

① 应被访谈对象的保密要求，我们在此处全部隐去被访谈者的姓名与职务，仅以企业、领事馆和商务部专家表示。

时进行金融业务往来，很少单独使用中资银行。

领事馆：中国银行在海外主要还是服务于中资企业，对于我国企业想要进入中国，我们还是主要借助于花旗等这些具有悠久国际化历史的银行。

商务部专家：金融对外投资主体单一，对方金融机构参与程度低，很少见到对金融对外投资进行评估，风险控制意识很低，企业（央企为主）的对外大的投资项目还是用的是开发银行的钱，商业程度低。

问：请问您对阻碍中国金融对外直接投资对广东经济发挥作用的主要问题是什么？

企业：金融机构应开发更多的业务种类，尤其是海外项目的咨询服务业务。

领事馆：文化距离，但是更关键的是法度制度距离，不同的商业惯例、法律法规和金融政策，加上中国的政策变化太快，很难跟上；我国货币和人民币没有直接兑换机制，还是要通过美元进行间接兑换；信息披露还是以中文为主，没有对应的详细的英文解释；希望中资银行增社对于外商来华的海外窗口服务。

商务部专家：银行制度建设要远落后于我国经济对外发展，特别是制约了像广东这样对外开放程度较高的省份，银行改革应以吸引民间投资进入中国金融对外投资为一个主要突破口；金融改革应与国企改革、供给侧改革同步。

问：请问您认为广东对外开放还有哪些需要改进的吗？包括：对外贸易和外商直接投资。

企业：政府应规范进出口环节收费，加大出口信用保险支持力度，进一步提高贸易便利化水平和切实改善融资服务，尤其是在通关便利化上予以改进，例如：口岸工作时间、通关检验申报、通关单的提交等；广东政府应积极帮助企业在商标和品牌上的保护，特别是这些在国内知名度很低但是已经在海外建立了较高知名度的企业，而根据商务部的规定，这类企业由于国内销售额很少，很难在国内注册商标；政府应对电商小额订单多这一特殊情况进行政策上的区别对待。

领事馆:增强法律法规的解读,帮助外商进入广东;缩短距离,例如可以增设广东与一些国家的直飞航班(广东与一些中美和南美国家还没有直飞航班,之间的往来要通过美国和上海转机,路上时间接近30小时,如果直飞只要不到20小时),加强双方的商业联系和经贸往来;加强双方的接触,欢迎中资企业的到来与投资,在能源、石油、电力等行业可以扩大合作。

商务部专家:广东对外开放模式也应进行转型升级,应当改变过去那种以低成本生产的开放模式转变到以服务、科技等附加值增加的开放模式,积极改进企业"走出去"和"走进来"的便利化程度。

第十一章　研究发现与政策含义

第一节　归纳与总结

调整金融结构、加速金融发展一直是我国经济发展的一个主要方向，而作为我国经济改革一个新的发展趋势，金融业的对外直接投资伴随着“走出去”战略的实施，其规模不断扩大，增长速度不断加快。但是，在当前我国经济发展进入新常态的转型时期，金融发展和金融业对外直接投资对全国的经济增长和地方的经济转型产生了什么样的影响却未能得到根本性的认识。本书的研究先从理论上理清对外投资、金融发展和经济（发展）转型三者之间的关系出发，然后实证检测它们之间互相影响的程度和方式，最后分析金融业对外直接投资对全国经济增长和地方经济转型转型升级的影响，可为我国金融发展和促进经济可持续性增长提供理论支撑和政策建议。

本书首先在导论中介绍了本次研究的背景与意义，确定了研究的基本定位、基本思路与方法，明确研究的内容、重点和难点，并说明本次研究的创新之处。本书的第一章为理论分析部分，探讨了国际直接投资理论、内生增长理论和金融发展理论，分析了理论的发展历程以及金融发展、对外投资和经济增长三者之间的关系与内在机理，并讨论每个理论的优点与局限性。作为主要的经济增长理论，内生增长理论是近三十年以来被广泛地作为理论基础用于支撑实证研究。该理论的主要优势之一就是可以把金融发展和（金融业）对外直接投资因素同时融入一个模型，作为不同的变量来解释对经济增长的影响，这也是该理论被实证研究广泛运用的原因之一。根据该理论的解释，金融发展和对外直接投资带来的资金使用效率的提高、知识的流动和人力资本的提升都是有助于一国资本积累(包括物质和人力)、就业增长、出口促进和其他生产率溢出效应的,而这些最终都将促进经济增长。国际直接投资理论是另一个被广泛运用于实证研究对外投资与经济增长影响的理论,该理论的论点与内生增长理论基本相同,也是强调对外直接投资一方面可以促使资金从充裕的地方到资金稀缺的地方,提升资本分配效率,另外一方面对外直接投资可以带来溢出效应,促使技术的传播,提升劳动生产率,以达到最终促进一国经济增长的目的。在关于对外投资对经济增长影响方面,国际直接投资理论比内生增长理论更递进了一步,区分了投资主体、投资模式和投资目的地三者之间的差异性。关于研究金融体系在经济增长过程中所发挥的功能,金融发展理论则是被实证研究普遍运用的理论之一,也是研究历史悠久、涵盖广泛的理论。根据该理论的解释,金融体系在经济增长中起着至关重要的作用,除了起到有效分配资金的渠道作用,金融发展带来的信息不对称降低、风险管理和鼓励创新都是能有效地促进一国资金使用效率的提高、技术改进、生产率的提升和最终的经济增长。

本书从第二章至第十章分为两大部分,前一部分为全国篇,主要分析金融发展、金融业对外投资与我国经济增长和转型升级三者之间的关系,后一部分为地方篇,以广东省为例探讨了金融发展、金融业对外投资对地方经济的影响,两部分的研究为本章最终对比全国与地方经济受金融发展与金融业对外投资影响的差异性而提出的更有针对性的政策建议提供了理论与实证分析依据。全国篇包括第二章至第七章,第二章就我国金融发展和金融业对外投资的历史历程和特点进行了一个简要的描述与分析。从金融发展的历程来看,从改革开放至今,中国的金融发展大致经历了三个阶段。第一个阶段为 80 年代的引进市场经济体制阶段,第二阶段的 90 年代的发展多形式的金融机构和金融市场,和第三个阶段新世纪以来的金融规范化和国际化的发展。在国际化发展方面,中国一方面扩大了金融业对外商开放的力度,另外一方面也积极推动本国的金融机构“走出去”和利用金融业对外投资加强人民币的“走出去”。虽然改革开放 30 多年来,中国金融发展已经取得了喜人的进步,但是还存在许多不足,例如融资模式与资金来源单一、国有大型银行的垄断程度过高、不良贷款额和不良贷款率都偏高、地区金融发展不平衡、公用与科技服务行业的金融支持不足、和金融机构盈利能力不强等问题。此外,第二章还分析了我国金融业对外直接投资的发展历程。其发展大致可以分为三个阶段,2000年以前的萌芽阶段,投资程度极低,只有中国银行在少数发达国家设立网络;2001年开始的成长阶段。银行业和证券业加快了对外投资的步伐,但是目前投资地主要集中在香港;2008年进入了快速成长阶段,大型国有商业银行和股份制银行加大了对外投资和全球布局的力度。

本书的第三章采用时间跨度为1990—2015年和覆盖中国29个省份的面板数据,实证研究了金融发展对我国各省经济增长的影响。实证结果表明,以贷款与GDP之比衡量的资金供给方面的金融发展与中国经济增长呈正相关关系,而以存款与GDP之比衡量的资金来源充足率的金融发展对经济增长没有显著影响。相比之下,以不良贷款率衡量的资金分配效率的金融发展对经济增长产生了负面效应。此外,第三章还分析了其他因素对我国经济增长的影响,发现物质资本的固定资产投资能改善企业的生产环境,促进经济增长。而以大学毕业生人数衡量的人力资本与我国经济增长无显著的相关关系,说明过去几十年高层次人力资本的提升难以起到显著地推动经济增长的作用,也说明我国产业发展水平还是较低,难以用好大学毕业生。以各地科技投入衡量的科技水平发展也被发现与我国经济增长无显著的相关关系,说明科技投入机制方面可能仍然存在问题。研究还发现,出口和进口对经济增长有显著的促进作用,这意味着改革开放以来中国政府积极推动的出口拉动经济增长战略的正确性,也表明了近年来我国提出的平衡贸易战略、加强进口对经济发展的推动力的重要性。最后,该章还检验了双向投资与经济增长之间的关系。令人意想不到的是,外商直接投资被发现对经济增长产生了负面效应,这提醒我国各级政府在积极引进外资的同时也要注意控制和消除外商投资带来的负面效应。与之对比,对外直接投资被发现对经济增长有显著的促进作用,这表明通过对外投资带来的资源、技术、市场、以及知识溢出效应,可以带动国内企业的生产,最终促进了经济增长。

本书的第四章分别从理论和实证上探讨了金融发展和经济转型升级之间的关系。理论上,本章先清晰了如何定义经济转型升级,讨论了经济转型升级涉及的经济结构调整、开放度发展和科技发展三个方面。从理论梳理可知,不管是在促进经济结构调整方面还是在提升开放度和科技发展方面,通过降低信息不对称、资源分配效应和风险管理功能,金融发展对于经济转型升级都是具有促进作用的;反过来,经济转型升级过程中对于金融服务和金融创新要求的提高也在不断地促进金融发展。然后,该章以内生增长理论和金融发展理论为基础,借用'金融发展就是金融机构和金融工具的发展'的思路,构建了分析金融发展与经济转型升级的理论框架,并运用格兰杰因果分析法检验了上述的理论探讨。最后,在理论分析与探讨之后,该章采用了2003—2015年间的省级面板数据进行了实证分析。除了采用4个变量来衡量经济转型升级的多方面变化,即第二和第三产业占地区GDP之比、开放度和科技发展,该章还采用了三个变量,即人均银行资产、债券发行量和股票价值增量,来衡量金融发展的多层次变化。实证结果表明,金融发展多层次变化与经济转型升级多方面之间的相互作用具有极大的差异性,在推动第二和第三产业发展、国际贸易增长和科技进步方面,金融发展需要融合银行、债券和股票市场等多种金融工具提供有针对性的支持,从而能更好地利用不同的政策组合加快金融发展和经济转型升级之间的联动作用,推动我国在经济新常态下保持稳定的发展增速。

本书的第五章采用时间跨度为2003—2015年和覆盖中国29个省份的面板数据,集中分析了金融发展对我国"走出去"的影响。实证结果表明,金融发展水平与中国对外直接投资的发展呈正相关关系。具体地说,以外币形式的商业贷款和企业债券发行能够提供直接融资渠道,支持中国企业向海外扩张。相比之下,以人民币计价的商业贷款和在国内股票市场进行的融资与对外直接投资之间没有显著关系,这表明中国的海外投资的融资来源并不充足。此外,该章还研究了其他因素对中国对外直接投资的影响,发现衡量市场规模的GDP增长能增强国内企业的所有权优势,从而促使他们的'走出去'。以大学毕业生人数衡量的人力资本与我国对外直接投资呈负相关关系,说明国内劳动力质量的提高会促使一些效率寻求型的国内企业不愿意把工厂转移到国外。以各地科技投入衡量的科技水平发展被发现与我国对外直接投资的增长呈正相关关系,说明了母国的科技发展可以增强企业在技术方面的竞争力,从而帮助他们进行海外扩张。研究还发现,进口对对外直接投资有积极的促进作用,这意味着近年来中国政府积极推动的进口增长战略与"走出去"战略之间存在互补关系。不同的是,出口对对外直接投资的长期增长有替代作用,这将对中国新千年以来,一方面希望加快推进"走出去"的战略,同时另外一方面也希望保持出口高速增长,提出了严峻的挑战。最后,工资的增长被发现会阻碍对外直接投资的发展,尽管影响效果并不是十分显著。这表明由于生产率增长而导致的工资增长,以及由于工资增长促使部分外国企业离开中国从而导致国内市场的腾出,会影响我们部分企业'走出去'的决心,但是这部分企业的数量却不是很多,也不会对我国对外直接投资整体性的发展产生显著的影响。

本书的第六章研究了金融业对外直接投资对于国内金融发展的影响。首先,回顾了关于金融业对外直接投资的相关文献。目前来说,此领域大多数的文献还是集中在分析是什么原因促使了金融类企业的"走出去",并归纳主要原因有规模效应、前期投资经验、与客户共同海外发展、与贸易的联动、以及以股票和债券市场国际一体化的推动等。在关于中国金融业对外直接投资,目前的研究为数不多,而且大多数也是分析了什么原因促使了我国金融企业的"走出去",而关于金融类对外投资对国内经济影响的研究则寥寥无几,关于对国内金融业自身发展的影响的研究更是一个空白。鉴于此,该章综合运用了计量方法和案例研究分析了金融类对外投资对我国金融发展的影响。由于受到数据来源的限制,我们采用了2006—2015年的时间序列数据,实证检验了我国金融类对外直接投资对国内金融发展的影响。同时分别用流量和存量衡量了对外投资的短期与长期性,而且用5个变量分别衡量了金融发展的整体性、在银行资产和贷款增长、债券和股票市场方面的影响。实证分析结果显示,对外投资对金融发展的不同方面产生了具有差异性的影响。金融业对外直接投资流量被发现,不管是在当期还是滞后一期,对国内金融业增加值的增长具有促进作用,然而,对外投资存量的系数却不显著。我们发现对外投资在发生的当年或者一年后可以对我国银行资产和贷款总额的增长产生正面作用,且显著性为1%,而投资存量仅在当期被发现有促进作用,显著性在10%。对比之下,在对外投资发生的当年或者一年后,仅对我国债券发行量的增长有明显的促进效应,但对于股票价值增长的促进作用就不显著了。研究结果还显示了,对外投资存量在当期对债券发行量的增长也是具有促进作用的,显著性在10%,但是滞后一期后,作用就是不显著了。这些发现暗示我们,金融类对外投资对国内的金融发展是具有促进效应的,但是对不同方面促进模式是不同的,如何利用金融业对外投资的机会加快我国金融业全面发展这是需要认真考虑的。

为了进一步分析金融业对外直接投资对我国金融机构带来了什么样的具体影响,第六章还对中国工商银行进行了案例分析。从工商银行海外布局的发展来看,其海外投资走的是从香港,到周边东南亚国家,然后走向更远的欧美等国的一条循序渐进之路。之所以工行选择这样一条海外发展之路主要是因为受国内政策、其海外运营经验和国际经济环境变化这三方面的因素影响的。2000年以前为中国工商银行对外投资发展的初期萌芽阶段,在这个阶段其对外投资的规模和境外分支机构的设立都很有限。2000年"走出去"战略的正式实施促使了工商银行的对外投资进入了第二个发展阶段,快速成长期。其不仅加快了对外投资的步伐,也开始"走出"香港,向周边的东南亚国家进军。2008年,欧美发生金融危机,这即检验了中国应对风险的能力,也给了机会进行海外扩张,这也开始了工商银行的对外投资发展的第三个阶段,全面发展阶段。工商银行抓住机遇,开始进入加拿大、美国和南美市场。全球性的战略布局给了工行快速发展的机会,一是使得其整体实力明显加强,二是增加了其盈利来源与能力。

本书的第七章利用2006—2015年的省级面板数据,检验了金融发展和金融业对外直接投资对我国经济增长的影响。依据对理论文献的梳理,在实证模型设定中我们用金融相关率、股市规模、企业债券融资和金融业增加值分别衡量了金融发展的不同方面,并以这4个方面为权重检验金融业对外投资是否可以通过金融发展的传媒渠道对国内经济增长产生推动作用。实证分析结果显示,金融发展自身以及利用金融发展这一传媒渠道金融业的对外投资是可以对我国各省的经济增长产生影响的,但是金融发展的模式不同,对经济增长的影响也具有极大的差异性。以信贷规模衡量的银行系统的发展被发现对经济增长具有极大的促进作用,并且通过银行信贷这一传媒渠道还可以传递金融业对外投资对国内经济增长的积极影响。对比银行的信贷体系，股票和债券市场的发展被发现对我国各省的经济增长产生了很小甚至是不显著的影响，而且通过这两种金融发展模式金融业对外投资也无法传递积极影响来促进国内经济增长。还有，尽管金融创新自身被发现可以对经济增长产生滞后的积极作用，但是却无法与金融业对外投资融合来产生积极作用。

地方篇包括第八章至第十章，以广东省为例研究了金融发展与金融业对外投资对地方经济的影响。第八章首先梳理了广东省金融发展变迁的历程与当前金融发展的典型特征。从分析可以看出，过去三十多年的改革开放促进了广东金融业的飞速发展，从早期的单一国有银行结构发展到多元化的金融结构。从金融业的生产总值来看，广东金融发展大致分为三个阶段：1978—1992 年为第一阶段，即发展萌芽阶段；1993—2002 年为第二阶段，成长期；而 2003 年至今正处于发展的第三阶段，飞跃期。发展至今，广东金融业存在几点特点。一是贷款，尤其是中长期贷款增长迅猛；二是融资方式仍然比较单一；三是新世纪以来不良贷款率在逐年下降，但是 2013 年开始出现了向上拐点的现象，值得进一步的关注；四是广东省内地区金融发展不平衡。

接下来，本书的第八章研究了广东金融结构调整与经济转型升级之间的关系。在进行梳理金融发展、金融业对外投资和广东经济增长三者之间的关系时，作者先从分析金融结构调整与经济结构转型之间的因果联系入手。该章的理论分析认为不管是在银行主导型还是市场主导型的金融结构，金融发展对于经济增长和转型都是具有促进作用的，因此以内生增长理论为基础，借用"金融发展就是结构变迁"的思路，构建了分析金融结构变化与经济转型升级的理论框架，并采用 1978—2016 年间的时间序列数据和运用格兰杰因果分析法进行了实证分析。为了衡量经济转型的多方面变化，本章采用了三个变量，即第二产业占地区生产总值的比例、第三产业占地区生产总值的比例和广东省工业增加值。同时，为了衡量金融结构多层次的变迁，也采用了三个变量，即金融业生产总值、贷款余额与财政支出之比和存款余额与财政收入之比。实证结果表明金融发展（结构变迁）与经济转型升级之间具有相互的因果关系，但是不同的衡量变量之间产生的因果关系却不相同，说明了金融结构多层次变迁与经济转型升级多方面之间的相互作用具有极大的差异性，暗示了我们的政策支持也要细化，从而能更好地利用不同方式的金融发展促进广东经济是朝制造业升级还是服务业升级，还是两者并举来推动经济转型。

本书的第九章延续了上一章的研究，从理论和实证上测量分析了金融发展（结构变迁）对过去三十多年广东经济转型升级之间的影响。基于内生增长理论，作者构建了理论分析模型，并对此模型两边取对数得到实证分析模型。实证分析采用1978—2016年的时间序列数据，在检验了数据的单位根和协整性之后，采用了最小二乘法和两阶段最小二乘法对模型进行回归分析，回归结果模型十分显著，各变量系数的显著性也很好。实证结果显示，在三个衡量金融结构变迁的变量中，金融业增长只对自身的第三产业发展有积极作用，而贷款余额与财政支出之比和存款余额与财政收入之比的增加对广东第二产业和第三产业占比的增长都有正作用，这说明了金融发展（结构变迁）对于广东经济发展和转型升级是具有积极作用的，只是结构变迁的方式不同影响的产业则不同。在实证分析中，作者还检验了资本存量、固定资产投资、劳动力人数的增长和质量的提高以及专利授予量对于广东经济转型升级的影响。总的来说，资本对于第二产业的升级影响很大，而对于第三产业，劳动力数量和专利授予量的影响较大，说明了过去几十年广东的工业发展和升级主要受资本的推动，而服务业发展则受到人和技术的因素影响，这对于广东如何利用金融发展来支持经济转型升级提出启示，工业、制造业升级需要金融机构更好地调配和导向资金，而向服务业转型则需要更多的是金融服务支持。

本书的第十章为下篇研究的核心部分，即延伸上一章的分析把金融类对外直接投资引入到研究中来，第一步就是利用2003—2016年的时间序列数据，从实证上检验了我国金融对外直接投资对广东金融增长和结构变迁的影响。实证分析在检验了数据的单位根和协整性之后，也是采用最小二乘法和两阶段最小二乘法对模型进行回归分析。实证分析结果显示不管是我国金融类对外直接投资的存量还是流量对广东省金融业的经济增长具有非常积极的作用，且作用明显；并且长期作用要略大于短期效益，一年后的影响要明显大于当期作用。鉴于金融类对外直接投资对广东金融业经济增长具有明显的作用，我们继续分析了对广东金融结构变迁的影响，并采用了五组变量衡量五个方面的金融结构变迁，即金融资产增长、金融机构发展、金融市场发展、金融体系开放和区域金融发展。实证分析结果显示我国金融对外直接投资对这几个方面的广东金融结构变迁都产生了推动作用，但是作用程度不尽相同，这对我们将要提出的差异性政策建议提供了实证分析支撑。

第十章分析的第二步就是研究中国金融对外直接投资对广东省制造业转型升级的影响。鉴于第八章至第十章第一和第二节的分析发现金融（结构）发展对广东经济转型升级有促进作用，而中国金融类对外直接投资对广东金融发展又有推动作用，我们在第十章下部分继续研究了金融对外投资是否能通过金融（结构）发展这一渠道影响广东经济发展，尤其是其制造业的转型升级。我们在第九章的金融发展对经济转型升级作用的理论模型基础上，加入金融业对外直接投资因素进行扩展，构建了分析框架。并且，采用 2003—2015 年间的广东各市面板数据，从实证上分析了我国金融对外直接投资对广东各市工业企业新产品产值增长，即对广东制造业转型升级的影响。实证分析在检验了数据的单位根和协整性之后，采用了面板最小二乘法和两阶段最小二乘法对模型进行回归分析，回归结果模型十分显著，各变量系数的显著性也较好。

第十章的实证研究检验金融对外直接投资对广东制造业发展升级影响的三种溢出渠道，即国内金融发展、国际贸易和外商直接投资，而在衡量国内金融发展方面，我们区分了存款和贷款方面差别的同时，采用了四个测量变量：外资金融机构贷款、外资金融机构存款、中资机构贷款与 GDP 之比和中资机构存款与 GDP 之比。实证分析结果显示这四个变量本身对于广东各市工业新产品产值增长产生是副作用，但与金融对外投资的交互项却产生了积极的促进作用，说明过去十几年不管是中资还是外资金融机构的存贷款的增长抑制了广东制造业的转型升级，但是我国金融类对外直接投资产生的金融媒介促进和信息匹配作用却能使国内金融资产的增长对广东制造业转型升级带来促进效应，并且这种效应是长期的而非短期见效。与金融发展变量相对比，进出口被发现对广东新产品产值增长具有非常明显的促进作用，而且与金融对外投资的交互项也产生了积极作用，表明国际贸易和金融投资双双促进了广东制造业转型升级。对比下，外商直接投资被发现作用并不明显，这与之前众多学者的研究发现外商投资的积极作用并不吻合;但是外商投资与金融投资的交互项被发现对广东各市新产品产值增长具有积极的促进作用,进一步说明通过外商投资这一渠道,金融对外投资产生的信息匹配和资金引进作用也是能加快广东制造业转型升级的。此外,实证分析还研究了资本、劳动力和科技发展对于广东制造业转型升级的影响。归纳来说,劳动力要素投入的促进作用明显,而资本存量的作用不明显,只有新投入的资本仅能在当期产生作用,科技投入要在滞后一年才能发挥积极作用,这些对于广东加速制造业转型升级提供了良好的政策暗示。

第二节　理论与实证分析的政策含义

金融业的崛起对一国经济在全球的地位起着决定性的作用,尤其是在当今全球化的趋势下各国金融与投资相互交错,鉴于此,我国在继续推行金融改革发展的同时,于新世纪初提出了“走出去”的战略,加速了金融业的对外直接投资。在进行对外投资过程中,中国金融业自身国际化经营能力的提高,以及外部环境提供的机遇,为中国金融业海外发展和国际化经营打下了很好的基础,但是也面临诸多的挑战。此外,一国金融业的国际化、全球化的过程永远都不是纯粹的商业行为,一方面需要国家层面的大力扶持,另一方面也会对国内经济产生深远的影响,这从本次研究的理论和实证分析中可以得到验证。这也就是说,中国金融业海外投资正处于一个非常关键的时期,中国金融企业的海外布局具有战略意义,正在影响着全国和地方的金融发展和经济转型升级。因此,我们首先就应当在政策上认识到金融业对于我国各地企业经济和国际化的重要意义,尤其是对当前制造业升级和深度崛起的战略价值,要把支持金融业国际化、鼓励金融业“走出去”提高到经济发展战略的高度加以重视。本节将基于本书研究的理论分析和实证检验结果,特提出相应的政策建议,以期为我国如何加速金融机构“走出去”和利用金融对外投资加快经济转型升级提供理论指导。

(一)推进金融机构海外布局,加速我国经济转型升级

从上述分析中可以清晰地看到,金融对外投资对于我国经济增长和广东制造业转型升级产生了极其重要的促进作用,这说明在中国企业进行对外经贸业务往来时,金融机构的海外布局起到明显的帮助作用,既能满足财务顾问需求,帮助企业了解国外的经济、社会等各方面的基本情况,寻找投资、并购和市场标的,又能满足融资需求,解决企业对外业务和生产所需的长短期资金,提供资金出入境的便利需求,还能满足日常结算、保险与风险防范、跨境资金管理、资金结算结汇等需求。因此,从以往的实践经验来看,"走出去"的和外贸企业更喜欢与"走出去"的母国金融机构进行金融合作。尤其是一些刚发展的企业,例如新兴科技公司,由于缺乏足够长期的信用记录和历史经营业绩,很难取得东道国金融机构的信任而获得足够的金融支持。

在当前国家实施"一带一路"和"走出去"战略的背景下,加快金融业海外布局不仅必要而且正当其时,更能为我国企业扩展海外提供便利的金融服务。因此,我们建议应当我国中央和地方政府率先"走出去",积极参与国际规则的谈判,为我国金融机构特别是中小型、民营金融机构"走出去"争取更加有利的环境。这是因为许多国家看上去金融开放度很高,但实际上我国金融机构要设立网点或并购当地金融机构的难度非常大。其次,我国要结合企业转型升级时对外经贸往来和投资的情况,优先推动风投公司这些支持科技发展和新型公司创立的金融机构"走出去",并在各类自由贸易区谈判以及其他经济金融谈判中,把放宽对这类金融机构的准入作为谈判的重要内容,尤其以督促与我国投资贸易往来比较密切的国家放宽准入为切入点。

此外,应帮助我国金融机构和一些大型企业的财务公司扩大在全球的布局,要改变过去中资银行海外布局以国际发达大城市为聚点的现状,积极开发我国近十年来投资和贸易发展迅猛的东盟、非洲、拉丁美洲等区域,特别是这些国家和地区金融业不发达,更需要国内金融机构"走出去"提供全方位的金融服务。同时,我国应加大证券保险业在海外的布局,以金融市场发达的国家和地区布点为轴心,向欠发达地区辐射,为中国企业提供全球性的证券和保险服务,并扩大出口、对外投资等业务的保险信用范围。

更为重要的是,我国各级部门和各地方政府应为加强金融机构海外布局

和企业转型升级的紧密联系提供政策支持，切实落实《国务院关于加快培育外贸竞争新优势的若干意见》和《关于推进国际产能和装备制造合作的指导意见》要求，协调与相关国家监管部门的工作，在支持金融机构加快海外网点布局的同时，对这些金融机构利用海外资源帮助省内企业转型升级提供减免税、放宽外汇管制和跨境资本流动限制、简化外债和对外担保的审批或登记手续、扩大内保外贷等各类金融机构对本土企业的对外担保业务、优化出关服务、简化货物服务出入境手续等多方面的支持。

（二）利用“走出去”发展战略，促进我国金融发展和结构调整

本次研究清楚地发现金融对外投资对于全国和广东金融业发展和金融结构变迁都具有非常显著的影响，说明全国各地应积极利用当前我国金融机构全面进行海外布局的机遇，加快各地的金融发展和结构改革，尤其是在国家推进“一带一路”、打造全面开放新格局的战略指引下，着力深化金融供给侧结构性改革，支持区域经济发展和产业转型升级进入了更加活跃、富有成效的新阶段。因此，我国各级和各地政府应以国内和全球视野相统筹为原则，在重视“走出去”提高全球资源配置能力的同时，也要充分考虑国内金融机构的现实需求，从而更好地服务国内金融发展；应以短期矛盾与长期利益相协调为原则，以金融机构的创新能力、风险应对能力和跨国经营能力得以培养和提升为准则，坚持改革的长期利益，承担短期阵痛的损失；应以市场导向为主与政策导向为辅原则，由市场决定金融机构海外布局、融资市场和融资方式的选择；应以全面推进和重点突破相结合为原则，在全面推进金融机构“走出去”的同时，要重点解决薄弱环节和障碍节点，有效促进我国金融持续发展。

为有效利用对外投资加速我国金融发展和结构优化，我们建议几点关键举措。首先应强化顶层设计和制度保障，研究制定金融“走出去”和“引进来”的发展规划，在财税、人才、培训、组织保障等方面形成了有效的政策支持体系，在推动我国金融机构“走出去”和金融业高速增长的同时，加快金融结构调整，完善地方金融组织体系；其次，全面推进金融市场化改革，允许更多的民营资本通过正规渠道进入金融行业，通过竞争提升金融机构“走出去”和金融产品“引进来”的动力和能力；再次，鼓励金融机构模式创新、产品创新和服务

创新，拓展多元投融资路径，尤其是海外投融资渠道，引进海外新的金融产品以满足省内企业投融资、资金管理等多方面的需求，以市场和国际化为导向，以绿色信贷、境内外推荐上市融资、风险投资等多手段的金融方式支持我国经济朝服务业和工业均衡发展转型，支持工业企业朝低碳、低能耗、高附加值生产升级，支持新型科技公司发展，而这最终将促进我国金融业朝多元化的结构发展，提升"一揽子"综合金融服务优势。

当然，我们在推动金融业"走出去"以促进国内金融发展，优化金融结构的同时，应当还要认识到金融对外投资的不足和带来的可能风险，着力解决影响金融国际化的短板，提前做好风险防范，更好地利用对外投资加速我国金融发展和结构优化。在当前影响我国各地金融国际化的问题中，首要问题就是目前金融机构总部对境外业务发展的重视程度仍然较低，对外投资还是以国有大银行占据绝对地位，但是这些国有银行总部对国内业务的重视程度一直远高于境外业务，在内部人员配置方面对国内业务有明显的倾向性。其次，金融国际化发展的经验不足，欠缺国际金融运作的专业知识和把海外金融资源与国内金融发展紧密联系的经验，尤其是面对东道国不同于中国的文化习俗和法律规范，适应当地的金融监管体制，比起国际大型跨国金融机构能自如地运用国际金融市场规则，整合外部金融资源，加强国内外金融联系，我们还欠缺很多。再次，国内业务模式与境外业务模式存在差别。从我国金融机构海外业务范围来看，仍以传统的存款、贷款、国际结算等业务为主，缺乏产品与服务的创新，这一方面使得我国金融机构不能很好地融入当地金融发展环境，难以结合东道国的市场特点和客户需求来制定创新策略，另一方面使得国外新的金融产品难以进入国内，这些都削弱了利用对外投资优化我国金融结构的能力。高水平复合型人才匮乏也是制约了我国各地利用对外投资促进金融发展的一个关系问题，尤其是既懂东道国语言、文化习俗、法制环境，又懂金融专业的高水平复合型人才极度匮乏。最后，也是最重要的，在推动对外投资加速我国金融发展的同时，应坚持防范风险，优化"走出去"、"引进来"的金融服务软环境。加强金融知识宣传、教育和培训，增强我国金融机构国际监管力度，对接国际监管标准，加强政府间国际金融合作，联合打击境内外非法集资、金融诈骗等非法金融活动，切实做好投资者保护工作，维护良好市场秩序，坚决守住不发生系统性、区域性金融风险的底线。

（三）继续深化金融改革，支持我国各地第二和第三产业转型升级

金融和实体经济是经济的两个轮子，金融是经济发展的发动机，也是经济创新发展的强大动能。金融与实体经济是相辅相成的，金融为实体经济提供源源不断的动力和服务，而实体经济反过来也会促进金融服务的转型升级，两者相互提携，共生共荣。本次研究也证明了经济增长与金融发展之间的因果关系，并显示不同方式的金融发展对于促进全国产业升级和广东第二与第三产业增长的作用是不同的，而且从地方篇的研究中发现金融业本身的增长只对第三产业发展有积极作用，而对第二产业发展的作用不显著，同时研究还发现我国各地金融业对于实体经济的支持方式单一，并且地区金融发展既不平衡，这些说明了全国各地金融发展还存在较严重的问题，必须继续深化金融改革。这正好验证了中央曾指出的，金融发展与经济社会发展需求吻合度不够，尤其是与地方经济转型升级发展要求有差距，对于高风险的创新创业活动，轻资产的科技创新型企业、小微企业和现代服务业企业，不能提供有效的金融服务，存在金融与产业、与科技发展脱节的现象；还与欠发达地区振兴发展要求有差距，这些地区自身金融“造血功能”差，而像珠三角这类发达地区的金融辐射能力弱，无法支撑广大地区振兴发展庞大的金融需求；也与构建对外开放新格局的要求有差距，中国制造“走出去”所需的投融资服务、风险管理、信息咨询、保理担保等各种金融需求还不能得到有效满足。

因此，全国各地金融改革创新需要新思路、新举措，应继续坚决彻底地贯彻李克强在2015年金融座谈会上的指示和国务院《关于深化金融改革完善金融市场体系的意见》，“推进金融市场化改革和法治化建设，在防范风险基础上促进金融创新，为实体经济发展营造良好金融环境”。在当前我国已经进行了顶层设计和着手开展顶层的体制机制改革的大环境下，以处理好中央与地方金融监管部门间、金融改革创新与金融稳定、局部试点和全面推进三种关系为抓手，各级和各地政府应重点进行几个方面的金融改革工作措施：一是加强区域金融要素市场建设，以区域股权交易市场为重点，完善交易机制，创新股权、债权和资产证券化等多种融资产品，打造服务中小微企业和开展金融、

科技、产业融合创新的综合平台，强化金融企业有序的竞争，支持生产服务型和科技研发型等创新企业发展；二是积极推动地方法人金融机构改革发展，扩大民间资本金融市场准入，鼓励民间资本参与地方金融机构改革重组和增资扩股，探索金融综合经营，创新跨市场、跨领域的金融产品，融合金融创新到制造业转型升级中；三是深入推进金融、科技、产业融合创新发展，建立以多层次资本市场，推进产业集聚和产业链重整，建立风险投资机制，搭建产学研合作平台，实现创业者与风投资本无缝对接，引导更多金融资源支持产业转型升级；四是深化农村金融体制改革，丰富农村金融服务主体，推广建设乡村金融保险服务站，通过金融产品设计和保险工具等加强对农业现代化的金融支持，推进农业和工业的融合。

在当今全球化加速和中国日益融入世界经济的趋势下，我国深化金融改革更为重要的任务就是必须加速扩大金融开放与国际合作。首先，各级部门和各地政府应认真贯彻《中共中央关于制定国民经济和社会发展第十三个五年规划的建议》，坚持开放发展的理念，着力实现合作共赢，丰富对外开放内涵，提高对外开放水平，扩大金融业双向开放。其次，建立有利于投资和贸易便利化的金融体制，推进资本市场双向开放，提升股票、债券市场对外开放程度，有序拓展境外机构参与银行间债券市场的主体范围和规模，扩大境内机构境外发行债券的主体类型和地域范围，放宽境外机构境内发行人民币债券限制，建立与国际金融市场相适应的会计准则、监管规则和法律规章，提升金融市场国际化水平，支持我国双向投资与国际贸易的发展。再次，支持渤海湾、长三角和珠三角城市群综合功能的发展，尤其是巩固香港和上海国际金融中心地位和全球离岸人民币业务枢纽地位，同时深化粤港澳、长三角金融合作，强化深圳和杭州次金融中心的地位，并以广东和上海为纽带支持内地加大对港澳金融开放力度。此外，重点发展跨境人民币业务，紧跟国家政策有序实现人民币资本项目可兑换和放宽境外投资汇兑限制，尝试转变外汇管理和使用方式，并在人民币加入特别提款权(SDR)篮子货币后，积极推动人民币成为可兑换、可自由使用货币，尤其是加强与我国有紧密经贸往来国家或地区的双边和多边货币金融合作，以服务“贸易投资和产业链升级”为重点，扩大人民币在这些国家和市场使用的便利性，从巩固人民币计价结算货币地位，向支持人民币的市场交易和估计储备功能推进。最后，我国应深化与东盟、与非洲、与欧美发达国家的金融合作，积极参与全球经济金融治理和公共产品供给，加强对中国商品、服务和资本“走出去”的金融服务和支持力度。

（四）利用资本优势，提速金融发展和经济转型升级

改革开放三十多年为中国积累了经济转型所需的资本优势，而深交所、上交所等资本市场的存在又为我国企业转型升级提供了新的便利，从本次研究的实证分析中可以看到资本存量对于我国经济增长和广东工业增长是有积极作用的，但对于第三产业增长却作用不明显，尤其是发现对于促进广东制造业转型升级方面，资本存量的作用不显著，但是每年新增资产投资的促进作用却很显著，这些说明了资本对于我国经济发展和转型升级的支持作用因行业和地方的不同而产生较大的差异性，而且沉淀资本的作用在减弱，需要不断注入新的资本以满足转型升级所需的资产更新换代。那如何利用好中国过去三十年积累的资本基础以及发展了二十多年的资本市场，为我国经济转型升级提速呢，这就是接下来我们要提出的一些政策建议。

首先，全国应逐步放开投资领域和主体的限制，推进所有制和经营机制改革，鼓励和引导多种投资主体支持经济转型升级。尤其是，鼓励民间资本参与投资，落实鼓励和引导民间投资健康发展的相关政策，明确产业投资导向，支持民间资本参与重大项目建设，特别是鼓励民营经济加大对新兴产业投入，支持民营企业参与国有企业重组，并建立国有企业退出机制，实现国有股权从非主业及非控股企业有序退出。

其次，我国各地应积极落实税收减免和资金配套政策，加大对总部经济和重点工业园区发展支持，财政税收地方留成部分给予适当倾斜。落实国家小型微型企业税收优惠政策，将符合条件的国家中小企业公共技术服务示范平台纳入科技开发用品进口税收优惠政策范围，以支持新兴产业领域内外资企业投资和申报认定高新技术企业和技术先进型服务企业。

还有，全国各地应积极引进新兴产业重大项目，鼓励和支持国家重大科技专项、重大产业创新发展工程等各类重大项目落户，以税收优惠、土地使用等政策支持为主导，吸引外资、民资和国有资本共同参与，提升技术和产业的辐

射能力,落实配套产业和基础设施建设,引导向中西北部投资,在引导产业集聚发展的同时,也合理使用各地的资源禀赋和土地资源等,形成以渤海湾、长三角和珠三角为核心,多区域参与的梯次产业链。

此外,我国应利用资本优势培育发展现代服务业,尤其是生产性服务业,以支持工业企业转型升级。应以政策资金做引导,投资基础设施建设,简化行政审批手续,提高政府服务能力,加速发展工业设计、软件和服务外包、信息服务、现代商贸和物流、供应链生态圈建设等新兴服务业和生产性服务业发展,支持重点服务业项目建设,推动设立服务业创投基金。

还有更为重要的一点,我国应善于利用资本市场的优势,提速经济转型升级,尤其是善于借力上交所和深交所的资本市场实现产业转型。为了更好地服务于产业转型升级,我们建议:改进新兴产业企业上市机制,提升资本市场服务新兴产业发展的覆盖面,改进现行的上市制度对股权结构等治理模式采取了一刀切的严格要求的不足,减少新兴产业企业上市的障碍;完善并购重组机制,优化资本市场对产业转型升级的资源配置功能,改善当前并购重组中的评估定价机制、盈利预测补偿机制、税收安排等这些基于传统较为成熟产业制定的相关配套机制,考虑新兴产业发展模式和特点存在差异性的情况下,根据实际情况差异化实施安排对新兴产业的并购重组的审核,促进非标准化金融发展,支持服务产业转型升级的产品和机制创新;培育市场长期投资文化,减少垄断和创投机构过于聚焦 IPO,降低短期获利的可能性,引导市场机构对产业转型升级提供专业化服务,政策和资金支持专业化服务机构的发展;规范市场行为,培育市场竞争,增强信息披露,打击投机行为,强化市场退出机制,定期清理一些落后产能甚至无主业上市公司,促使其不能长期滞留在资本市场,严厉打击通过重组炒作、溢价卖壳等方式获取高额收益的行为;加快资本市场对外开放,更好地促进新兴产业国际化发展,适当放宽外籍人士持有境内 A 股限制,允许境外技术人员直接参与境内上市公司股权激励,提升新兴产业上市公司对国际高端人才的吸引力,支持境外并购中使用股份支付工具,可试点推进更为便捷化的境外融资机制,并充分利用好上海、港澳、北京等地对外开放的优势。

（五）加速人才要素集聚，提高劳动力质量

人才是创新的根基，创新驱动实质是人才驱动，我国产业转型升级的根本就是人才的聚集和升级，本次研究的实证分析结果也证明了这一点，发现劳动力要素对于我国经济增长和广东第二与第三产业的升级，甚至对广东各市新产品的产值增长都有明显的促进作用。鉴于此，我们把劳动力简略划分为高端人才、中端人才和一般劳动力，并根据不同层次人才和劳动力的需求，提出几点加速人才和劳动力要素集聚，促进经济转型升级的政策建议。

根据理论上分解释，对于高端人才，实现理想、争取个人成就是他们最大的愿望，也是最能吸引高端人才的，对于此类人才，应当提供一切便利，帮助其实现理想，达到个人和当地经济发展双赢。因此，我们建议：鼓励企业人才引进，实行高层次人才政策，放开门槛，重点鼓励和支持带团队、带项目、带资金来华创新创业的领军人才，探索建立高层次人才股权激励政策，支持新兴产业企业引进和培养高技能人才，对符合条件的给予研发经费资助；完善法规法制，增强知识产权保护，保障高层次人才的合法权益；各地应提供财政资金、贴息贷款、前期研发投入配套等资金支持，简化专利申请程序，对逐年缴纳发明专利年费的，按国家规定的年费标准给予补助，加快高层次人才的成果转化；优化人才配套服务，应大力实施高层次人才安居工程，加快建设一批人才公寓，优先提供给引进的高层次人才，鼓励国内外高校、科研院所等设点和建立合作研究机构，相应给予资金支持；依托重大科研和工程项目、国际学术交流合作项目、重点学科和高层次科研院所，培养一批扎根本地的高层次创新创业团队，并对他们提供人才和科技项目经费资助；给予人才和家属落户等系列优惠政策，对做出突出贡献的个人和企业授予相关荣誉称号和高额奖励。

除了高端人才之外，我国各级政府和各地企业也要关注中端人才的培育和引进，例如设计、管理、营销、行政、高级技术工人等中层或中端人才，因为他们是新科技想法的执行者和组织者，是高端人才最有力的支持者，是承上启下的中间层和调和剂，对于此类人才，较好的收入，稳定的职业和家庭，有一定的发展空间，是他们主要的诉求。因此，我们建议：中端人才培养应以本土培育为主，引进为辅；大力发展高等教育和职业培训，引进优质高等教育资源，推动国内高校不同地区的流动，吸引国外重点高校来华设院和合作办学，支持各省

高校与国际知名院校创办高水平大学和科研培训机构,对高等院校建设给予重点用地保障等政策支持,实行高等职业教育发展综合改革,进行高校、高职与企业无缝接轨,并鼓励国内外企业专业培训机构入驻;各地应鼓励引进大学生,对新兴产业企业开展大学生职业技能培训并获得相应国家职业资格证书的,给予一次性技能培训补贴;完善法规建设保障中端人才的合法权益,鼓励和支持人才流动,严厉打击企业以各种原因非法阻碍人才合理流动,给予中端人才和有突出贡献人才的家属落户等系列优惠政策,完善各地区配套设施建设,帮助解决落户人才的子女入学等后顾之忧;建立各种人才行业协会,宣传当地用人引才政策,吸引各类人才,促使产业集聚和相关的人才集聚同步进行,甚至资金支持人才集聚先行。

随着我国老龄化社会的推进,各地争抢劳动力的竞争也在加剧,除了吸引中高端人才,全国各省还需要稳定劳动大军,提高劳动者的素质和能力,促使新科技、新设计能及时转化为新产品生产出来,推出市场,加速和支持经济转型和持续升级。因此,我们建议:各地应无条件的满足劳动者追求工作和收入稳定的基本诉求,健全劳动法的实施细则,根据通胀情况及时调整最低工资线,严格控制加班,监督企业以任何借口进行过度加班,时刻监督用工环境,切实保障一线劳动者的合法权益和人心健康,加大处罚力度和违规、违法成本,切实提升一线劳动者的企业和社会地位,营造一个公平、公正的工作与生活环境;提高一线劳动者的所得税起征点,体现尊重一线劳动者价值的税制导向,鼓励和支持为一线劳动者增加收入;大力鼓励和支持企业组织开展职工技能培训和教育,提高员工的技能和素质,扶持和支持满足企业发展人才之需的职业教育,鼓励企业力量办学或合作办学,使教育与企业用工需求进行无缝对接;重视一线劳动者的政治地位、加大一线劳动者“劳动光荣”的荣誉感;完善各地区配套设施建设,能使广大劳动者的养老、医疗、居住、子女入学等基本生活诉求得到保障和公平对待;鼓励和支持企业引进有技术特长但学历低的专业技工,给予他们落户等优惠政策,苏州、昆山、东莞、佛山等传统制造业基地应加速政策设计留住一线技术工人,鼓励和支持技术工人向中部与西北部地区发展。

（六）积极推进创新驱动战略，加快科技推动经济转型升级

科技是第一生产力在本次研究实证分析中得到充分的证明，科技发展对我国各地经济特别是第三产业升级有着极其显著的促进作用，而在下篇的研究进一步发现科技投入和科技人员的增长对于广东各市制造业的转型升级作用也是非常明显。鉴于已有很多研究就如何利用科技加速经济转型升级提出了众多建议，我们在此就不再啰嗦了，只是就如何在当前全国实施创新驱动发展战略的趋势下，加快科技推动制造业转型升级简略地提出几点可行性建议。

首先，我国中央和各地政府应加强顶层设计，理清如何加快创新驱动战略与“中国制造 2025”和“互联网+产业”的衔接以及联动方式，根据本地的资源禀赋和全球发展趋势，明确重点发展领域和重点工程，以点带面，明确创新驱动和制造业转型升级的主体，而不是当下笼统地提倡全民创新驱动，应以科技研发程度来明确高新或者有雄厚研究基础的企事业单位、高校和研究机构为发明创造类创新的主体，企业、高职院校、大学生和全民大众更多的优势集中在外观设计和小型改进类创新，各级政府应根据创新主体的不同采取针对性强的政策支持和帮助，对于基础研发类有突破性的创新应以政府资金支持为主导，而其他创新应以社会资金为主导，在争取短期创新带来效益的同时，更不能忽略基础性研发的长期性和为突破性研究打下人、财、物的基础。

其次，在全面实施创新驱动战略的同时，我国各级部门与各地政府应全面深化体制机制改革，坚持科技创新与体制创新同步进行，并与社会经济发展深度融合，以社会发展和提高人民物质精神水平为准则，发挥改革的先导性作用，让市场成为创新资源配置的主导力量，注重以人为本的原则，让科技专家和创新主体有更大自主权，创造一个竞争公平和知识产权保护强的市场环境。为了达到这些目标，需要我国各级部门和各地政府应加强实施以下几方面的改革：一是创新投入机制改革，建立技术创新市场导向机制，减少政府干预，完善信息披露制度，建立信息监督机制打击欺诈行为，保障合法信息权；二是完善产学研协同创新机制，建立市场合作规则，规范协同创新行为；三是搭建产业技术创新平台，完善技术和信息交换机制，建立政府为主导型市场参与型的基金，着力关注产业升级和创新时关键技术、共性技术、基础技术，解决制约产业升级的瓶颈问题；四是完善知识产权激励机制，加强知识产权保护，技术创

新过程中研发、风险投资、创新管理等劳动应得到合理回报，明令禁止以任何借口破坏创新成果的保护和创新者的合法权益。

再次，我国应融合产业转型升级和空间布局优化，合理利用各地创新资源，加速全省经济转型升级。一是利用珠三角和长三角制造业的基础发展先进制造业，坚持高端新兴导向，抓住新一轮产业革命机遇，瞄准先进制造工艺，优化产业链，推进信息化、智能化生产发展；二是利用珠三角毗邻港澳优势，长三角海外关系众多优势，发展高端服务业，以生产性服务技术和先进金融技术支持工业转型升级，支持传统劳动力密集型和用地范围广的产业向中部和西北部地区转移，形成我国地区间的产业链和技术转移链，各地区合理竞争，优势互补；三是根据我国各地资源禀赋优势，培育发展战略性新兴产业，例如珠三角的互联网、机器人、新医药、通讯电子，中部湖北湖南地区的水产品制造、纺织、旅游等，西部地区陕西、四川的农产品制造、化工、重型机械等，逐步形成以三大城市群和六个中心城市为生产服务性行业中心，其他地区分工制造业中心的新兴产业圈，降低各地研发重复投资；四是利用北京、上海、广州和成都等地的高校及科研机构力量，利用毗邻港澳和与海外的联系，建立国内外和国内各省间技术交流和信息交换平台，逐步形成发明创造研发中心，外观设计中心和小型改进中心的多维研究中心的局面，利用信息高速路，加速技术传播。

（七）发挥国际贸易优势，增强贸易与金融投资间的联系

国际贸易对我国各地经济发展有着极其重要的作用，从本次研究的实证分析中也证实了这一点，不管是进口还是出口对于我国经济增长和广东各市新产品产值增长都有着显著的推动作用，并且与金融对外投资相互影响共同推进我国经济转型和广东制造业转型升级。鉴于已有众多研究就国际贸易发展推进经济转型升级提出了许多建议，此处就不重复了，我们主要就如何加强国际贸易与金融对外投资相互作用来推进我国经济转型升级简略地提出几点合理化建议。

首先，健全金融服务功能，为贸易提供全方位服务，加速新产品出口和技术进口，并且鉴于银行业在我国金融体系和金融类对外投资中处于绝对主导地位，健全金融服务功能应从加快银行业尤其是国有商业银行改革入手，完善

银行的约束机制，降低信息不对称造成的逆向选择、道德风险和代理问题，为贸易企业提供信贷支持，并利用金融“走出去”的机会进行全球网点布局，加强与国外金融机构合作，支持我国企业的进出口；推进金融产品创新，引进国外新型金融产品与服务，为不同的企业需求开发不同特色的融资、资金管理等服务，为中小进出口企业特别是小型科技公司提供创新金融服务，推进仓储、供应链与贸易企业海外发展所需的金融支持；简化审批程序，在提高自身效率的同时，帮助进出口科技公司进行海外业务的金融风险管理；积极开展与他国金融机构、第三方支付、实体企业等机构的合作，构建全球金融联盟网，提高服务覆盖范围和信息收集能力，为我国科技公司尤其是中小企业的新产品推广、技术寻求和合作等提供系列服务。

其次，大力推进证券业多元发展，健全贸易多元化金融服务渠道，开展区域性产权交易市场试点，为中小进出口企业的产权、债权、股权等交易提供服务平台；适当降低中小企业债券发行的门槛，逐步扩大中小企业短期融资券的发行规模；鼓励中小进出口企业灵活运用各种集合票据融资，积极推进创新型高科技中小进出口企业贷款资产证券化的试点；鼓励和支持有条件的进出口企业海外上市、发行债券和直接进入国际货币市场，扩展国际融投资渠道，降低汇率等风险，扩大在海外市场的知名度；大力创新金融衍生产品，为企业规避汇率等风险提供工具；加快风险投资退出机制体系的建立和完善，促进技术进步，推动贸易发展。

再次，促进金融科技的发展，加强多层次金融媒介功能，为国际贸易尤其是科技产品的进出口提供更全面更便捷的服务；推进信用基础建设，加快征信制度的建立，为互联网金融发展奠定基础，同时强化互联网金融产品开发，开发更多满足消费者需求的金融产品，通过一站式满足客户多样化的需求，并加大技术研发，改进互联网金融的运行环境，保障互联网金融交易平台信息传输安全；把促进担保、融资租赁、信托、信用评级等金融中介组织纳入金融服务平台，特别是互联网金融网，充分发挥他们在对中小出口企业金融服务过程中挖掘信息与分担风险等作用，帮助创新型高科技小企业及其进出口时解决融资信息不对称、风险分担能力弱等方面的困难；大力拓展商业保险公司涉及进出口贸易领域，通过险种的丰富和扩大，强化对创新型高科技小企业进出口的风险分担,降低国际货物买卖中运输、政治、汇率风险,提高企业从事国际贸易的积极性和信心。

最后,也是最关键的一点,完善金融制度,提供强有力的政策支持;进一步发展进出口银行、进出口信用保险公司等政策性金融机构,鼓励和引导城市商业银行增加针对中小企业的服务网点和产品,建立中小企业信贷中心、中小企业事业部等专营机构,并建立企业数据库,完善信息服务功能,支持新型科技公司的进出口,特别是对创新型高科技中小企业提供有针对性的进出口便利化服务。

(八)利用金融对外投资,引领外商直接投资

本次研究的实证分析得到了一个有趣的结果,即外商直接投资对于全国经济增长有着推动作用,但是对于广东各市的新产品产值增长具有显著的负面效应,而外商投资与我国金融对外投资相结合却产生了积极的正作用。鉴于这样的结果,我们建议应当在控制外商投资的负面效应的同时,加强力度利用金融对外投资引领外商投资到新产品开发,促进我国经济转型,尤其是制造业转型升级。

首先,建立和强化当前外商直接投资运行监测机制,动态监测和监督外资引入后的运行状况,包括外商直接投资企业的市场导向、进出口状况、国际贸易收支状况、外商投资企业的收益汇出情况等,定期检测外商投资企业的质量,例如新产品开发和产值增长率、雇佣人员培训程度等,了解外商直接投资的期限结构,并通过相应的政策引导资本金均衡地流入流出。

其次,应根据我国国民经济建设、国家经济安全和各地经济发展的需要,引导外资的投资方向,提高利用外资的质量,预防和化解引资所带来的结构性风险,严禁各地区以各种超国民待遇恶意竞争引进外资而导致国民利益的损失和引资的无序发展,严禁不考虑当地经济情况而引资及虚假引资等问题;对各行业提供差异性的政策,引导外资投资于高科技领域和新兴产业,建立健全相关制度,完善外资并购法律法规体系,鼓励外资参与民营、国有企业的升级改组,培养公平的市场竞争行为;出台吸引外商研发投资的政策和措施,在稳定国家安全的基础上可以放开外资参与国内研究项目,为跨国公司的研发所

需的技术交流和技术人员提供便利,落实他们在华的国民待遇,鼓励跨国公司和我国企业和人员共建支持我国技术创新的投资基金,促进外资、合资科技的孵化,强化自有研发技术与外国技术的互补性,建立技术交流平台,加强知识产权保护,加速技术传播。

再次,强化对非贸易资金流出的监管,严控短期投机资金的出入,严厉打击以享受税收、换汇、土地使用等优惠政策为主要目的的非生产性外商和以外商身份进入中国的国内企业,必须严禁对非研发企业进行减免税收、出口退税、财政补贴、无偿性土地使用等直接性或间接性货币补贴行为,预防短期的套利资金带来的经济波动,建立公平的税制,消除外资企业的"超国民待遇",减少纯粹为了"超国民待遇"而进入我国的外商甚至是假外商,建立有利于公平竞争的税收机制和投资环境,鼓励具备高新技术的外企进入中国和外资企业的长期生产行为,鼓励外企向欠发达的中部和西、北部地区转移。

最后,我国应充分利用与海外的联系,例如广东应充分利用珠三角尤其是深圳的金融基础、毗邻港澳、海外信息丰富等优势,长三角应利用海外华人基础雄厚的优势,积极推动金融机构海外布局设点,建立全球金融联盟网,运用金融媒介作用,帮助国内行业主动寻找海外投资者来华和合作对象,而不是被动地等待外商直接投资,根据金融信息建立外商投资和潜在外商数据库,可以先以当下在华或准备来华,或者与内地企业有经贸往来的外国企业作为一期数据库建立对象,根据数据信息,确定优质在华外商和主要合作目标,帮助企业和政府定期进行访谈,解决实质性的问题,提高服务质量和速度,加速引进和稳固现有的高新科技外商企业。

参考文献

[1] Aaltonen, J. and Stermark, R. A rolling test of granger causality between the Finnish and Japanese security markets. *Omega*, 1997, 25, 635–642.

[2] Acemoglu, D., Johnson, S., Robinson, J. A. and Thaicharoen, Y. Institutional causes, macroeconomic symptoms: Volatility, crises and growth. *Journal of Monetary Economics*, 2003, 50(1), 49–123.

[3] Acs, Z.J. and Armington, C. Endogenous growth and entrepreneurial Activity in City, *Regional Studies*, 2004, 38(8), 911–927.

[4] Agbloyor, E.K., Abora, J., Adjasi, C.K.D. and Yawson, A. Domestic banking sector development and cross border mergers and acquisitions in Africa. *Review of Development Finance*, 2012, 2, 32–42.

[5] Aggarwal, R., Demirgüç-Kunt, A. and Pería, M.S.M. Do remittances promote financial development?. *Journal Of Development Economics*, 2011, 96, 255–264.

[6] Aggarwal, R. and Kyaw, N. A. Equity market integration in the NAFTA region: Evidence from unit root and cointegration tests. *International Review of Financial Analysis*, 2005, 14, 393–406.

[7] Aghion, P. and Howitt, P. *Endogenous Growth Theory*, Cambridge: The MIT Press, 1998.

[8] Aitken, B.J. and Harrison, A.E. Do domestic firms benefit from direct foreign investment? Evidence from Venezuela. *The American Economic Review*, 1999, 89, 605–618.

[9] Alfaro, L., Chanda, A., Kalemli-Ozcan, S. and Sayek, S. FDI and economic growth: The role of local financial markets. *Journal of International Economics*, 2004, 64, 89–112.

[10] Alfaro, L., Kalemli-Ozcan, S. and Sayek, S. FDI, Productivity and Financial Development. *The World Economy*, 2009, 32(1), 111–135.

[11] Allen, F and Gale, D. *Comparing Financial Systems*, Cambridge: MIT Press, 2000.

[12] Allen, F. and Santomero, A. M. The theory of financial intermediation. *Journal of Banking & Finance*, 1998, 21, 1461–1485.

[13] Al-Iriani, M. A. Energy-GDP relationship revisited: An example from GCC countries

using panel causality.*Energy Policy*,2006,34,3342-3350.

[14] Al-Yousif, Y, K. Financial development and economic growth another look at the evidence from developing countries.*Review of Financial Economics*,2002,11,131-150.

[15]Arestis, P. Money, finance and capitalist development. *Edward Elgar*, 2001, 58(1), 143-164.

[16]Asiedu,E.On the determinants of foreign direct investment to developing countries:Is Africa different?.*World Development*,2002,30,107-119.

[17]Balaguer,J.and Cantavella-Jordά,M.Export composition and Spanish economic growth: Evidence from the 20th century.*Journal of Policy Modeling*,2004,26,165-179.

[18]Baltagi,B.H.*Econometric Analysis of Panel Data*(2nd edition),West Sussex,England: John Wiley & Sons,2001.

[19] Banga, R. Impact of government policies and investment agreements on FDI inflows. *Working Paper*,Indian Council for Research on International Economic Relations,2003,NO.116.

[20]Barro,R.and Sala-I-Martin,X.*Economic Growth*,Cambirdge:MIT Press,2003.

[21]Beck,T.and Levine,R.Industry Growth and Capital Accumulation:Does having a Market-or Bank-Based System Matter?.*Journal of Financial Economics*,2002,64,147-180.

[22]Beck,T.,Levine,R.and Loayza,N.Finance and the sources of growth.*Journal of Financial Economics*,2000,58,261-300.

[23]Bekaert,G.,Harvey,C,R.and Lundblad,C.Does financial liberalization spur growth? *Journal of Financial Economics*,2005,77,3-55.

[24]Belso-Martínez,J.A.Do industrial districts influence export performance and export intensity? Evidence for Spanish SMEs' internationalization process. *European Planning Studies*, 2006,14(6),791-810.

[25]Benhabib,J.and Spiegel,M.M.The Role of Human Capital in Economic Development, Evidence from Aggregate Cross— Country Data, *Journal of Monetary Economics*, 1994, 34(2), 143-173.

[26]Beugelsdijk,S.,Smeets,R.and Zwinkels,R.The impact of horizontal and vertical FDI on host country's economic growth.*International Business Review*,2008,17,452-472.

[27]Bevan,A.A.and Estrin,S.The determinants of foreign direct investment into European transition economies.*Journal of Comparative Economics*,2004,32,775-787.

[28]Bilgili,F.,Tülüce,M.S.H.and Doǧan,i.The determinants of FDI in Turkey:A Markov Regime-Switching approach.*Economic Modeling*,2012,29(4),1161-1169.

[29]Bittencourt,M.Financial development and economic growth in Latin America:Is Schumpeter right?.*Journal of Policy Modeling*,2012,34,341-355.

[30] Blackbourn, A. Multinational enterprises and regional development: A comment. *Regional Studies*,1978,12(1),125-127.

[31] Blanchard, O., Rhee, C. and Summers, L. The stock market, profit, and investment. *Quarterly Journal of Economics*, 1993, 108(1), 115-136.

[32] Bolbol, A, A., Fatheldin, A. and Omran, M, M. Financial development, structure, and economic growth: the case of Egypt, 1974-2002. *Research in International Business and Finance*, 2005, 19, 171-194.

[33] Boycko, M., Shleifer, A. and Vishny, R. *Privatizing Russia*, MIT Press, 1995.

[34] Boyd, J. H. and Prescott, E. C. Financial intermediary-Coalitions, *Journal of Economics Theory*, 1986, 38, 211-232.

[35] Braconier, H. and Ekholm, K. Swedish multinationals and competition from high-and low-wage locations. *Review of International Economics*, 2010, 8(3), 448-461.

[36] Brambilla, I. and Porto, G.G. High-income export destinations, quality and wages. *Journal of International Economics*, 2016, 98, 21-35.

[37] Braunerhjelm, P., Oxelheim, L. and Thulin, P. The relationship between domestic and outward foreign direct investment: The role of industry-specific effects. *International Business Review*, 2005, 14, 677-694.

[38] Breitung, J. The local power of some unit root tests for panel data. *Advances Econometrics*, 2000, 15, 161-177.

[39] Breitung, J. and Candelon, B. Purchasing power parity during currency crises: A panel unit root test under structural breaks. *Review of World Economics*, 2005, 141, 124-140.

[40] Buch, C.M. and Lipponer, A. FDI versus exports: Evidence from German banks", Journal of Banking & Finance, 2007, 31, 805-826.

[41] Buckley, P. J. and Casson, M. C. *The Economic Theory of Multinational Enterprise*, London: MacMillan, 1985.

[42] Buckley, P.J. and Casson, M.C. Models of the multinational enterprise. *Journal of International Business Studies*, 1998, 29, 21-44.

[43] Buckley, P. J., Clegg, J. and Wang, C. Q. Is the relationship between inward FDI and spillover effects linear? An empirical examination of the case of China. *Journal of International Business Studies*, 2007a, 38, 447-459.

[44] Buckley, P. J., Wang, C. Q. and Clegg, J. The impact of foreign ownership, local ownership and industry characteristics on spillover benefits from foreign direct investment in China. *International Business Review*, 2007b, 16, 142-158.

[45] Caldero'n, C. and Liu, L. The direction of causality between financial development and economic growth. *Journal of Development Economics*, 2003, 72, 321-334.

[46] Campbell, T. and Kracaw, W. Information Production, Market Signaling, and the Theory of Financial Intermediation. *Journal of Finance*, 1980, 35, 863-882.

[47] Cantwell, J. A. *Technological Innovation and Multinational Corporations*, Oxford: Basil

Blackwell, 1989.

[48] Castellani, D. and Zanfei, A. Technology gaps, absorptive capacity and the impact of inward investments on productivity of European firms. *Economics of Innovation and New Technology*, 2003, 12, 555-576.

[49] Caves, R. E. International corporations-industrial economics of foreign investment. *Economica*, 1971, 38, 1-27.

[50] Chi, W. The role of human capital in China's economic development: Review and new evidence. *China Economic Review*, 2008, 19, 421-436.

[51] Cho, K. P. A study on multinational banks (MNBs): their identities and determinants. *PhD Thesis*, University Microfilms International, 1983.

[52] Choi, I. Unit root tests for panel data. *Journal of International Money and Finance*, 2001, 20, 249-272.

[53] Choong, C. K. Does domestic financial development enhance the linkages between foreign direct investment and economic growth?. *Empirical Economics*, 2012, 42, 819-834.

[54] Christopoulos, D. K. and Tsionas, E. G. Financial development and economic growth: evidence from panel unit root and cointegration tests. *Journal of Development Economics*, 2004, 73, 55-74.

[55] Clark, C. *The Conditions of Economic Progress*. Macmillan, London, 1957.

[56] Clark, C. Economic Development in Communist China. *The Journal of Political Economy*, 1976, 84(2), 239-264.

[57] Conconi, P., Sapir, A. and Zanardi, M. The Internationalization Process of Firms: from Exports to FDI. *Journal of International Economics*, 2016, 99(1), 16-30.

[58] Cozza, C., Rabellotti, R. and Sanfilippo, M. The impact of outward FDI on the performance of Chinese firms. *China Economic Review*, 2015, 36, 42-57.

[59] Cypher, J. M. and Dietz, J. L. *The Process of Economic Development (3rd Edition)*, New York: Routledge, 2009.

[60] Delios, A. and Beamish, P. W. Geographic scope, product diversification, and the corporate performance of Japanese firms. *Strategic Management Journal*, 1999, 20, 711-727.

[61] Demirguc-Kunt, A and Levine, R. *Financial Structures and Economic Growth: A Cross—Country Comparison of Banks, Markets and Development*, Cambridge, MA: MIT Press, 2001.

[62] Deng, Y. L. Schumpeter and Arrow: Who wins in Korea and Taiwan? A case method analysis of cross country industrial structure. *Global Economic Review*, 2004, 33(4), 97-122.

[63] Diks, C. and Panchenko, V. A new statistic and practical guidelines for nonparametric Granger causality testing. *Journal of Economic Dynamics and Control*, 2006, 30, 1647-1669.

[64] Dolar, V. and Meh, C. Financial Structure and Economic Growth: A Non-Technical Survey. *Working Paper*, Bank of Canada, 2002, No.2002-24.

[65]Dong, X., Song, S. and Zhu, H. Industrial structure and economic fluctuation: Evidence from China. *The Social Science Journal*, 2011, 48, 468-477.

[66]Dompere, K.K. *The Theory of Aggregate Investment and Output Dynamics in Open Economic Systems*, Westport, United States: Greenwood Press, 1999.

[67] Driffield, N. and Love, J. H. Linking FDI motivation and host economy productivity effects: conceptual and empirical analysis. *Journal of International Business Studies*, 2007, 38, 460-473.

[68]Drucker, J. An evaluation of competitive industrial structure and regional manufacturing employment change. *Regional Studies*, 2015, 49(9), 1481-1496.

[69] Dunning, J. H. Toward an eclectic theory of international production-some empirical tests. *Journal of International Business Studies*, 1980, 11, 9-31.

[70] Dunning, J, H. The Eclectic Paradigm of International Production: a Restatement and Some Possible Extensions, in Rugman, A, M. (ed), *International Business: Critical Perspectives on Business and Management*, London: Routledge, 1988.

[71]Dunning, J, H. *MNEs, Technology and Innovatory Capacity: a Host Country Perspective of Multinational Enterprises and the Global Economy*, Wokingham, England: Addison-Wesley Publishers Ltd., 1993.

[72] Dunning, J. H. Reappraising the eclectic paradigm in an age of alliance capitalism. *Journal of International Business Studies*, 1995, 26, 461-491.

[73]Dunning, J.H. Location and the multinational enterprise: A neglected factor? *Journal of International Business Studies*, 1998, 29, 45-66.

[74]Dunning, J.H. The eclectic paradigm as an envelope for economic and business theories of MNE activity. *International Business Review*, 2000, 9, 163-190.

[75]Dunning, J.H. The eclectic(OLI) paradigm of international production: past, present and future. *International Journal of Economics and Business*, 2001, 8, 173-190.

[76]Dunning, J, H. *Theories and Paradigms of International Business Activity*. Cheltenham, England: Cheltenham, 2002.

[77]Engelbrecht, H. Humancapital and economic growth: Cross-section evidence for OECD countries, The Economic Record, 2003, 79(Special issue), 40-51.

[78]Engle, R.F. and Granger, C.W.J. Co-integration and error correction: Representation, estimation, and testing. *Econometrica*, 1987, 55, 251-276.

[79]Fama, E.F. Efficient capital markets: A review of theory and empirical work, *Papers and Proceedings of the Twenty-Eighth Annual Meeting of the American Finance Association New York*, 1970, 25(2), 383-417.

[80] Fan, E. X. Technological spillovers from foreign direct investment-a survey. *Working paper*, Manilla, Philippines: ERD (Economics and Research Department), Asian Development

Bank,2002.

[81] Farla, K., Crombrugghe, D. D. and Verspagen, B. Institutions, foreign direct investment, and domestic investment: Crowding out or crowding in?. *World Development*, 2016, 88, 1-9.

[82] Fine, B. Endogenous growth theory: A critical assessment. *Cambridge Journal of Economics*, 2000, 24, 245-265.

[83] Fleisher, B., Li, H.Z. and Zhao, M.Q. Human capital, economic growth, and regional inequality in China. *Journal of Development Economics*, 2010, 92, 215-231.

[84] Fozcarelli, D. and Pozzolo, A. The determinants of cross border shareholding: An analysis with bank-level data from OECD countries. *General Information*, 2000, 32(2): 218-238.

[85] Francq, C., Makarova, S. and Zakoı¨An, J.-M. A class of stochastic unit-root bilinear processes: Mixing properties and unit-root test. *Journal of Econometrics*, 2008, 142, 312-326.

[86] Franco, C. Exports and FDI motivations: Empirical evidence from U.S. foreign subsidiaries, *International Business Review*, 2013, 22, 47-62.

[87] Fung, K.C. and Siu, A., US and Japanese investment in China: An econometric examination. *International Conference on Emergent Trilateralism*, Berkeley: University of California, 2003.

[88] Funte, D.L. and Jose, A. Innovation, banking monitoring and endogenous financial development, *Journal of Monetary Economics*, 1996, 38(2), 269-301.

[89] Gastanaga, V.M., Nugent, J.B. and Pashamova, B. Host country reforms and FDI inflows: How much difference do they make? *World Development*, 1998, 26(7), 1299-1314.

[90] Giner, J.M. and Giner, G. An interpretative model of foreign direct investment in China: An economic policy approach. *China Economic Review*, 2004, 15, 268-280.

[91] Giocanni, J.d. What drives capital flows? The case of cross-border M&A activity and financial deepening. *Journal of International Economics*, 2005, 65, 127-149.

[92] Giovanni, J.d. What drives capital flows? The case of cross-border M&A activity and financial deepening. *Journal of International Economics*, 2005, 65, 127-149.

[93] Goh, S, K., Wong, K, N. and Tham, S, Y. Trade linkages of inward and outward FDI: Evidence from Malaysia. *Economic Modeling*, 2013, 35, 224-230.

[94] Goldsmith, R, W. *Financial Structure and Development*, New Haven: Yale University Press, 1969.

[95] Gramlich, E. M. Infrastructure Investment: A Review Essay. *Journal of Economic Literature*, 1994, 32(3), 1176-1196.

[96] Gray, J. M. and Gray, H. P. The multinational bank: A financial MNC?. *Journal of Banking & Finance*, 1981, 5(1), 33-63.

[97] Greene, W. H. *Econometric Analysis (sixth edition)*, Upper Saddle River, New Jersey: Pearson Education, Inc., 2008a.

[98] Greene, W.H. The econometric approach to efficiency analysis. In: Harold, O., Fried, C.

A., Lovell, K. and Schmidt, S. S. (eds.) *The measurement of productive efficiency and productivity growth*. New York: Oxford University Press, Inc., 2008b.

[99] Greenwood, J. and Jovanovic, B. Financial development, growth, and the distribution of income. *The Journal of Political Economy*, 1990, 98(5), 1076–1107.

[100] Greenwood, J. and Smith, B.D. Financial markets in development, and the development of financial markets. *Journal of Economic Dynamics and Control*, 1997, 21, 145–181.

[101] Griffin, R.W. and Pustay, M.W. *International Business, A Managerial Perspective* (*3rd edition*), London: Addison-Wesley, 2001.

[ ] Grosse, R. and Goldberg, L.G. Foreign bank activity in the United States: An analysis by country of origin. *Journal of International Business Studies*, 1996, 27(1): 139–155.

[102] Grosse, R. and Trevino, L.J. New institutional economics and FDI location in central and eastern Europe. *Management International Review*, 2005, 45, 123–145.

[103] Grossman, G., M and Helpman, E. Endogenous innovation in the theory of growth. *Journal of Economic Perspectives*, 1994, 8, 3–72.

[104] Grubel, H.G. The international monetary system, 1945–1976: An insider's view. *Journal of International Economics*, 1977, 9(3), 458–460.

[105] Guillen, M. and Tschoegl, A. At Last the Internationalization of Retail Banking? *Working Paper*, The Case of the Spanish In Latin America, Wharton Financial Institutions Centre, 1999, 21(2), 9–41.

[106] Hale, G. and Long, C. Are there productivity spillovers from foreign direct investment in China? *Pacific Economic Review*, 2011, 16, 135–153.

[107] Hamilton, J.D. *Time Series Analysis*, Princeton NJ.: Princeton University Press, 1994.

[108] Hausman, J. A. Specification tests in econometrics. *Econometrica*, 1978, 46, 1251–1271.

[109] Hellman, T., Murdock, K. and Stiglitz, J E. Financial Restraint: Towards a New Paradigm, in M. Aoki, H-K Kimand and M. Okuno-Fujiwara (Eds.), *The Role of Government In East Asian Economic Development*, *Comparative Institutional Analysis*, Oxford: Clarendon Press, 1998.

[110] Hennart, J, F. A Theory of Multinational Enterprise. *Journal of Economic Literature*, 1984, 22(4), 1663–1664.

[111] Hennart, J.F. International capital transfer: A transaction cost framework. *Business History*, 1994, 36, 51–70.

[112] Hill, R.C., Griffiths, W., E. and Lim, G., C. *Princes of Econometrics* (*4th Edition*), New York: John Wiley & Sons, Inc., 2011.

[113] Holtz-Eakin, D. and Schwartz, A.E. Spatial productivity spillovers from public infrastructure: Evidence from state highways. *International Tax & Public Finance*, 1995, 2(3), 459–468.

[114]Howitt,P.Endogenous Growth and Cross-Country Income Differences.*The American Economic Review*,2000,90,829-846.

[115]Hsiao,F.S.T.and Hsiao,M.C.W.FDI,exports,and GDP in East and Southeast Asia—Panel data versus time-series causality analyses. *Journal of Asian Economics*, 2006, 17, 1082-1106.

[116]Huang,F.,Zhong,X.Carrying forward financial reform in China and promoting internationalization of financial supervision. *Journal of Asian Economics*,2000,11,15-22.

[117]Huang,H. C., Lin, S. C., Kim, D. H. and Yeh, C. C. Inflation and the finance-growth nexus. *Economic Modeling*,2010,27,229-236.

[118]Hymer,S.H.*The International Operations of National Firms:A study of Direct Foreign Investment*,Cambridge:The Massachusetts Institute of Technology(MIT),1976.

[119]Im,K.S.,Pesaran,M.H.and Shin,Y.Testing for unit roots in heterogeneous panels. *Mimeo*.Cambridge:Department of Applied Economics,University of Cambridge,1997.

[120]IMF. *International Financial Statistics,Database and Brower*.Washington,D.C.:International Monetary Fund(IMF),2016.

[121]Jansen,W.J.and Stokman,A.C.J.International business cycle co-movement:the role of FDI.*Applied Economics*,2014,46(4),383-393.

[122]Johansen,S.Statistical analysis of cointegration vectors.*Journal of Economic Dynamics & Control*,1988,12(2),231-254.

[123]Jones,C.*International Business in the Nineteenth Century:The Rise and Fall of a Cosmopolitan*,London:Bourgeoisie,Wheatsheaf Books,1987.

[124]Jongwanich,J.,Brooks,D.H.and Kohpaiboon A.Cross-border mergers and acquisitions and financial development: Evidence from emerging Asia. *Asian Economic Journal*, 2013, 27, 265-284.

[125]Jordaan,J.A.FDI,local sourcing,and supportive linkages with domestic suppliers:the case of Monterrey,Mexico.*World Development*,2011,39,620-632.

[126]Ju,J.,Lin,J.Y.and Wang,Y.Endowment structures,industrial dynamics,and economic growth.*Journal of Monetary Economics*,2015,76,244-263.

[127]Kang,H.The optimal lag selection and transfer function analysis in Granger causality tests.*Journal of Economic Dynamics & Control*,1989,13,151-169.

[128]Kao,C.Spurious regression and residual-based tests for cointegration in panel data. *Journal of Econometrics*,1999,90,1-44.

[129] Karlsen, T., Silseth, P. R., Benito, G. R. G. and Welch, L. S. Knowledge, internationalization of the firm, and inward-outward connections. *Industrial Marketing Management*,2003,32,385-396.

[130]Kim,D.H.,Lin,S.C.and Suen,Y.B.The simultaneous evolution of economic growth,fi-

nancial development, and trade openness, *The Journal of International Trade & Economic Development*, 2012, 21(4), 513–537.

[131] Kindleberger, C, P. *American Business Abroad*, New Haven: Yale University Press, 1969.

[132] King, R, G. and Levine, R.. Financial Intermediation and Economic Development," in Colin Mayer and Xavier Vives(eds), *Capital Markets and Financial Intermediation*, London: Centre for Economic Policy Research, 1993a, 156–89.

[133] King, R, G. and Levine, R. Finance and Growth: Schumpeter Might Be Right. *Quarterly Journal of Economics*, 1993b, 108(3), 717–37.

[134] King, R, G. and Levine, R. Finance, Entrepreneurship, and Growth: Theory and Evidence. *Journal of Monetary Economics*, 1993c, 32(3), pp.513–42.

[135] Kiran, B., Yavuz, N. and Güriş, B. Financial development and economic growth: a panel data analysis of emerging countries. *International Research Journal of Finance and Economics*, 2009, 30, 87–94.

[136] Knicke Brbocker, F.T. *Oligopolistic Reaction and Multinational Enterprise*, Boston: Division of research, Graduate school of Business Administration, Harvard University, 1973.

[137] Kojima, K. *Direct foreign Investment: A Japanese Model of Multinational Business Operations*, London: Croom Helm Ltd., 1978.

[138] Kose, M.A., Prasad, E.S. and Terrones, M.E. Does financial globalization promote risk sharing? *Journal of Development Economics*, 2009, 89(2), 258–270.

[139] Lai, M.Y., Peng, S.J. and Bao, Q. Technology spillovers, absorptive capacity and economic growth. *China Economic Review*, 2006, 17, 300–320.

[140] Lans Bovenberg, A. and Smulders, S. Environmental quality and pollution-augmenting technological change in a two-sector endogenous growth model. *Journal of Public Economics*, 1995, 57, 369–391.

[141] Lee, B.S., Peng, J., Li, G. and Jing He, J. Regional Economic Disparity, Financial Disparity, and National Economic Growth: Evidence from China. *Review of Development Economics*, 2012, 16(2), 342–358.

[142] Lee, C.C. and Chang, C.P. Structural breaks, energy consumption, and economic growth revisited: Evidence from Taiwan. *Energy Economics*, 2005, 27, 857–872.

[143] Lee, C.C. and Chang, C.P. Energy consumption and economic growth in Asian economies: A more comprehensive analysis using panel data. *Resource and Energy Economics*, 2008, 30, 50–65.

[144] Lee, C.C., Chang, C.P. FDI, financial development, and economic growth: International evidence. *Journal of Applied Economics*, 2009, 12, 249–271.

[145] Levine, A., Lin, C.F. and Chu, C.S.J. Unit root tests in panel data: Asymptotic and

finite-sample properties. *Journal of Econometrics*, 2002, 108, 1-24.

[146] Levine R. Financial development and economic growth: Views and agenda. *Journal of Economic Literature*, 1997, 35(2), 688-726.

[147] Levine, R. Law, Finance, and Economic Growth. *Journal of Financial Intermediation*, 1999, 8, pp. 8-35.

[148] Levine, R. Bank-based or Market-based Financial Systems: Which is Better?, *Journal of Financial Intermediation*, 2002, 11(4), 398-428.

[149] Levine, R. *More on Finance and Growth: More Finance, More Growth?* The Federal Reserve Bank of St. Louis, 2003.

[150] Levine, R. Finance and Growth: Theory and Evidence. *Handbook of Economic Growth, Elsevier, Amsterdam, Netherlands*, 2005, 1(1), 865-934.

[151] Levine, R. and Zervos, S. Stock markets, banks, and economic growth. *American Economic Review*, 1998, 88, 537-558.

[152] Lewis, W. A. Economic Development with Unlimited Supplies of Labor. *Manchester School*, 1954, 22(2), 139-191.

[153] Leung, M.K., Rigby, D. and Young, T. Entry of foreign banks in the People's Republic of China: a survival analysis. *Applied Economics*, 2003, 35(1), 21-31.

[154] Li, J., Sutherland, D., Ning, L. and Wang, Y. Firm ownership, industrial structure, and regional innovation performance in China's provinces. *Technology Analysis & Strategic Management*, 201, 26(9), 1001-1022.

[155] Liang, Q. and Teng, J. Z. Financial development and economic growth: Evidence from China. *China Economic Review*, 2006, 17, 395-411.

[156] Lin, J. Y. Will China continue to be the engine of growth in the world?. *Journal of Policy Modeling*, 2016, 38, 683-692.

[157] Liu, W. and Zhao, D. 2011. Influencing factors of the industrial economic growth and its regional differences in China. 2011 *International Conference on Management Science and Industrial Engineering (MSIE)*, China: Harbin, 1299-1301.

[158] Liu, W. C. and Hsu, C. M. Financial Structure, Corporate Finance and Growth of Taiwan's Manufacturing Firms. *Review of Pacific Basin Financial Markets and Policies*, 2006, 9(1), 67-95.

[159] Liu, X, H., Buck, T. and Shu C. Chinese Economic Development, the Next Stage: Outward FDI?. *International Business Review*, 2005, 14, 97-115.

[160] Liu, W.H., Tsai, P.L. and Tsay, C.L. Domestic impacts of outward FDI in Taiwan: Evidence from panel data of manufacturing firms. *International Review of Economics and Finance*, 2015, 39, 469-484.

[161] Liu, W.S. and Agbola, F.W. Regional analysis of the impact of foreign direct investment

on economic growth in the Chinese electronic industry. *Applied Economics*, 2014, 46 (22), 2576-2592.

[162] Liu, W. S., Agbola, F. W. and Dzator, J. The impact of FDI spillover effects on total factor productivity in the Chinese electronic industry: a panel data analysis. *Journal of the Asia-Pacific Economy*, 2016, 21(2), 217-234.

[163] Liu, X. H. and Buck, T. Innovation performance and channels for international technology spillovers: Evidence from Chinese high-tech industries. *Research Policy*, 2007, 36, 355-366.

[164] Lucas, R. On the mechanics of economic development. *Journal of Monetary Economics*, 1988, 22, 3-42.

[165] Ma, H. and Oxley, L. Are China's energy markets cointegrated? *China Economic Review*, 2011, 22, 398-407.

[166] Mani, S. Outward foreign direct investment from India and knowledge flows, the case of three automotive firms. *Asian Journal of Technology Innovation*, 2013, 21(supl), 25-38.

[167] Mariam, C. and Cecilio, T. Estimating the export and import demand for manufactured goods: The role of FDI. *Review of World Economics*, 2004, 140(3), 347-375.

[168] Markusen, J. R. and Melvin, J. R. *The Theory of International Trade*, New York: Harper & Row Publishers Inc., 1988.

[169] Martínez, D., Rodríguez, J. and Torres, J. L. ICT-specific technological change and productivity growth in the US: 1980-2004. *Information Economics and Policy*, 2010, 22, 121-129.

[170] Masten, A. B., Coricelli, F. and Masten, I. Non-linear growth effects of financial development: Does financial integration matter?. *Journal of International Money and Finance*, 2008, 27, 295-313.

[171] Michalopoulos, S., Laeven, L. and Levine, R. Financial innovation and endogenous growth, NBER Working Paper, 2009, National Bureau of Economic Research, Inc., No.15356.

[172] Miller, S. R. and Parkhe, A. Patterns in the Expansion of U. S. Banks' Foreign Operations. *Journal of International Business Studies*, 1998, 29(2), 359-390.

[173] Moon, H. R., Perron, B. and Phillips, P. C. B. On the Breitung test for panel unit roots and local asymptotic power. *Econometric Theory*, 2006, 22, 1179-1190.

[174] Morck, R. K., Stangeland, D. A. and Yeung, B. Inherited wealth, corporate control and economic growth: The Canadian disease, *NBER Working Papers*, 1998, National Bureau of Economic Research, Inc., No.6814.

[175] Morck, R. K. and Nakkamura, M. Bank and corporate control in Japan. *Journal of Finance*, 1999, 54(1), 319-339.

[176] Morshed, H. a. S. A panel cointegration analysis of the Euro area money demand. *Master Thesis*. Lund, Sweden: Department of Statistics, Lund University, 2010.

[177] Mulder, P., De Groot, H. L. F. and Hofkes, M. W. Economic growth and technological change: A comparison of insights from a neo-classical and an evolutionary perspective. *Technological Forecasting and Social Change*, 2001, 68, 151-171.

[178] Mullen, J. K. and Williams, M. Foreign direct investment and regional economic performance. *Kyklos*, 2005, 58, 265-282.

[179] Mutinelli, M. and Piscitello, L. The entry mode choice of MNEs: an evolutionary approach. *Research Policy*, 1998, 27, 491-506.

[180] Mutinelli, M. and Piscitello, L. Foreign direct investment in the banking sector: the case of Italian banks in the '90s. *International Business Review*, 2001, 10(6), 661-685.

[181] Nair-Reichert, U. and Weinhold, D. Causality tests for cross-country panels: A new look at FDI and economic growth in developing countries. *Oxford Bulletin of Economics and Statistics*, 2001, 63(2), 153-171.

[182] Nair-Reichert, U. and Weinhold, D. Economic Reforms, FDI, andeconomic growth in India: A sector level analysis, *World Development*, 2001, 36(7), 1192-1212.

[183] Narula, R. and Zanfei, A. Globalisation of innovations: the role of multinational enterprises. *DRUID Working Paper*, UK: Danish Research Unit for Industrial Dynamics, 2003.

[184] Nazmi, N. Deregulation, financial deepening and economic growth: The case of Latin America. *The Quarterly Review of Economics and Finance*, 2005, 45, 447-459.

[185] Niroomand, F., Hajilee, M. and Al Nasser, O. M. Financial market development and trade openness: evidence from emerging economies. *Applied Economics*, 2014, 46 (13), 1490-1498.

[186] Ozawa, T. International Investment and Industrial Structure: New Theoretical Implications from the Japanese Experience. *Oxford Economic Papers*, 1979, 31(1), 72-92.

[187] Pack, H. Endogenous growth theory-intellectual appeal and empirical shortcomings. *Journal of Economic Perspectives*, 1994, 8, 55-72.

[188] Pagano, M. Financial markets and growth: An overview. *European Economic Review*, 1993, 37, 613-622.

[189] Pradhan, J. P. The determinants of outward foreign direct investment: A firm-level analysis of Indian manufacturing. *Oxford Development Studies*, 2004, 32(4), 619-639.

[190] Patrick, H. T. Financialdevelopment and economic growth in underdeveloped countries. *Economic Development and Cultural Change*, 1966, 20, 37-54.

[191] Peretto, P. F. Fiscal policy and long-run growth in R&D-based models with endogenous market structure. *Journal of Economic Growth*, 2003, 8, 325-347.

[192] Phillips, P. C. B. and Perron, P. Testing for a Unit-Root in Time-Series Regression. *Biometrika*, 1988, 75, 335-346.

[193] Rafferty, M. The Rise and Fall of the General Theory of International Direct

Investment.PhD Thesis, University of Sydney, 1997.

[194] Rahman, M.M., Shahbaz, M.and Farooq, A.Financial development, international trade, and economic growth in Australia: New evidence from multivariate framework analysis.*Journal of Asia-Pacific Business*, 2015, 16(1), 21-43.

[195] Renard, M.F.China's Trade and FDI in Africa.*Working Paper*, African Development Bank Group, 2011, No.126.

[196] Rioja, F. and Valev, N. Does one size fit all? A Reexamination of the finance and growth relationship.*Journal of Development Economics*, 2004a, 74, 429-447.

[197] Rioja, F and Valev, N.Finance and the sources of growth at various stage of economic development.*Economic Inquiry*, 2004b, 42(1), 127-140.

[198] Rocha, A., Kury, B.and and Monteiro, J.The diffusion of exporting in Brazilian industrial clusters.*Entrepreneurship & Regional Development*, 2009, 21(5-6), 529-552.

[199] Romer, P.M.Increasing returns and long-run growth.*The Journal of Political Economy*, 1986, 94(5), 1002-1037.

[200] Romer, P.Capital accumulation and the theory of long-run growth.in.R.Barro.ed..*Modern business cycle theory*, Cambridge, MA: Harvard University Press, 1989,

[201] Romer, P. M. Endogenous technological change. *The Journal of Political Economy*, 1990, 98, S71-102.

[202] Romer, P.M.The origins of endogenous growth.*Journal of Economic Perspectives*, 1994, 8, 3-22.

[203] Rugman, A.M.Research and development by multinational and domestic firms in Canada.*Canadian Public Policy*, 1981, 7(4), 604-616.

[204] Sabi, M.Anapplication of the theory of foreign direct investment to multinational banking in LDCs, *Journal of International Business Studies*, 1998, 19(3), 433-447.

[205] Sachs, J. and Lipton, D. Poland's economic feform. *Foreign Affairs*, 1990, 69(3), 47-66.

[206] Sahoo, S.Financial Structures and Economic Development in India: An Empirical Evaluation.*Working Paper Series*, Reserve Bank of India(RBI), 2013, No.02/2013.

[207] Saint-Paul, G.Technological choice, financial markets and economic development.*European Economic Review*, 1992, 36, 763-781.

[208] Sauvant, K.P.and Chen, V.Z.China's regulatory framework for outward foreign direct investment.*China Economic Journal*, 2014, 7(1), 141-163.

[209] Schwert, G.W.Tests for unit roots-a Monte-Carlo investigation.*Journal of Business & Economic Statistics*, 1989, 7, 147-159.

[210] Sharma, A.The shift in sales organizations in business - to - business services markets. *Journal of Services Marketing*, 2007, 21(5), 326-333.

[211] Sharma, A. and Dietrich, M. The structure and composition of India's exports and industrial transformation (1980-2000). *International Economic Journal*, 2007, 21(2), 207-231.

[212] Shaw, E.S. *Financial Deepening in Economic Development*, New York: Oxford University Press, 1973.

[213] Shaw, G.K. Policy implications of endogenous growth theory. *The Economic Journal*, 1992, 102, 611-621.

[214] Singh, A. FDI, globalisation and economic development: towards reforming national and international rules of the game. *Working Paper*, Cambridge: ESRC Centre for Business Research, University of Cambridge, 2005.

[215] Smeets, R. Collecting the pieces of the FDI knowledge spillovers puzzle. *The World Bank Research Observer*, 2008, 23, 107-138.

[216] Sochirca, E., Afonso, Ó. and Gil, P.M. Technological-knowledge bias and the industrial structure under costly investment and complementarities. *Economic Modeling*, 2013, 32, 440-451.

[217] Solow, R.M. A contribution to the theory of economic growth. *The Quarterly Journal of Economics*, 1956, 70(1), 65-94.

[218] Stock, J.H. and Watson, M.W. *Introduction of Econometrics*, Boston: Pearson Education, Inc., 2003.

[219] Sun, S. Heterogeneity of FDI export spillovers and its policy implications: the experience of China. *Asian Economic Journal*, 2010, 24, 289-303.

[220] Šuštar, B. Industrial structure and international competitiveness of post-communist Slovenia. *Post-Communist Economies*, 2004, 16(1), 73-88.

[221] Tadesse, B. and Ryan, M.J. Do firm and country-specific factors matter in Japanese fdi and trade links?. *Working Paper*, Department of Economics, Western Michigan University, 2002.

[222] Temple, J. The new growth evidence. *Journal of Economic Literature*, 1999, 37, 112-156.

[223] Terrell, H. US banks in Japan and Japanese banks in the US: An empirical comparison. *Economic Review*, 1979. 29(2), 18-30.

[224] Tian, X.W., Lo, V.I., Lin, S.L. and Song, S.F. Cross-region FDI productivity spillovers in transition economies: Evidence from China. *Post-Communist Economies*, 2011, 23, 105-118.

[225] Tian, X., Chang, M., Shi, F. and Tanikaw, H. How does industrial structure change impact carbon dioxide emissions? A comparative analysis focusing on nine provincial regions in China. *Environmental Science & Policy*, 2014, 37, 243-254.

[226] Todaro, M.P. and Smith, S.C. *Economic Development* (*11th edition*), United Kingdom: Longman Group., 2012.

[227] Todo, Y. and Miyamoto, K. Knowledge spillovers from foreign direct investment and the role of local R&D activities: Evidence from Indonesia. *Economic Development and Cultural*

Change,2006,55,173-200.

[228]Tomohara,A.and Takii,S.Does globalization benefit developing countries? Effects of FDI on local wages.*Journal of Policy Modeling*,2011,33,511-521.

[229] Tschoegl, A. E. Size, growth, and transactionality among the world's largest banks. *Journal of Business*,1983,21,187-201.

[230]Ullah,S.,Uz-Zaman,B.,Farooq,M.and Javid,A.Cointegration and causality between exports and economic growth in Pakistan.*European Journal of Social Sciences*,2009,10,264-272.

[231] UNCTAD. *Foreign direct investment and international trade of merchandise and services*, Statistics of United Nations Conference on Trade and Development (UNCTAD). http://unctadstat. unctad. org/ReportFolders/reportFolders. aspx? sCS _ referer = &sCS _ ChosenLang=en.Retrieved 4 December,2017.

[232]Ursacki,T.and Vertinsky,I.Choice ofentry timing and scale by foreign banks in Japan and Korea.*Journal of Banking and Finance*,1992,16,405-421.

[233]Wachter,D.S.,Harris,R.D.F.and Tzavalis,E.Panel data unit roots tests:The role of serial correlation and the time dimension. *Journal of Statistical Planning and Inference*,2007,137,230-244.

[234]Wang,C.,Wen,Y.and Han,F.Study on China's outward FDI,*Procedia Environmental Sciences*,2012,12,543-549.

[235]Wang,Y.and Yao,Y.Sources of China's economic growth 1952-1999:incorporating human capital accumulation.*China Economic Review*,2003,14,32-52.

[236]Weinstein,D.E.and Yafeh,Y.On the Costs of a Bank-Centered Financial System:Evidence from the Changing Bank Relations in Japan.*Journal of Finance*,1998,53,635-672.

[237]Wells,L.T.*Third World Multinationals:The Rise of Foreign Direct Investment from Developing Countries*,The MIT Press,1983.

[238]Williams,B.1996. Determinants of the Performance of Japanese Financial Institutions in Australia 1987-1992. *Applied Economics*,28,1153-1165.

[239]Williamson,O,E.*The Economic institutions of capitalism:firms,market,relational contracting*,New York:The Free Press,Macnillan,Inc.,1985.

[240]Wooldridge,J.M. *Econometric Analysis of Cross Section and Panel Data*.Cambridge:The MIT Press,2003.

[241] Wooldridge, J. M. *Introductory Econometrics: A Modern Approach*. 清华大学出版社,2004.

[242]Yamori,N.A note on the location choice of multinational banks:The case of Japanese financial institutions.*Journal of Banking and Finance*,1998,22(1),109-120.

[243]Yang,X.,Low,J.M.W.and Tang,L.C.Analysis of intermodal freight from China to Indian Ocean:A goal programming approach.*Journal of Transport Geography*,2011,19,515-527.

[244] Yannopoulos, G. M. and Dunning, J. H. Multinational enterprises and regional development: An exploratory paper. *Regional Studies*, 1976, 10(4), 389-399.

[245] Yao, S. 2006. On economic growth, FDI and exports in China. *Applied Economics*, 38, 339-351.

[246] Yao, Z. Productivity growth and industrial structure adjustment: An analysis of China's provincial panel data. *The Chinese Economy*, 2015, 48(4), 253-268.

[247] Zang, W. and Baimbridge, M. Exports, imports and economic growth in South Korea and Japan: a tale of two economies. *Applied Economics*, 2012, 44, 361-372.

[248] Zhang, J. and Liu, X. The evolving pattern of the wage-labor productivity nexus in China: Evidence from manufacturing firm-level data. *Economic Systems*, 2013, 37, 354-368.

[249] Zhang, J., Wang, L. and Wang, S. Financial development and economic growth: Recent evidence from China. *Journal of Comparative Economics*, 2012, 40(3), 393-412.

[250][美]爱德华·肖(Edward S. Shaw):《经济发展中的金融深化》,牛津大学出版社,1973年2月(格致出版社、上海三联书店、上海人民出版社,1988年10月,邵伏军等译)。

[251]鲍静海、张会玲:《创业板上市公司融资结构分析——解读科技型中小企业融资困境》,《金融理论与实践》2010年第12期。

[252]卜伟、易倩:《OFDI对我国产业升级的影响研究》,《宏观经济研究》2015年第10期。

[253]蔡昉、王德文:《中国经济增长可持续性与劳动贡献》,《经济研究》1999年第10期。

[254]陈浪南、陈景煌:《外商直接投资对中国经济增长影响的经验研究》,《世界经济》2002年第6期。

[255]陈炼、王国刚:《中国金融发展与改革》,社会科学文献出版社2015年版。

[256]陈琳、朱明瑞:《对外直接投资对中国产业结构升级的实证研究:基于产业间和产业内升级的检验》,《当地经济科学》2015年第6期。

[257]崔炳强:《中国产业结构与出口商品结构的相关性分析》,《新疆财经》2006年第1期。

[258]崔日明、张婷玉、张志明:《中国对外直接投资对国内投资影响的实证研究》,《广东社会科学》2011年第1期。

[259]邓天佐:《"十二五"我国科技金融发展若干问题》,《中国科技投资》2011年第12期。

[260]杜思正、冼国明、冷艳丽:《中国金融发展、资本效率与对外投资水平》,《数量经济技术经济研究》2016年第10期。

[261]范学俊:《金融体系与经济增长:来自中国的实证检验》,《金融研究》2006年第3期。

[262]范亚琦:《我国产业结构调整对经济增长影响的实证分析》,《产业经济》2015 年第 1 期。

[263]方创琳:《改革开放 30 年来中国的城市化与城镇发展》,《经济地理》2009 年第 1 期。

[264]冯春晓:《我国对外直接投资与产业结构优化的实证研究——以制造业为例》,《国际贸易问题》2009 年第 8 期。

[265]干春晖、郑若谷:《改革开放以来产业结构演进与生产率增长研究——对中国 1978—2007 年“结构红利假说”的检验》,《中国工业经济》2009 年第 2 期。

[266]干春晖、郑若谷、余典范:《中国产业结构变迁对经济增长和波动的影响》,《经济研究》2011 年第 5 期。

[267]韩廷春:《金融发展与经济增长一理论、实证与政策》,清华大学出版社 2002 年版。

[268]何亦名、张炳申:《我国技能型人才供给不足的制度分析》,《教育与职业》2008 年第 2 期。

[269]黄涛、李甲:《中国商业银行海外发展投资模式的决策研究——基于跨国并购与新建投资的实证分析》,《国际金融研究》2010 年第 10 期。

[270]黄智淋、董志勇:《我国金融发展与经济增长的非线性关系研究——来自动态面板数据门限模型的经验证据》,《金融研究》2013 年第 7 期。

[271]霍忻:《中国转型期 OFDI 产业结构调整效应分析》,《贵州财经大学学报》2014 年第 6 期。

[272]蒋冠宏、蒋级春:《中国企业对外直接投资的“出口效应”》,《经济研究》2015 年第 5 期。

[273]孔爱国:《可持续发展的产业结构研究》,《数量经济技术经济研究》1997 年第 2 期。

[274][美]雷蒙德·戈德史密斯,(RaymondW.Goldsmith):《金融结构与金融发展》(耶鲁大学出版社 1969 年 5 月),周朔译,上海三联书店 1994 年版。

[275]李梅、柳士昌:《对外直接投资逆向技术溢出的地区差异和门槛效应——基于中国省际面板数据的门槛回归分析》,《管理世界》2012 年第 1 期。

[276]李若谷:《对当前企业融资难、融资贵问题的分析与思考》,《金融监管研究》2014 年第 11 期。

[277]李思伟、胡艺伟:《新时期金融监管体制改革的构想与路径探析》,《经营管理者》2017 年第 28 期。

[278]李松、董樑、余筱箭:《技术创新模式与金融体系模式的互动选择》,《科技进步与对策》2002 年第 7 期。

[279]李文森、李红玲:《“金融业增加值”相关问题解析——以苏、浙、粤、鲁为例》,《金融研究》2007 年第 11 期。

[280]李泳:《中国企业对外直接投资成效研究》,《管理世界》2009 年第 9 期。

[281]李众敏:《中国金融业海外投资:机遇、挑战与战略转型》,《金融发展评论》2011 年第 7 期。

[282]李众敏:《中国金融业的对外投资》,《中国金融》2013 年第 1 期。

[283]林毅夫、李志赟:《中国的国有企业与金融体制改革》,《经济学(季刊)》2005 年第 4 期。

[284]林毅夫、孙希芳、姜烨:《经济发展过程中最适合金融结构理论初探》,《中国经济研究中心讨论稿》,2006 年。

[285]蔺雪芹、王岱、任旺兵、刘一丰:《中国城镇化对经济发展的作用机制》,《地理研究》2013 年第 4 期。

[286]刘冬、古广东:《对外直接投资与产业结构的关系——基于中国数据的实证研究》,《市场论坛》2010 年第 1 期。

[287]刘金全、龙威:《我国金融发展对经济增长的非线性影响机制研究》,《当代经济研究》2016 年第 3 期。

[288]刘生龙、张捷:《金融一体化对经济增长的影响》,《南开经济研究》2009 年第 3 期。

[289][美]罗纳德·麦金农(Ronald I.Mckinnon):《经济发展中的货币与资本》(布鲁金斯学会出版社 1973 年 5 月),陈昕、卢骢译,上海人民出版社 1997 年版。

[290]马轶群、史安娜:《金融发展对中国经济增长质量的影响研究——基于 VAR 模型的实证分析》,《国际金融研究》2012 年第 11 期。

[291]毛其淋、许家云:《中国企业对外直接投资是否促进了企业创新》,《世界经济》2014 年第 8 期。

[292]苗启虎、钟根元:《中国银行业对外投资动因的实证研究》,《国际商务(对外经济贸易大学学报)》2006 年第 3 期。

[293]鲁万波、常永瑞、王叶涛:《中国对外直接投资、研发技术溢出与技术进步》,《科研管理》2015 年第 3 期。

[294]罗岚:《中国商业银行跨国经营的动因研究》,《江南大学学报(人文社会科学版)》2011 年第 1 期。

[295]聂鹏、苗连琦:《中国银行业对外直接投资的影响因素探析》,《价格月刊》2011 年第 4 期。

[296]潘颖、刘辉煌:《中国对外直接投资与产业结构升级关系的实证研究》,《统计与决策》2010 年第 2 期。

[297]钱水土、周永涛:《金融发展、技术进步与产业升级》,《统计研究》2011 年第 1 期。

[298]曲建忠、张战梅:《我国金融发展与国际贸易的关系——基于 1991—2005 年数据的实证研究》,《国际贸易问题》2008 年第 1 期。

[299]冉光和、李敬、熊德平、温涛:《中国金融发展与经济增长关系的区域差异——基

于东部和西部面板数据的检验和分析》,《中国软科学》2006 年第 2 期。

[300]沈坤荣、耿强:《外国直接投资、技术外溢与内生经济增长——中国数据的计量检验与实证分析》,《中国社会科学》2001 年第 5 期。

[301]沈能:《金融发展与国际贸易的动态演进分析——基于中国的经验数据》,《世界经济研究》2006 年第 6 期。

[302]沈永昌、余华银:《安徽省经济增长与碳排放的非线性关系——基于产业结构的门槛模型》,《沈阳大学学报(社会科学版)》2015 年第 5 期。

[303]盛思鑫:《中国对外直接投资的理论解释与思考》,《海外投资与出口信贷》2016 年第 1 期。

[304]宋弘威、李平:中国对外直接投资与经济增长的实证研究,《学术交流》,2008 年第 6 期,63—68.

[305]孙伍琴:《论不同金融结构对技术创新的影响》,《经济地理》2004 年第 2 期。

[306]田尧、杨坚争:《对外直接投资与我国产业结构合理化相互关系的实证研究》,《中南大学学报(社会科学版)》2012 年第 5 期。

[307]王冬、孔庆峰:《产业结构调整:摆脱出口困境的一种方法》,《世界经济研究》2009 年第 12 期。

[308]王广谦:《中国金融发展中的结构问题分析》,《金融研究》2002 年第 5 期。

[309]王国栋:《罗默模型中资本对经济增长影响机制研究》,《现代商贸工业》2009 年第 21 期。

[310]王胜邦、叶婷、杨先道:《中国银行业海外布局策略研究》,《银行家》2014 年第 9 期。

[311]王晞:《跨国银行进入中国决定因素的实证分析》,《金融研究》2005 年第 8 期。

[312]王馨、刘征驰、金常飞、刘娟:《区域金融结构与经济增长——基于我国省际面板数据的实证分析》,《工业技术经济》2011 年第 10 期。

[313]王燕辉、王凯涛、陈金贤:《美国金融业对外直接投资流向的实证分析》,《经济经纬》2004 年第 1 期。

[314]王英、周蕾:《我国对外直接投资的产业结构升级效应——基于省际面板数据的实证研究》,《中国地质大学学报(社会科学版)》2013 年第 6 期。

[315]王兆星:《中国金融结构论》,中国金融出版社 1991 年版。

[316]文东伟、冼国明、马静:《FDI、产业结构变迁与中国的出口竞争力》,《管理世界》2009 年第 4 期。

[317]武宏波:《对我国金融业增加值占 GDP 比值的分析与思考》,《北方金融》2017 年第 6 期。

[318]吴敬琏:《中国增长模式抉择(增订版)》,上海远东出版社 2008 年版。

[319]吴先满:《中国金融发展论》,经济管理出版社 1994 年版。

[320]吴晓灵:《稳步发展企业债券市场,全面优化金融资产结构》,《金融研究》2005

年第3期。

[321][美]西蒙·库兹涅茨(Simon Kuznets):《各国的经济增长》,常勋译,商务印书馆2005年版。

[322]肖黎明:《对外直接投资与母国经济增长:以中国为例》,《财经科学》2009年第8期。

[323]谢平:《中国金融资产结构分析》,《经济研究》1992年第11期。

[324]熊启泉、杨十二:《重新审视进口在经济增长中的作用》,《国际贸易问题》2005年第2期。

[325]闫斐:《金融结构是否存在对经济增长的"非线性"影响——基于GMM对跨国面板样本的经验检验》,《财贸研究》2017年第10期。

[326]杨琳:《金融发展与实体经济增长》,中国金融出版社2002年版。

[327]杨咸月:《当前中国金融市场发展中的五大误区》,《财贸经济》2002年第1期。

[328]杨小凯:《发展经济学——超边际与边际分析》,社会科学文献出版社2003年版.

[329]杨友才:《金融发展与经济增长——基于我国金融发展门槛变量的分析》,《金融研究》2014年第2期。

[330]姚明明、陈丹:《产业结构调整优化与就业结构转变分析——基于新结构经济学的视角》,《经济研究参考》2013年第65期。

[331]姚耀军:《金融中介发展与技术进步——来自中国省级面板数据的证据》,《财贸经济》2010年第4期。

[332]叶耀明、王胜:《金融中介对技术创新促进作用的实证分析——基于长三角城市群的面板数据研究》,《商业研究》2007年第8期。

[333]易纲:《中国金融资产结构分析及政策含义》,《经济研究》1996年第12期。

[334]易宪容、卢婷:《国内企业海外上市对中国资本市场的影响》,《管理世界》2006年第7期。

[335]殷德生、肖顺喜:《体制转轨中的区域金融研究》,学林出版社2000年版。

[336]于长秋:《我国金融资产结构与经济增长关系的实证分析》,《财经论丛(浙江财经大学学报)》2001年第5期。

[337]于超、葛和平:《中国对外直接投资与经济增长的实证研究》,《山西财经大学学报》2011年第3期。

[338]余官胜:《东道国金融发展和我国企业对外直接投资——基于动机异质性视角的实证研究》,《国际贸易问题》2015年第3期。

[339]俞立平:《基于PVAR的省际金融发展与国际贸易关系研究》,《国际贸易问题》2011年第12期。

[340]俞毅、万炼:《我国进出口商品结构与对外直接投资的相关性研究——基于VAR模型的分析框架》,《国际贸易问题》2009年第6期。

[341]袁明兰:《对外直接投资对产业结构调整的影响机制》,《劳动保障世界》2015年

第21期。

[342][美]约翰·G.格林(John G.Gurley)、爱德华·S.肖(Edward S.Shaw):《融理论中的货币》(美国布鲁金斯学会1960年6月),贝多广译,上海人民出版社2006年版。

[343][美]约瑟夫·阿洛伊斯·熊彼特(Joseph Alois Schumpeter):《经济发展理论》,哈佛大学出版社1912年德文版、1934年英文修订版。

[344]张建波、张宁、于潮:《山东省金融结构与经济增长关系实证研究》,《华东经济管理》2012年第10期。

[345]张杰、居杨雯:《贷款期限结构与中国经济增长》,《世界经济文汇》2017年第5期。

[346]张军洲:《中国区域金融分析》,中国经济出版社1995年版。

[347]张红军、杨朝军:《外资银行进入中国市场的区位选择及动因研究》,《金融研究》2007年第9期。

[348]张杰:《中国金融制度的结构与变迁》,山西经济出版社1998年版。

[349]张博洋、牛凯龙:《金融发展指标的演进逻辑及对中国的启示》,《南开经济研究》2005年第1期。

[350]赵彤、丁萍:《区域产业结构转变对生态环境影响的实证分析——以江苏省为例》,《工业技术经济》2008年第12期。

[351]赵振全,薛丰慧:《金融发展对经济增长影响的实证分析》,《金融研究》2004年第8期。

[352]赵振全、于震、刘淼:《中国金融结构和经济增长的关联性分析:理论与实证》,《吉林大学社会科学学报》2006年第3期。

[353]赵振全、于震、杨东亮:《金融发展与经济增长的非线性关联研究——基于门限模型的实证检验》,《数量经济技术经济研究》2007年第7期。

[354]赵志君:《金融资产总量、结构与经济增长》,《管理世界》2000年第3期。

[355]郑洪超、杨姝琴:《长期经济增长中人力资本对物质资本边际报酬递减的"克服"——从韩国、台湾地区经济起飞得到的启示》,《经济研究导刊》2009年第6期。

[356]中华人民共和国商务部、中华人民共和国国家统计局、国家外汇管理局编:《2015年度中国对外直接投资统计公报》,中国统计出版社2016年版。

[357]中国人民银行:《2016年金融机构信贷收支统计表》,网址:http://www.pbc.gov.cn/publish/diaochatongjisi。

[358]周春应:《中国进口贸易影响经济增长的传导途径研究》,《经济评论》2007年第4期。

[359]周建、李子奈:《Granger因果关系检验的适用性》,《清华大学学报(自然科学版)》2004年第3期。

[360]周立:《中国各地区金融发展与经济增长(1978—2000年)》,清华大学出版社2004年版。

[361]周立、王子明:《中国各地区金融发展与经济增长实证分析》,《金融研究》2002年第10期。

[362]朱春兰:《进口贸易与经济增长关系研究综述》,《商业经济》2005年第11期。

[363]朱晓华、邓宝义:《我国产业结构对经济增长影响的实证分析》,《企业经济》2013年第7期。

致　谢

首先我应该感谢广东外语外贸大学国际经济贸易研究中心的大力支持，尤其是感谢中心主任陈万灵教授在本次研究过程中的指导与帮助。

本书的出版更需要感谢广东省高水平大学重点学科建设项目“服务21世纪海上丝绸之路重大战略需求的经管学科融合创新发展体系建设”，由于该项目对出版费的资助，才使得本书得以顺利出版。

我还要感谢澳大利亚纽卡斯尔大学的 Frank Agbola 教授、人民出版社李椒元老师和广东外语外贸大学经贸学院研究生吴蓓蓓同学，感谢他们在本书的撰写过程中的帮助。

最后，向我的父母与妻子致谢，感谢他们对我的理解与支持。